资 本 的 游 戏

资本全球化

一部国际货币体系史

| 原书第3版 |

GLOBALIZING
CAPITAL

A HISTORY OF THE INTERNATIONAL
MONETARY SYSTEM · 3RD EDITION ·

[美] 巴里·埃森格林 著 麻勇爱 译
（Barry Eichengreen）

U0361170

机械工业出版社
China Machine Press

图书在版编目（CIP）数据

资本全球化：一部国际货币体系史（原书第3版）/（美）巴里·埃森格林（Barry
Eichengreen）著；麻勇爱译 . —北京：机械工业出版社，2020.5（2025.1 重印）
（资本的游戏）
书名原文：Globalizing Capital: A History of the International Monetary System

ISBN 978-7-111-65379-0

Ⅰ . 资… Ⅱ . ①巴… ②麻… Ⅲ . 国际货币体系－研究 Ⅳ . F821.1

中国版本图书馆 CIP 数据核字（2020）第 062540 号

资本全球化：一部国际货币体系史（原书第 3 版）

出版发行：机械工业出版社（北京市西城区百万庄大街 22 号 邮政编码：100037）

责任编辑：李晓敏 责任校对：殷 虹

印 刷：三河市宏达印刷有限公司 版 次：2025 年 1 月第 1 版第 8 次印刷

开 本：170mm×230mm 1/16 印 张：17.5

书 号：ISBN 978-7-111-65379-0 定 价：69.00 元

客服电话：（010）88361066 68326294

Globalizing
Capital

译者序

一部经得起时间考验的书，是好书。毫不意外，本书出了第3版。

看到好书，作为一名教师，仍然是想着将其精髓分享给一届届的学子，以帮助他们在貌似纷繁复杂、变幻莫测的迷局中，能够透过现象识得本质。

交易的扩大，使贸易跨越了国界。

贸易的国际化，则要求金融的国际化。

于是货币制度问题再也不是一国内部的问题，而是超越国界成为国际货币制度或者国际货币体系的问题。

这是我们在大学课堂上讲述国际货币体系内容时常用的开场白。

埃森格林教授的这本《资本全球化》在参考了大量文献的基础上，简洁扼要又不失生动地描绘了国际货币体系的过去、发展过程与未来愿景。在我看来，这是一本难得的教学参考书，很完整地呈现了国际货币体系发展的历史脉络。

国际货币体系的演变并非孤立的，它深受国际政治、经济风云变幻的影响，如果要深刻理解国际货币体系演变路径的成因，就一定得基于当时的具体情境，而这正是本书的特色所在。国际货币体系每一步变革背后的缘由被充分地挖掘出来，从金本位、以美元为中心的国际货币体系、以浮动汇率为特征的国际货币体系到如今对货币主权的挑战，让读者豁然明了每个阶段国际货币体系背后的故事。金本位制设立的时点，正好在第一次世界大战前，当时的经济与政治状况都支持金本位制。人们确信政府会优先维护金本位，同时，工会力量尚未形成，工党在议会中没有席位，人们并不认为政府会为了解决失业问题而放弃金本位，因此国际资本流动并没有动摇金本位制。

实行可调整钉住汇率之后，金本位制赖以存在的条件逐步丧失。工会力量的壮大以及工党影响力的增强，使就业、解决通胀等目标变得更加迫切。为了实现汇率稳定及其他目标，资本管制成为可调整钉住汇率的有机组成部分，资本管制隔离了国内与国外金融环境的联系，为政府实现就业等目标、改变国内金融环境提供了空间。但自由贸易与金融管制在动态上是不稳定的，预示着这只是权宜之计。

随着国际资本流动的增加，国际资本管制的作用事实上也逐渐递减、失效，到了20世纪90年代，世界上约有15%的国家转向浮动汇率制，发达国家中放弃可调整钉住汇率的更多一些。接着从有管理的浮动汇率制转向浮动汇率制，到了2006年，大多数国家都实行了浮动汇率制，欧洲则创立了货币联盟。

令人印象尤为深刻的是作者对国际货币体系未来愿景的阐述。

其一是消除汇率。灵感应来自欧洲的实践，欧元代替成员国的国别货币后，至少在欧元区内消除了汇率。打破资本流动、政治民主与可调整钉住汇率之间僵局的方法不是实行浮动汇率制，而是消除汇率。

其二就是实行浮动汇率制。在欧洲可行的方法在其他地方不一定行得通，因为很难让国家对主权做出让步。随着政治制度和金融市场的更加开放，政治民主与资本流动会摧毁可调整钉住汇率制，于是浮动汇率制虽然并不是世界上最好的制度，但至少是可行的。

我们再一次领会到了下面这句话的深刻内涵：一些看似不成问题的观念，随着时间的推移和客观条件的变化，也会走向自我否定。循着作者娓娓道来的章节，国际货币体系变革的逻辑逐渐明晰，本书第3版增加的2007～2018年的事件，再次生动地印证了这一道理。

　　对我而言，翻译的过程是一个难得的学习过程，我把书中的若干观点同步介绍给我可爱的学生，相信他们也着实获益匪浅。特别要感谢机械工业出版社邀我继续翻译本书第3版，让我有缘再次细细品味这部优秀的著作。最后，我必须感谢家人一如既往地支持我的翻译工作。当然，囿于学识，翻译文稿中一定还有错漏之处，恳请读者不吝赐教。

麻勇爱

2019年11月于浙江师范大学行知学院

Globalizing
Capital

前言

这里对国际货币体系的历史"长话短说"：首先，考察的时间较短，即 1850 年以来的 150 多年。虽然涉猎的若干发展事件可追溯到更早的时期，但这 150 多年的时间跨度足以让我推演出相关的结论。其次，我寻思着要写的是侧重专题研究的一本书，而不是事无巨细、面面俱到的鸿篇巨制。

我设想本书的读者是这么几类：第一类是经济专业的学生，他们可以在这里找到教科书中若干理论的历史和制度依据，涉猎宏观经济学和国际经济学的一些概念与模型。第二类是历史专业的学生，他们可以在这里运用他们所熟悉的历史概念与方法。还有一类人，就是那些对金融改革感兴趣，认为国际货币体系仍然处在变化之中并对其未来进行展望的读者。我希望拙著能对他们有所裨益。为了便于读者理解，书后附有术语表，所列明的术语在本书首次出现时以黑体标出。

本书最初是作为天主教鲁汶大学加斯东·伊斯更斯讲座的讲稿使用的，在此感谢鲁汶经济学所的朋友的盛情邀请，特别是 Erik Buyst、Paul De Grauwe 和 Herman van der Wee 等。国际货币基金研究所、联邦储备系统董事会国际金融部和印度国际关系研究会非常热心地审阅了本书。不过需要说明的是，我在书中表达的观点并不代表我所合作过的任何机构的观点。

经济学的进步是站在巨人的肩膀上得以实现的，是在前人众多研究的基础上获得的。现在，如果参考文献中没有几项十年前的研究成果，那就太不正常了。我用脚注的形式注明了以前学者的相关研究。我这么做并非厚古薄今，而是弥补我在书中的疏漏。感谢 Michael Bordo、Charles Calimiris、Richard Cooper、Max Corden、Paul De Grauwe、Trevor Dick、Marc Flandreau、Jeffry Frieden、Giulio Gallarotti、Rechard Grossman、Randall Henning、Douglas Irwin、Harold James、Lars Jonung、Peter Kenen、Ian Mclean、Jacques Melitz、Allan Meltzer、Martha Olney、Leslie Pressnell、Angela Redish、Peter Solar、Nathan Sussman、Pierre Sicsic、Guiseppe Tattara、Peter Temin、David Vines 和 Mira Wikins 等同人提出的中肯意见以及提供的热心帮助。不过，书中的错误是囿于作者学识的局限，责任不在他们。

本书的第 2 版首先扩充了 1996 ~ 2007 年这一时期的内容，这一时期的重要事件是亚洲金融危机，在这场后果严重的亚洲金融危机中汇率发挥了重大的作用。还有，欧洲货币一体化的推进，这在货币史上前所未有。这一时期发展中国家也在国际货币体系中扮演着举足轻重的角色。比如，如果没有发展中国家愿意并实际为美国提供大量的资金，就很难理解美国畸高的经常账户赤字。诸如美国持续赤字、欧元区建立、新兴市场的介入等事件共同决定了国际货币体系的发展路径，人们开始反思美国和美元在国际金融关系中的地位与作用。

本书第 3 版增加了 2007 ~ 2018 年的事件，这些事件更为重大，并直指国际货币体系的软肋。这个阶段由 2007 年的次贷危机拉开帷幕，2008 ~ 2009 年演变为全球金融危机，美国与欧洲之间的资本流动在这些危机中扮演着重要角色。第 7 章重点介绍了这些资本流动所起的作用。

本书接着介绍了 2009 年年底发生的欧元危机：这场危机不是因为汇率问题，

而恰恰是因为取消了汇率。欧盟鼓励金融资本从核心区向欧元区周边国家流动，但如果资本流入机制崩溃，欧元区周边国家的政策选择就非常有限。问题在于：欧洲货币联盟是否存在致命缺陷，如果是，会导致什么后果；成员国是否能够克服区域货币制度安排的缺陷，是否只有解散欧元区才能解决这个问题。

欧洲央行与美联储采取降息至零利率和非常规货币政策措施来应对危机。这些措施给新兴市场国家带来不利影响，造成资本流入、币值高估和通货膨胀等问题。新兴市场国家指责发达国家发动了"货币战争"。这些抱怨引起各国政府对国际资本流动总体情况，特别是对资本控制作用的重新评估，并重新审视现行基于美元的国际货币体系的优点。与先前讨论的相比，一个显著的变化是这些新兴市场的地位更加突出。事实表明，未来中国的意见不容忽视。

我对本书各章节进行了细致的修订，尽可能不改变本书逻辑的内在一致性。感谢 Chery Applewood、Peter Dougherty 对本书第 2 版，Alison Rice-Swiss、Joseph Mendoza、Joe Jackson 和 Cyd Westmoreland 对本书第 3 版所倾注的心血，感谢 Michelle Bricker 一如既往的全力支持。

巴里·埃森格林

2018 年 9 月

Globalizing
Capital

目录

Globalizing
Capital

| 第 1 章 |

概述：资本的管制与流动

国际货币体系将各国经济联系在一起，维护和稳定外汇市场秩序，致力于解决国际结算问题，并且在破坏性冲击事件发生时提供国际资金支持。如果没有完备有效的国际货币体系，各国将无法充分享受贸易或国际借贷带来的好处。不管这个体系的运作状况如何，要读懂国际经济运行机理，必须先对货币体系有充分的了解。

考察国际货币体系的历史，不能不谈到国际资本市场的发展（安排在第2章介绍）。第一次世界大战（以下简称一战）前，还没有对国际金融交易采取管制，国际资本流动保持较高的水平；战争期间经历了体系崩溃，广泛实行**资本管制**（capital control），国际资本流动下降（安排在第3章介绍）；第二次世界大战（以下简称二战）以来的30年，以放松管制著称，国际资本流动逐步恢复（安排在第 4 章介绍），20 世纪 40 ~ 60 年代资本流动相当活跃（安排在第 5 章进行分析）；到了 20 世纪末，资本流动达到一个很高的水平，甚至远远高于 1913 年以前没有管制时期的水平（安排在第 6 和第 7 章介绍）。

国际资本流动水平的 U 形发展轨迹似乎很难用于解释 1971 年以来从固定汇率制到浮动汇率制的变革。二战后的 25 年中，钉住汇率制还是可行的，不过问题也接踵而至，因为这限制了金融资本的流动性。随着资本流动的扩大，浮动汇率制势在必行。1945 ~ 1971 年实行布雷顿森林货币体系，这个体系的管制措施放松了对政策的限制，允许决策者在不影响汇率稳定的情形下设法实现国家目标，并为此设定了汇率波动幅度的上下限。但随着战后国际经济重建、新市场的发展和交易技术的进步，这种管制渐渐失效。国际金融市场流动性的迅速增长，使得官方国际储备相对于交易规模简直是九牛一毛，根本无法维持钉住汇率制。更不用说在市场高度发展、资本流动无法控制的现实情况下，如果官方依然维持钉住汇率制，则要面临贬值、毁约，信用毁于一旦。维持钉住汇率制要付出高昂的代价，举步维艰，这样一来，实行浮动汇率制就是必然的了。

显然，国际货币流动水平在一战前也是相当高的，但并没有妨碍钉住汇率制替代古典金本位制的步伐。而且，再回想一下历史便会发现，资本流动水平的高低并不能充分说明钉住汇率制向浮动汇率制的转变。

那么，究竟是什么原因导致钉住汇率制的实施呢？这是本书要讨论的一个问题。我认为其原因是政府把稳定汇率目标置于其他目标之上，才会坚持实行钉住汇率制。在 19 世纪金本位制下，这类坚持与国内政治是无关的。到了 20 世纪压力开始显现出来，与 19 世纪时的情形迥异的是，政府被迫将汇率稳定目标置于其他目标之下。由于选举权受到限制，贫苦的普通劳动者很难撼动央行为维护钉住汇率制所采取的加息举措。工会或议会劳动党也还没有发展到足以反对政府将其他目标服务于汇率稳定目标的做法。**中央银行**（central bank）主导下的金本位制下的钉住汇率制基本上不受任何影响。政府因此可以采取一切必要的措施维持钉住汇率制。

　　进入 20 世纪后，时移世易，当汇率稳定与充分就业相抵触时，政府不一定会倾向于保全前者。男性公民普选权、工会的兴起和议会劳动党的壮大，导致货币政策和财政政策的制定政治化。福利国家的出现和二战后充分就业的承诺加大了保持内外平衡的难度。于是，19 世纪的古典自由主义演变为 20 世纪的嵌入式自由主义[⊖]，这削弱了政府维持钉住汇率制的决心。

　　资本管制正是在这样的背景下应运而生的，它弱化了国内与国外经济政策的关联度，让政府有可能去实现诸如保持充分就业等目标。政府或许不可能像以往那样采取各种必要的措施去维持钉住汇率制，但资本管制的出炉也使政府维持钉住汇率制的难度降低。限制那些可能威胁到钉住汇率制的资源的市场流动，政府所承受的维持钉住汇率制的压力也就随之减轻了。二战后的几十年中，通过限制资本流动而不是限制民主化解了来自市场的压力。

　　时光荏苒，资本管制渐渐变得穷途末路，难以为继。无论是限制资本流动，还是限制民主，政府都无法摆脱来自市场的压力，钉住汇率制岌岌可危。于是，有些国家就转而实行更自由的浮动汇率制，西欧的一些国家建立了统一货币制度，试图一劳永逸地稳定汇率。

　　从某些方面来看，50 多年前的卡尔·波兰尼已经详细论述过类似的观点。[⊜]波兰尼的著作写于 1944 年，即布雷顿森林会议召开的那一年，他写道，在整个 19 世纪，随着市场制度的延伸，所兴起的协会和游说团体彻底摧毁了市场体系的稳定性。他特别指出金本位制就是在自由放任的制度下建立起来的。他还认为允许代表工人利益的政党参与国家经济决策也加剧了当时的国际货币体系走向没落。我想在本书里讨论一下的是，时过境迁，波兰尼的理论到底有没有经得住时间的考验。1945 年以来的国际货

⊖　嵌入式自由主义，由约翰·鲁格（John Ruggie，1983）提出，指自由市场的目标应该还包括实现社会福利和充分就业。

⊜　Polanyi（1944）。

币历史能否用波兰尼的动态观来解释呢？即如何看待这一时期的民主化与经济自由化的冲突表现为资本自由流动与固定汇率制的并存呢？抑或，如何看待最近的浮动汇率制和统一货币的趋势是缓解冲突、协调自由与稳定的可行之举？

但是，将国际货币制度安排的演进刻画为若干国家各自为应对外部环境变化做出的反应显然失之偏颇，事实上，每个国家的决策并不是孤立的，而是相互影响的。国际货币制度安排的网络外部性特征决定了每个国家不可能独善其身。当你所有的朋友与同事的计算机都使用 Windows 操作系统，那么即便有更好的选择（如 Linux 和 Leopard），即便单机使用更容易学会也更可靠，你依然会听从技术建议选择 Windows，以方便与他人的文件交换（比如我写这本书时就使用 Windows 操作系统，因为我的同事们都使用这个系统）。同理，一个国家的国际货币制度安排也受其他国家的影响。只要一个国家的决策受同时期其他国家已经做出的决策的影响，那么其决策就取决于历史，国际货币体系也就存在路径依赖。因此，类似英国碰巧在 18 世纪实行了金本位制这样的偶然事件，不知不觉中就使世界各国在接下来的 150 多年中相继实行了金本位制。

假如国际货币体系安排具有网络外部性特征，那么如果要进行变革就需要各国集体努力。但各国之间的协商需要成本。每个政府都倾向于搭便车，持观望态度，除非改革带来的好处是有保障的。主导改革的政府必须拥有足够的政治影响力，使得其他政府不得不合作。有一种情形是这样的，在相互有联系的国家之间，当不合作行为会损害所有成员的利益时，这个变革就会发生。当然，国家之间存在这样的政治经济联系的情形并不多见，这也就是 19 世纪 70 年代、20 世纪 20 年代和 70 年代的国际货币会议以失败告终的原因所在。在这几次会议中，无法达成偏离原来演变路径的国际货币制度安排。唯一的反例是，二战期间及其后的西方国家联盟为了对抗来自纳粹的威胁，结成了独特的坚固团体，建立了布雷顿森林货币体系和欧共体（现在的欧盟）。欧共体已经发展成为卓有成效的经济政治联合体，并建立了欧洲货币体系——欧元。

也就是说，国际货币制度体系的发展演变基本上是一个历史的过程，任何时期可供改革者选择的国际货币制度安排都与过去的制度有着千丝万缕的关系，过去的制度安排成就了今天的制度安排。如果不能很好地了解历史，就不可能理解今天与未来的演变趋势。

第 2 章

资本自由流动的金本位制

> 当我们回顾1914年以前的货币制度演变历史时，时常感慨彼时货币政策面临的问题与我们此时的境况何等相似。
>
> ——马赛罗·德科《货币与帝国》

许多人以为国际货币制度是政客与专家们在首脑会议上协商确立的一系列条款，代表性的例证就是，1944年，在新罕布什尔州布雷顿森林的华盛顿山酒店召开了会议，签署的《布雷顿森林协议》就对汇率和国际收支平衡等问题做出了安排。其实不然，实际上，通过国际协商对货币制度做出安排是特例而不是常态。通常情况下，一国货币制度安排是基于邻国已有的安排而自发形成的，更多的情形是历史的传承。

一战前就已经出现的古典金本位制就是一个例证。在纸币和部分准备金银行制度出现之前，货币制度就从多种商品为本位演化到了金本位，这是当代最伟大的货币制度变革之一，很大程度上归功于英国1717年开始实行的类金本位制度（de facto gold standard）。当时艾萨克·牛顿任英国皇家铸币局主管官员，制定了过低的黄金兑白银比率，即金贱银贵，不可避免地造成大量银币从流通中退出，流通中的银币都是残损的，于是他下令只有黄金才是货币。英国的工业革命及其金融与商业的崛起，使英国的金本位实践顺理成章地被许多寻求与英国开展贸易和融资活动的银本位制国家效仿。基于各个国家的自发变革，固定汇率的国际货币体系应运而生。

当时特殊的历史条件也极大地促进了这一制度的产生与发展：政府重视通货与汇率的稳定；当时的政治背景下，没有出台干预这个制度的政策；事关资本与商品流动的开放灵活的市场没有遭受商品和资金时常供求变化带来的冲击。

直到一战，这些条件才随着经济政治现代化而发生了改变。部分准备金银行制度的兴起暴露了金本位制的软肋：银行吸收储户的资金放贷，一旦储户恐慌性挤兑就会导致银行倒闭。当困局摆在央行和政府面前时，要么按照金本位制的要求提供信用，要么作为最后贷款人增加流动性供给。这类困局能否撼动金本位制既取决于运气，又取决于危机时期的国际政治关系状况。

国际结算货币：各种贵金属轮番登场

远古时代的人类就已经使用贵金属铸造硬币充当货币，即便是今天，硬币的这个特性仍然体现在其名称上，即以其曾经所含的贵金属重量命名。英镑和便士源自重量单位罗马磅和旦尼尔（denier），磅⊖仍然是英语国家常用的重量单位，而便士在钉子分级（the grading of nails）时依然被作为重量单位。⊜

从中世纪到近代，白银是主要货币。其他金属要么太重，要么太轻，因而为了便于交易，在铸造硬币时一般就选取白银⊜。不过这些缺陷并没有阻

⊖　1 磅 =0.4536 千克。

⊜　更详尽的介绍见 Feavearyear（1931）。

⊜　其他的金属或由于不耐用，或囿于当时的铸造技术而未入选。

断人们的尝试：瑞典政府部分拥有欧洲最大的铜矿，就于 1625 年建立了铜本位制。由于铜的价值是白银的 1/100，足值铜币的重量就是等额银币的 100 倍，大额铜币重达 43 磅。这种货币太重不会被偷，但每笔交易都需要马车运送。瑞典经济学家伊·菲·赫克歇尔曾经描写过因此而建立的整个货币运送体系。⊖

虽然罗马人一直使用金币，但直到中世纪，金币才在欧洲普遍使用。在 13 世纪的商业革命中心意大利，商人们发现大宗交易中使用金币更为便利。佛罗伦萨流通金弗罗林，威尼斯流通司贵斯（sequins，一种金币）和达克特（ducat，一种银币）。1255 年，路易九世在法国发行金币。到 14 世纪，欧洲的大宗交易均使用黄金⊜。不过白银依然是日常使用的货币。莎士比亚在《威尼斯商人》中认为白银在金钱中的地位是"穷人的杂役"，黄金则为"米达斯美食"。到了 18 ~ 19 世纪这种情形才有所改变。

金币、银币和铜币都是国际结算的主要货币。当一国居民进口大于出口，或借入资金大于贷出时，债权人愿意接受不同的结算货币，可能是金币、银币或其他贵金属材质的硬币，正如当今国际收支赤字可能以美元或欧元结算一样。盈余国家流通中的货币增加，赤字国家流通中的货币减少，赤字将逐渐得以消除。

是否如历史学家和经济学家们时常说的那样，现代国际货币体系发端于 19 世纪的最后 10 年呢？更准确地说，作为国际货币重要事件的金本位制是 1870 年以后才兴起的。直到那时，许多国家结算货币为黄金，也是从那时起，基于固定汇率的金本位制得以确立。

复本位制困局：套利的诱惑

19 世纪，许多国家允许同时使用黄金与白银铸币和流通，这些国家实行

⊖　Heckscher（1954），p91。

⊜　Spooner（1972），第 1 章。

的就是所谓的**复本位制**（bimetallic standard or bimetallic）⊖。只有英国是自 19 世纪初以来就实行完全金本位制，德国各邦、奥匈帝国、斯堪的纳维亚、俄国和远东地区实行银本位制⊜。复本位制国家规定了黄金与白银之间的比率关系。

从法国 1803 年的货币法律规定中可窥见复本位制的真容：规定要求铸币局供应给个人的法币等同于一定重量的白银或黄金，这两者的铸币比率是 15.5∶1，即铸币局发行的金币的价值是等重银币的 15.5 倍。金币和银币都可用于缴纳税收或偿付其他交易款项。

金币和银币同时流通的情形并不常见。起初，在法国之所以金币和银币能够同时流通，是因为铸币比率 15.5∶1，与市场价格基本持平，即在市场上 15.5 盎司⊜的白银可换取约 1 盎司的黄金。不过，一旦世界市场黄金价格涨幅大于白银，就如 19 世纪最后 30 多年里所发生的那样（见图 2-1），设想当市场上价格为 16 盎司白银对 1 盎司黄金时，就出现了套利机会，套利者将进口白银铸造 15.5 盎司的银币，再把银币兑换成等值的含 1 盎司黄金的金币，然后出口黄金在国外市场按照 16∶1 的比率换取白银。通过这样的套利行为，套利者的买卖获取了额外的 0.5 盎司白银。

只要市场比率显著高于铸币比率，则套利行为就会发生。套利者将一直进口白银并出口黄金，直至这个国家的黄金售罄（发生了格雷欣法则所言的劣币驱逐良币）。反之，如果市场比率下跌，低于铸币比率（这种情形也会出现，19 世纪 50 年代金矿大发现后就发生过），则套利者将进口黄金，出口白银，直至白银退出流通领域。只有铸币比率与市场比率几乎持平时，金、

⊖　复本位制术语来源参见 Cernuschi（1887），复本位制泛指使用两种金属材质作为货币，不仅局限于黄金与白银。直到 1772 年，瑞典还实行白银 - 铜本位制。

⊜　实行银本位制的国家规定银币为法币，可自由铸造银币，黄金则不是。在实践中，这些国家中很多是实行复本位制的，只不过所规定的铸币比率与市场价格有很大偏差，流通中只留下了白银。

⊜　1 盎司 =28.35 克。

银才有可能同时流通。

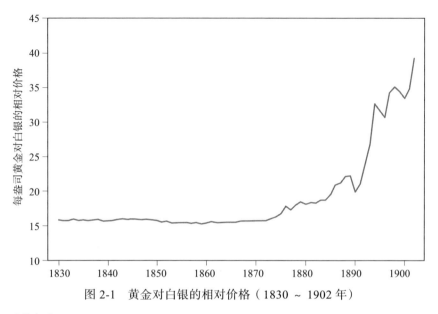

图 2-1　黄金对白银的相对价格（1830 ~ 1902 年）

资料来源：Warren and Pearson 1933.

"几乎持平"与"相等"是不同的，是较弱的条件，之所以金、银的同时流通不会因为铸币比率和市场比率的些许偏离而改变，原因之一是政府象征性收取的费用，即**铸币费**（brassage）。铸币费在不同时间各不相同，在法国大约收取黄金价值的 0.2%，而白银的铸币费要略高⊖。只有当铸币比率与市场比率偏差带来的收益高于这个费用时，套利才有利可图。还有一些原因，比如套利花费的时间，价格波动导致套利失败，再比如运费（即便在 19世纪 20 年代使用了蒸汽船、19 世纪 40 年代勒阿弗尔到巴黎通了铁路，巴黎到伦敦的金银条的运费，也会使套利成本增加 0.5%）和保险等都增加了套利成本，正是由于这些成本支出，当铸币比率与市场比率差异不大时，套利行为才不会发生。

⊖　对白银收取的铸币费高于黄金，因为等重银币的价值低于金币，因而相同价值银币铸币所花费的成本要高于金币。

一些国家（如法国）的铸币局实行的是金、银共同流通制度，一直按照固定铸币比率铸造硬币。如果世界白银供给增加，则相对价格下降，如前例所示，白银将被进口到法国铸造银币，黄金将被出口。法国流通中的银币增加，通过进口白银、出口黄金，法国的复本位制降低了白银的市场供给，增加了黄金的市场供给，使两种"硬"币仍然能够在其他国家同时流通。

市场各方一旦明白了复本位制的这个特性，就会将之纳入预期。当白银的市场价格跌至可套利的低点时，交易者知道在复本位制下将吸入白银释放黄金，就会提前购买白银。由于充裕金属的价格得到了支撑，围绕铸币比率的相对价格波幅就变得有限。⊖

较早的案例发生在英国。在 17 世纪末，黄金的价值被铸币局高估，于是巴西黄金被运往英国铸成金币，白银被驱除出了流通领域。为了能让黄金、白银同时流通，英国当局必须提高白银的铸币价格（或者减少英国银币的白银含量），或者降低黄金的铸币价格。英国实行的是逐步降低黄金的铸币价格。这样的调整，最后一次是 1717 年由牛顿实施的，结果证明由于力度太小而无法将银币保留在流通中。⊜巴西的黄金产量继续增加，铸币局的白银价格依然被低估，足银的硬币从流通中消失。英国于 1774 年彻底实施金本位制，取消了高估 25 英镑的银币铸币价格。直到 1821 年，银币才作为法币在小额交易中重新流通。

法国继续实行复本位制。⊜为了继续实行黄金、白银的复本位制，拿破仑于 1803 年将比率从 14.625 提高到 15.5。黄金一开始约占法国货币供给的 1/3，但随后黄金的市场价格开始上涨，铸币局的比率低估了金价，黄金退出流通。荷兰与美国分别于 1816 年、1834 年提高了铸币比率，吸纳黄金，

⊖　Paul Krugman（1991）强调了预期对稳定汇率波幅的影响。将之引入复本位制模型分析的有 Oppers（1992）和 Marc Flandreau（1993a）。

⊜　牛顿声名显赫，不过这些事件并没有为他增色多少：他在通货报告中建议监控两种金属的市场价格，如果必要，可进一步调低黄金价格。不过，他在退休之前未能将这些意见付诸实施。

⊜　法国这段时期的货币史可参见 Willis（1991）第 1 章内容。

抛售白银，打压白银的市场价格。学者们对于黄金有没有退出法国流通，或者黄金在法国流通中的比重有没有下降的问题依然存在争议，没有定论。一个事实是，法国铸币局一直发行一定量的金币，这说明还是有黄金在流通。不过，即便那些认为黄金是作为"富人的零花钱"在被使用的人，也承认法国流通中的货币逐渐以白银为主了。⊖

1848 年加利福尼亚州发现金矿，1851 年澳大利亚发现金矿，世界黄金产量增加了 10 倍。随着世界金价的回落，黄金被运往法国，法国铸币局仍然按照固定价格购入黄金，在法国被低估的白银被运往盛行银本位制的远东国家。1859 年内华达州发现了银矿，并且已经具备了从次等级矿石中提取白银的技术，于是，流动发生了逆转：黄金流出法国，白银流入法国。这种剧烈的变化揭示了复本位制的弊端，法国政府在 1857 ~ 1868 年对货币制度开展了一系列的调查。

美国对世界黄金和白银市场产生了若干冲击，若想继续实行复本位制，自然难上加难。在 19 世纪的前 30 多年里，美国铸币法定比率是 15∶1（根据 1792 年《铸币法案》），比法国更背离市场价格，流通中只剩下了白银。1834 年铸币法定比率上调至接近 16∶1，白银退出，流通中只剩下黄金。⊖

复本位制的存在：也许只是惯性

如果实行复本位制是那么步履维艰的话，那它怎么能够在 19 世纪存在 50 多年之久呢？这确实颇令人费解，而且各种对复本位制进行分析的主流观点均未给出令人信服的说法。

⊖ 参见 M. C. Coquelin（1851），转引自 Redish（1992）。

⊖ 美国文献记载了与法国类似的争议，即在某个重要时期是否两种金属货币同时流通，参见 Laughlin（1885）。Robert Greenfield & Hugh Rockoff（1992）认为复本位制演变为单一本位制，而 Arthur Rolnick & Warren Weber（1986）得出的结论是两种金属货币能够并且确实在流通中同时存在。

安哥拉·雷迪什（Angela Redish）认为，蒸汽动力出现之前实行金本位制在技术上行不通。[一]最小金币在日常交易中因价值过大而使用起来很不方便，能抵得上好几天的工资，这对平民百姓而言也很麻烦。于是，复本位制下配套使用较小价值的银币，在金本位制下铸造法定代用货币（其名义价值大于金属实际价值）就在情理之中了。不过，随着代用货币在流通中的使用，由于其名义价值大于铸造金属的实际市场价值，于是就出现了伪币。当时是靠人力摇动摆杆推动螺旋压力机来铸造各种货币的，因此很难区分伪币。正是因为代用货币带来的伪币问题很难解决，所以各国推迟实行金本位制，一直到 19 世纪后半叶蒸汽动力的出现，当局能够铸造更精细的货币时，金本位制才开始被采用。[二]以英国为例，在受小额硬币短缺和伪币肆虐之苦之余，英国铸币局于1816 年配备了蒸汽动力压力机，5 年内废除了用于小额交易的白银法币。

这个理论能够解释 1820 年前复本位制为什么能够大行其道，但无法解释这之后各国为什么没有实行金本位制。葡萄牙由于与英国有着密切的贸易往来，于 1854 年效仿英国实行金本位制，其他国家都至少晚了 50 年。当然，实行金本位制要求掌握新的铸币技术，法国铸币局就进行了若干测试后，于 19 世纪 40 年代配备了蒸汽动力压力机，[三]即便到了这一步，法国的复本位制还是一直实行到 19 世纪 70 年代。

第二种解释认为是政治因素阻止了白银退出流通。白银充当货币可以抬高白银的价格，促进白银生产，这也导致代表矿业利益的组织反对白银去货币化。从全球来看，金币为主币、银币为辅币的货币制度增加了以黄金为本位的国家的货币供应量，以货币结算的债务人获益（通常是指农民）。根据

[一]　参见 Redish（1990）。

[二]　另一个可选方案是银本位制，不过在大额交易中沉重的银币增加了成本。此外，同时代的英国政治经济学家大卫·李嘉图认为，随着化学和机械学的进步，开采银矿要比开采金矿容易得多，这将导致实行银本位制的国家发生通货膨胀，李嘉图（1819）pp360-361，转引自弗里德曼（1990）p101。

[三]　参见 Thuillier（1983）。

大卫·李嘉图的观察，农民比任何阶层的人都更受益于通货膨胀、受损于通货紧缩，因为农民的分期支付地租以及其他付款都是按照名义量结算的⊖。

虽然经济的长期低迷和李嘉图所指的农民基层政治影响力的下降能够解释白银货币地位的没落，但这无法解释欧洲大陆为什么会放弃复本位制。没有迹象表明货币制度的分歧是由农民与制造业主之间的冲突引起的，农民或制造业主都没有建立什么统一战线。据 Marc Flandreau 对货币制度听证调查资料的研究，19世纪六七十年代欧洲国家并没有迹象表明农民结成统一阵线阻挠白银退出流通，或制造业者组织起来进行反对。⊜在货币本位制上确实有过分歧，但绝不是像城乡或农工之间的对立那么简单。⊜

如果不是这些原因，那又是什么因素拖后了复本位制向金本位制演进的步伐呢？在本书第1章曾经谈到的网络外部性是复本位制存续的原因。⊕继续实行与其他国家一样的货币制度体系有很多优点。第一，简化了贸易。瑞典的做法很好地说明了这点，实行银本位制的同时还为了便于与英国的贸易清算而建立平行的金本位制。第二，相同的货币本位制也便利了国际借贷，如阿根廷，虽然在国内贸易中流通纸币，但作为债务国，在国际支付中使用黄金。第三，相同的货币本位制能够最小化邻国铸币在国内流通时带来的混乱。

在决定废除现行制度之前，应指出其缺陷。正如一位荷兰外交官所言，无论在经济上还是在地理位置上，荷兰都介于英国和德国之间，自然就会与这两个国家的货币实践趋同。⑮要想将旧有的复本位制的坚固堡垒冲破，必须做一些大事。最终，工业革命和普法战争导致的国际对抗带来了足够强的

⊖　参见 Ricardo（1810），pp136-137。

⊜　参见 Flandreau（1993b）。

⊜　Jeffry Frieden（1994）揭示了在货币本位制上各部门之间的分歧，强调了商品生产者与非商品生产者之间的不同观点。

⑭　况且，如果政府改革货币本位制，将白银退出流通，那么政府支持发行的法币将无法得到信任。因此，对信用的重视是复本位制迟迟没有退出的原因，这也是影响其他所有货币体系的因素。

⑮　引自 Gallarotti（1993），p38。

冲击，但直到那时，网络外部性因素依然维系着复本位制。

工业革命推动了金本位制的出现

19 世纪 70 年代，复本位制已成强弩之末，渐渐显露出了疲态。因机缘巧合实行了金本位制的英国，成为世界工商业界的引领者。与英国有着大量贸易往来的葡萄牙于 1854 年实行了金本位制。一时之间，西方世界各国可分为黄金和白银，或者黄金本位制和复本位制两大阵营。

同时，欧洲大陆的复本位制步履维艰。随着 19 世纪 60 年代关税的削减和运输成本的下降，国际贸易大幅增长，许多国家流通中的外国银币不断增加。由于蒸汽动力被运用于铸造货币，这些银币都是代币。1862 年随着政治上的统一，意大利实行了货币制度改革，发行了成色为 0.835 的小面额银币（所含金属价值为法定价值的 83.5%，参见术语表中"成色"词条）。人们尽可能使用意大利银币，储存更值钱的法国银币（成色为 0.9）。这一举措使大量意大利银币涌入法国，法国银币被驱逐出流通领域。相应地，法国于 1864 年降低了小额面值硬币的成色，从 0.9 降至 0.835。但瑞士与此同时发行了成色为 0.8 的硬币，瑞士银币将法国、意大利和比利时的硬币驱逐出了流通领域。⊖

意识到相互之间的影响之后，相关国家在 1865 年进行了一次国际会晤（这样的会晤又在接下来的 25 年里举行过几次）。⊜比利时是这几次会议的主要发起人，比利时发行的银币几乎在国内流通中消失殆尽了。结果成立了拉丁货币同盟，约定比利时、法国、意大利和瑞士（还有后来加入的希腊）一直将银币成色规定为 0.835。⊜英国虽受到邀请，但拒绝了。当时，授权法已

⊖　对这段历史的介绍可见 de Cecco（1974）。

⊜　对这些会议的权威介绍见 Russell（1898）。

⊜　另一个重要的货币协定是斯堪的纳维亚货币同盟，1873 年为应对德国从银本位向金本位的转变而建立。因为斯堪的纳维亚货币同盟成员国瑞典、丹麦和挪威的贸易依存于德国，故而它们试图能跟上邻国的变化。假定国家之间的货币可互换（互相承认对方的法币），那么这三个国家的政府就有联手应对的强烈动机。

经传播到了对银币情有独钟的美国国会，但美国内战刚刚结束不久，这场内战是通过发行不可兑换美元进行融资的，因此还无暇顾及货币制度问题（参见术语表中的"不可兑换"词条）。

在这个动荡不安的时期，接二连三的冲击鱼贯而出。普法战争的爆发迫使法国、俄国、意大利和奥匈帝国搁置了可兑换的变革。岛国英国成为货币制度稳定的国家。蓦然间，战后货币制度何去何从变得扑朔迷离。

德国率先打破僵局。自从奥匈帝国和俄国流通不可兑换纸币而非银币以来，实行银本位制的德国再与东欧这些国家开展贸易就吃亏了。与东欧各国不同，英国市场所有业务都是围绕黄金开展的，在 19 世纪前 60 多年里发展神速。德国贸易的大部分资金是从伦敦市场以先令计算进行融资的，因此也就等于一定数额的黄金。德意志帝国的建立可以免去信用顾虑，原先的货币制度可以视为前统治者的事物加以废除，政府可以在不损害信誉的前提下禁止滥发银币。

普法战争中战败国法国支付战争赔款给德国（当时称普鲁士王国），德国利用这笔赔款建立了新金本位货币单位马克。[⊖]根据 1871 年签订的《法兰克福条约》，法国应支付 50 亿法郎。德国利用这笔赔款换回黄金并铸造成硬币。同时，德国在国际市场上抛售白银，购进黄金。[⊜]

迈向国际金本位制的步伐颇费周折。德国是欧洲大陆的工业领先国家，柏林正与巴黎竞争欧洲大陆金融中心的位置。德国这次本位制的转变，大大提高了对黄金的吸引力。

对于随后向金本位制度的变迁，历史学家通常认为是 19 世纪 50 年代在内华达州等地发现银矿、德国的金属清算[⊜]引起的。在他们看来，这些事

⊖　最初，银币还可以按照 15.5∶1 的金银比率进行铸造，但 1873 年以后仅金币可以根据需求进行铸造，银币只能由政府当局铸造。

⊜　德国在将白银储备转换成黄金储备的过程中，为了防止所抛售的金属价格暴跌，这个过程是逐步实施的，参见 Eichengreen & Flandreau（1996）。

⊜　可参考 Gallarotti（1993）的观点。

件使世界白银市场供过于求，维持复本位制的难度加大。在新的银矿被发现后，德国的做法引起了一连串的反应：过多的白银供给导致白银市场价格下挫，迫使一些国家涌入大量白银，或废除复本位制，实行金本位制。

貌似言之凿凿，但未免夸大其词了。在复本位制没有被动摇的情形下，大量白银是不可能涌入法国和其他复本位制国家的。复本位制国家只可能会提高流通中白银兑黄金的比率。斯蒂芬·奥柏（Stefan Oppers）做过测算，结果表明德国推出白银退出流通的举措，使拉丁货币同盟国家黄金供给份额从 1873 年的 57% 下降到 1879 年的 48%，但 15.5∶1 的铸币比率并没有发生改变。⊖

那么，为什么欧洲各国纷纷在 19 世纪 70 年代实施金本位制呢？从某种意义上而言，原因应该就是此时发生了工业革命，工业革命的象征——蒸汽机的出现解决了铸币技术难题。工业革命给已经实行金本位制的英国带来了丰厚的回报，使其成为经济发展领先国家和外国融资的主要来源国。这都促使其他国家设法与英国开展贸易并从英国引进资本。当欧洲第二大工业国德国于 1871 年实施金本位制后，其他国家实施金本位制的意愿更加强烈了。一度维持了复本位制的网络外部性，此刻推动各国实施金本位制。连锁反应并非始于德国的抛售白银，而是各国纷纷效仿有着商业和资本往来的邻国开始实行类似的货币本位制度。

在网络外部性作用下，可以预见变革进展得很快。丹麦、荷兰、瑞典和拉丁货币同盟国家率先加入了金本位制行列，与德国开展贸易，于是德国的决策对这些国家的利益有着重大影响。其他国家随后也实行了金本位制。到了 19 世纪末，欧洲各国中只有西班牙仍然实行不可兑换纸币。虽然奥匈帝国和意大利并没有正式实行可兑换黄金的货币制度（其间意大利曾在 19 世纪 80 年代实行过），但 19 世纪末，它们的货币都钉住了与黄金挂钩的国家货币。美国 1873 年颁布《硬币法案》，废除了银币，美钞价值上升至面值；1879 年恢复了可兑换货币制度，美国终于建立了以黄金为基础的货币制度。

⊖　Oppers（1994）和 Flandreau（1993）的研究也得出类似的结论。

19 世纪末期，这项制度传入亚洲，俄国和日本实行了金本位制。长期实行银本位制的印度在 1898 年将卢比与英镑挂钩，间接地与黄金挂钩。斯里兰卡和暹罗⊖不久后也效仿印度的做法。甚至在白银矿业利益集团实力很强的拉丁美洲国家（阿根廷、墨西哥、秘鲁和乌拉圭）也实行了黄金可兑换制度。只有中国和少数几个中美国家仍然实行银本位制。

米尔顿·弗里德曼（Milton Friedman）曾经认为国际复本位制在稳定物价方面优于金本位制。⊜英国物价水平在 1873 ~ 1879 年下降了 18%，到 1886 年又继续下降了 19%（见图 2-2），其间白银退出流通领域，较少的货币追逐更多的商品。阿尔弗雷德·马歇尔（Alfred Marshall）在 1898 年的文章中抱怨"稀有金属难以担当商品的一般等价物"。⊜如果美国和欧洲仍然允许自由铸造银币，货币数量增加到与商品数量相当，那么通货紧缩或许可以避免。

图 2-2　英国 1873 ~ 1913 年批发价格走势

资料来源：Mitchell 1978.

⊖　泰国旧称。
⊜　参见 Drake（1985）、Flandreau（1993b）和 Oppers（1994）。
⊜　参见 Marshall（1925），p192。

我们首先要搞清楚的是，19 世纪的各国政府是否认为金本位制是通货紧缩的重要因素。各国政府或许明白金本位的性质，但不一定能预料到金本位可能带来的问题。1850 年以后，新银矿的发现将人们的注意力都集中在银币铸造与通货膨胀之间的关系上，没有任何迹象能预见到 19 世纪 70 年代以来的价格下滑。直到 19 世纪 90 年代，通货紧缩持续了 10 多年后，人们才恍然大悟，并在美国等国家和地区引起了普遍的不安。[⊖]

为什么各国在 19 世纪 70 年代末 80 年代初都已经知道金本位制易引发通货紧缩后，却没有恢复原来的国际复本位制呢？很大一部分原因是网络外部性效应导致的国家之间的协调使这样的转变成为泡影。这样的转变只有所有国家同时进行才可行，否则没有任何意义，因为单个国家恢复复本位制并不能显著改变世界货币的供给或价格水平。国家越小，恢复银币自由铸造制度带来的损失越大，将会耗尽所有的黄金储备，被迫实行银本位制并通过浮动汇率影响金本位制国家。汇率浮动范围越大，造成的国际金融和贸易的损失越惨重。

美国白银矿业利益集团实力很强（鉴于农民反对通货紧缩），于 1878 年召开了旨在恢复复本位制的国际货币协商会议。德国刚刚实行金本位制不久，拒绝参会，而且德国政府绝对不愿意让自己抛售白银的行为受到国际关注。英国实行完全金本位制，参会的用意是阻止银本位制的恢复。在大国没有诚意的情形下，任何一个小国家都不可能轻举妄动。

各国金本位制面面观

19 世纪 80 年代后期真正意义上的以黄金为基准的国际货币体系终于建成了。不过，即便到那时，各个国家的货币制度安排还是有很大不同。这些

⊖　Robert Barsky 和 J. Bradford DeLong 对这一时期价格水平波动的研究支持了这个观点，认为通货紧缩在一定程度上是可预测的。不过得出这个观点的依据是 19 世纪七八十年代的事实，对已经发生的于事无补了。参见 Barsky 和 DeLong（1991）。

差异如图 2-3 所示。⊖

国内流通形式

	大部分是金币	金币、银币、代币、纸币
黄金	英国 德国 法国 美国	比利时 瑞士
大部分是外汇	俄国 澳大利亚 南非 埃及	奥匈帝国 日本 荷兰 斯堪的纳维亚 其他英属国家
全部是外汇		菲律宾 印度 拉丁美洲各国

（纵轴：储备形式）

图 2-3　19 世纪 80 年代后期国际金本位制结构

　　只有英国、德国、法国和美国四个国家实行的是纯粹金本位制，国内流通的货币是金币，还有一部分纸币和辅币，央行地下金库或财政部储备了额外的黄金，用于纸币和辅币的兑换。即便是这四个国家，实行的金本位制也是有所保留的。比如法国实行的是"跛足"金本位制：银币仍然作为法币使用，但不允许私自铸造。经政府批准，居民和外国人手中的法兰西银行票据可兑换成金币或银币。在比利时、瑞士和荷兰，能否兑换也取决于政府。其他鼓励黄金流入、限制黄金流出的机制叫作黄金策略。中央银行为黄金进口商提供免息贷款鼓励黄金进口。有多个分支机构的法兰西银行、德国国家银行等就通过设立在边境或港口的分部购买黄金，节约运输时间和降低成本。为了限制黄金出口，政府限定票据只能在总部兑换，或者提高金条买卖价格，以及票据只能换到残旧金币等。

　　在美国，金本位制直到 1900 年才通过法令正式实施，要求财政部购买

　　⊖　更多的相关研究可参见 Bloomfield（1959）。

白银。1878 年《布兰德 – 埃勒森法案》和 1890 年的《谢尔曼反托拉斯法》平息了白银矿业利益集团对 "73 恶法"（the crime of '73）的怒火（1873 年美国停铸银币），要求美国财政部购买白银并铸成银币，银币可以按照原来的 16∶1 的比率兑换黄金（或者发行银元券，持有人有权兑换相应的黄金）。[○] 银币自由铸造派占主导地位的西部各州议会对海斯总统的否决置之不理，通过了 1878 年法案。1890 年，东部工商业者们也如愿以偿地推动美国历史上极端保护主义关税法案《麦金莱关税法案》的通过与实施。

铸造银币受到限制。根据《谢尔曼反托拉斯法》，财政部每月购入 450 万盎司银条的同时，发行相应数量的国债。由于是按照市场价而不是按照铸币比率购买的，所以这并不是严格意义上的复本位制。不过，这还是向美国黄金兑付承诺提出了挑战。直到 1900 年美国才根据《金本位制法案》将兑付比率确定下来，1 美元等于 25.8 格令（grain）成色为 0.9 的黄金，但对于白银购买与铸造未做规定。

其他国家流通中的货币形式通常是纸币、银币和代币。这些国家实行金本位制，政府承诺可以将货币按照固定比率兑换成黄金。央行或国家银行储备黄金以备兑换之需。央行大多是私有的机构（瑞典央行、芬兰银行和俄国国家银行除外），为了获得发行银行券的垄断权，须向国家提供服务（持有一定比例的公债、提供借款给国家财政部、监管金融体系运行等）。[○]它们经营公共事业，这就不可避免地存在公共责任与私人利益之间的冲突。《银行许可法案》，即《比尔条例》是 1844 年以来英国银行遵循的法规，将发行业务与商业银行业务分开，英格兰银行分设发行部和银行部。[○]其他国家，或多

○ 这只是流通硬通货的 19 世纪为了控制通货膨胀而出台的一系列措施中的两项而已，参见 Gallarotti（1995）p156 及其他章节。

○ 这类银行所提供服务的范围在不同时间、不同时期都有所不同，比如意大利就是很迟才明确央行功能的典型例子。而且，银行对银行券发行的垄断并不是完全的：在英国、芬兰、德国、意大利、日本和瑞典，其他银行保留了发行货币的权力，尽管发行量不大且随着时间推移逐渐减少。

○ 《比尔条例》的细节内容参见 Clapham（1945）。

或少地效仿英国的做法。不过，正如我们已经知道的，这样的划分在实践中往往不尽如人意。

国际储备构成与管理使用情况在各国之间也存在差异。印度、菲律宾和拉丁美洲大多数国家选取可兑换黄金国家的金融资产作为储备。俄国、日本、奥匈帝国、荷兰、斯堪的纳维亚和英属国家的部分国际储备也采取这种形式。这些国家可能持有一部分英国国债或在伦敦的银行储蓄存款。如果希望将债务兑换成黄金，则央行或政府就可以到英格兰银行将一定数量的英国货币兑换成黄金。日本、俄国和印度这些大国都付诸实践，这些国家的外汇储备几乎占到总额的2/3。

储备的外汇余额从1880年的10%左右上升到一战前夕的20%。[一]英国货币英镑是首选的储备货币，到期末约占储备外汇的40%（见表2-1），法国法郎与德国马克之和也占到了40%左右，其余的是比利时法郎、瑞士法郎、荷兰克朗及美元，美元储备对加拿大和菲律宾而言尤其重要。

表 2-1　外汇资产的增长与构成（1900～1913年）　（单位：100万美元）

	1899年年底	1913年年底	变化	1913年指数（设1899=100）
政府机构	246.60	1 124.7	878.1	456
已知英国货币	105.1	425.4	320.3	405
已知法郎	27.2	275.1	247.9	1 010
已知马克	24.2	136.9	112.7	566
其他货币	9.4	55.3	45.9	590
其他资产	80.7	232.0	151.2	287
私人机构	157.6	497.8	340.2	316
已知英国货币	15.9	16.0	0.1	100
已知法郎	—	—	—	—
已知马克	—	—	—	—
其他货币	62.0	156.7	94.7	253
其他资产	79.7	325.1	245.4	408
所有机构	404.2	1 622.5	1 218.3	401

[一] Lindert（1969）对这些问题有深入的研究。

（续）

	1899 年年底	1913 年年底	变化	1913 年指数（设 1899=100）
已知英国货币	121.0	441.4	320.4	408
已知法郎	27.2	275.1	247.4	1 010
已知马克	24.2	136.9	112.7	566
其他货币	71.4	212.0	140.6	297
其他资产	160.4	557.1	396.7	347
英国货币、法郎、马克和其他资产总计				
所有机构	332.8	1 410.5	1 077.7	424
政府机构	237.2	1 069.4	832.2	451
私人机构	95.6	341.1	245.5	357

　　注：1. 由于存在误差，总计会出现偏差。

　　　　2. —表示没有得到相关数据。

资料来源：Lindert 1969, p22.

　　外汇储备有利可图，因此各国愿意储备外汇。政府从伦敦、巴黎或柏林借款时，被要求将一部分资金以存款的形式存在金融中心。即便没有这样的硬性要求，借款国政府也会保留一部分储蓄，用以证明自己的信用。

　　央行准备金额度的法律规定各国不尽相同。英国、挪威、芬兰、俄国和日本实行信用发行体系：央行获准发行一定数量没有黄金储备支持的货币（信用发行）。典型的特征是这部分通货以政府债券作为抵押。更多的货币发行必须对应相应数量的黄金。与此不同的是，欧洲大陆的许多国家（比利时、荷兰、瑞士，曾经还有丹麦）实行比例发行体系：受到资格限制，黄金与外汇储备不得低于流通货币的一定比例（一般为 35% 或 40%）。还有的发行制度（如德国、奥匈帝国、瑞典和曾经一段时期的意大利）介于上述两种制度之间。

　　一些货币制度包含了这样的条款：经财政部长批准（如比利时）或者向央行纳税后（如奥匈帝国、德国、意大利、日本和挪威），储备金可以低于法定最低限额。货币供给与黄金外汇储备之间的关系出于某些原因存在一定的弹性。信用发行体系和比例发行体系的运作规则仅在最低储备金额度上有所不同^㊀，央行总是试图扩张持有资产的规模。信用发行体系下英格兰银行的商业银行业务部门持有发行部门发行的 1400 万英镑现金。商业银行部门有了这些现金就可以通过贴现或购买债券向流通领域注入现金，即便没有黄金储备，也不会违背金本位制的规定。在比例发行体系的国家，央行在不增加黄金储备的情形下，须持有占法定债务 35% 或 40% 的准备金，通过购买债券增加货币供给。这种金本位制也存在一定的弹性。如果将通货拿到央行兑换成黄金并出口，则货币供给并不会随着黄金的减少而下降，不是教科书中所描绘的那种金本位制。^㊁

无须掩饰金本位制的局限性，这就是活生生的金本位制，我们将接着做进一步的了解。

金本位制的运行机理

关于金本位制运行机理影响力最大的莫过于大卫·休谟（David Hume）^㊂，他提出的金本位制机制是物价－现金流动模型。或许这个模型最酷的特征是其历久弥新：自 18 世纪发展起来，直到今天依然能够帮助人们更好地理解金本位制的内涵。

与任何有说服力的模型一样，简化假设是关键。休谟假定流通中只有金币，忽略银行的作用。当商品出口时，出口商收到黄金并到铸币局铸成金币；当进口商从国外购买商品时，输出黄金用于支付。

贸易差额（balance of trade）指商品出口与进口之间的差额。当一国发生贸易赤字时，则进口大于出口，黄金净流出，这种不平衡有自我调节能

㊀　除非是那些不能带来收益的资产。

㊁　确切地说，当且仅当一个国家大到足以影响世界利率水平，或者国内、国外付息资产不能相互完全替代时，央行的举措才有可能影响货币需求。否则，央行任何旨在通过扩张国内信用增加货币供给的做法，只会降低储备水平，货币存量不变，参见 Dick 和 Floyd（1992）。

㊂　参见 Hume（1752）。

力。由于贸易逆差国家国内流通中的货币（金币）减少，物价下降。贸易顺差国家流通中的货币（金币）增加，物价上涨。于是现金流动造成相对价格的变化（因此这个模型被称作物价 – 现金流动模型）。

进口商品更加昂贵了，国内减少购买；对外国人而言，他们进口商品的价格更便宜了，购买意愿增加。贸易逆差国家出口增加，进口减少，直至贸易恢复平衡。

物价 – 现金流动模型，是经济学最早的一般均衡模型之一，其优点是精致简洁、言简意赅地描绘了 18 世纪国际收支自我**调整机制**（adjustment mechanism）。但随着时间的推移，金融市场与金融机构得到了发展，休谟的模型渐渐地只能部分解释金本位制的运行机理。

为了能更好地解释 19 世纪晚期的两大特征，需要对休谟的模型进行扩展。第一个特征是国际资本流动。外国贷款的净资本流动数量大大地超过了商品贸易的资金流动。休谟没有谈及决定这些流动的利率、商业银行和央行的经营活动等因素。第二个特征是休谟的模型没有预见到国际黄金运输规模。模型中仅仅涉及贸易逆差与贸易顺差国家间的黄金流动，没有考虑南非等地新开采的黄金流向伦敦的黄金市场。

扩展休谟的模型是可行的，需要将资本流动、利率和央行的作用纳入考虑范畴。但直到一战结束时，在坎利夫委员会（一家英国政府委员会，为战后货币制度构建提供咨询）的一份报告中才出现了适当扩展的模型。⊖坎利夫版本的模型的内容是：假定世界上流通的是纸币而不是金币，或者是英国的情形，纸币与金币同时流通，央行随时可以将通货兑换成黄金。当一个国家，比如英国，产生了贸易逆差，假定对方国家是法国，商品进口大于出口，逆差部分用英国票据支付，英国票据最终到了法国商人手中。持有英国票据的商人（或者他们驻伦敦的银行家）到英格兰银行兑换成黄金，然后拿

⊖　参见 1919 年战争后的现金与外汇委员会的报告。此外，考虑了资本流动的物价 – 现金流动模型还可参见 Cairnes（1874）。

黄金到法国银行兑换法郎。贸易逆差国英国的货币供给下降，贸易顺差国法国的货币供给增加。换言之，这个版本的结论与休谟的物价－现金流动模型并无二致。在这两个国家中，货币供给变化方向相反，相对价格也如之前一样发生变化，直至贸易恢复平衡。唯一不同的，是货币的形式变成了纸币。黄金不再是从贸易逆差国流通领域向贸易顺差国流通领域的流动，而是从央行到央行的流动。

但是坎利夫版本的模型依然假定交易媒介是黄金，这与现实不符。为了解决这个矛盾，有必要将央行的举措纳入考虑范畴。当一国出现贸易逆差、黄金外流时，该国央行将进行干预，加速调整货币供给。通过紧缩货币供给量，央行的干预降低了价格，提高了国内产品的竞争力，遏制了贸易赤字带来的黄金外流。扩展模型，将央行干预控制初始黄金流动对国内货币供给的影响纳入考虑范畴，则可以解释在没有大量黄金流动时外部调整是如何进行的。

外部调整工具通常是贴现率。⊖银行和其他金融中介（贴现银行）借钱给商人，期限为 60 天或 90 天。央行以商业票据和利息为回报，可以立即提供借款给商业银行。这种借款就是票据贴现，收取的利息就是贴现率。通常，央行一般按照当期利率贴现合格票据（合格性按照所持票据数量与资质

⊖　另一个工具是公开市场操作。央行将组合中的债券卖出，从流通中回笼货币，减少货币供给，其效果与黄金流出一样，但实际上黄金并没有流出。不过，在古典金本位制时代，很少使用公开市场操作。这项操作需要高度有效的债券市场，便于央行匿名操作。纵观 19 世纪，只有伦敦符合要求。自 19 世纪 40 年代以来，英格兰银行偶尔会卖出政府债券（**统一公债**（consols））从市场上回笼资金（往往结合回购协议进行，商定 1 个月后购回统一公债，这个做法称作公债借款或延期借款）。19 世纪末，柏林市场得到很大发展，德国国家银行也进行了这类操作。与此不同，1913 年之前几乎没有其他央行进行过公开市场操作。此外，央行还可以干预外汇市场，或者通过伦敦、纽约的代理行实施，当本国货币汇率疲软时，用英国货币或美元购进本国货币。与紧缩公开市场操作类似，可以在黄金不流出的前提下减少货币供给。奥匈帝国就经常运用这个工具，比利时、德国、荷兰、瑞典和瑞士的央行也运用过。一些国家有着大量的外汇储备，其金融市场发展落后，如印度、菲律宾、锡兰（斯里兰卡旧称）和泰国等国，也使用这一工具来排斥他国。参见 Bloomfield（1959）。

确定，取决于事由与支付条款）。如果银行提高利率，贴现费用增加，则较少的金融中介愿意持票据向央行贴现。通过操纵贴现率，央行可以左右国内信用规模，⊖通过扩张或紧缩信用规模而不是黄金流动来恢复收支平衡。⊜当央行预见到黄金流出时，就提高贴现率，减少所持有的国内附息资产，市场上的现金回笼，货币供给减少，于是在黄金没有流出的情形下，外部均衡得以恢复。㊄

央行的这种行为被称为按照游戏规则行事，当然，其时并没有明文规定这样的游戏规则。"游戏规则"的提法是英国经济学家约翰·梅纳德·凯恩斯（John Maynard Keynes）在 1925 年创造的，那时战前的金本位制已成往事。㊃这种提法这么迟才出现，足以让人怀疑央行有否依据这一板一眼的规则做事。

实际上，这个发现是事后间接得出的，央行并没有循章办事。1944 年出版的一本颇有影响力的专著就研究了国际货币体系在 20 世纪二三十年代无所作为的原因。罗格纳·纳克斯（Ragnar Nurkse）在 1922 ～ 1938 年按国别和年次数将央行国内、国外资产变动制成表格，似乎政府当局遵循了"游戏规则"，但次数并没有遵循。㊅研究发现，国内资产与国外资产在多数年份中的变化方向相反，纳克斯认为许多国家未遵循规则行事导致战时金本位制不稳定，言外之意是，古典金本位制的稳定是由于各国循章办事。但 1959 年，亚瑟·布

⊖　此外，还可以变更贴现条件（扩大或缩小合格票据的种类）或实行贴现配给（英格兰银行在 1795 ～ 1796 年就实行过）。

⊜　因此，即便货币供给是外生的（参见 Dick 和 Floyd：1992），央行还是可以干预黄金流动的规模，根据恢复国际收支平衡的需要，利用国际储备改变货币存量结构。

㊂　央行在金本位制运行中所处的位置，对资本流动起着调整作用。央行在黄金流出时调高贴现率，逐利短期资金就有获利机会，如果国内、国外资产是不完全可替代的，则境内外利差就会逐渐趋同。较高的利率使国内市场对逐利短期资金和国外资本具有吸引力。因此，为了阻止黄金外流而提高贴现率不仅降低了进口，而且吸引了资本流入。

㊃　第一次提出这个用语是在凯恩斯的《丘吉尔政策的经济后果》中（1925，重印于 1932：p259）。

㊄　假定黄金流出，则央行会卖出资产组合总的债券回笼货币，减少流通中的货币量，遏制黄金的流出，则国内外资产都减少。因此，如果当局依据规则做事，则存在正相关关系。

卢姆菲尔德（Arthur Bloomfield）用纳克斯的方法对战前数据进行分析后，惊异地发现不按照规则行事早在 1913 年前就已经是家常便饭了。

显然，央行在决定贴现率水平时除了顾及国际收支平衡，还另有原因。盈利应该是原因之一，因为许多央行是私人所有的。但如果央行确定的贴现率高于市场利率，那么会发现没有业务可做。这样的问题 19 世纪 70 年代的英格兰银行遭遇过。19 世纪 50 年代私人银行得到迅猛发展，英格兰银行的市场份额减少。在此之前，英格兰银行可谓"不可一世，即便吸纳伦敦所有私人银行的业务、资产和储备，其自有资本依然绰绰有余"。当英格兰银行的贴现业务下降，仅及竞争对手的一定比例时⊖，升高贴现率（英格兰银行利率）的举措对市场利率的影响下降。英格兰银行利率的上升加大了与市场利率的差距，业务应声下滑。如果差距过大，则英格兰银行利率就"失效"——很可能失去对市场利率的影响力。只有当英格兰银行掌握了卖出票据（配合回购协议）来恢复**银行利率**（bank rate）的影响力时，才降低了物价，推动市场利率上升到银行利率水平⊖。

提高利率阻止黄金流出有可能会打压经济，是另一个原因。虽然央行基本不受政治后果影响，但利率上升会增加融资成本，抑制投资活动。

最后一个原因是，升息会提高政府债务成本。即便央行是私人机构，也会迫于压力尽量减轻政府债务负担。法兰西银行虽然是私人所有的，但听命于法国内阁委派的公职人员，银行理事会 12 位成员中有 3 位是政府委派的。德国国家银行的大部分雇员是公务人员，虽然国家银行董事会的多数政策都是投票决定的，但一旦与政府发生冲突，则要求遵循德国总理的指示。⊜

任何对"游戏规则"的粗浅理解都会产生误导，随着时间的推移误解会加深。央行具备自主决策权，不为政治压力所左右，但毕竟不是生活在真空

⊖　《经济学人》杂志的常任编辑 Walter Bagehot 所言。Bagehot（1874），p152。

⊖　另一种方法是指央行为了达成相同的目标，向商业银行、**贴现银行**（discount house）和其他贷款机构借款。

⊜　关于法国和德国的货币政策，参见 Plessis（1985）和 Holtfrerich（1988）。

世界中，不可能一点影响都没有。所以，面对国内外的干扰，央行维护黄金兑换制度的能力取决于政治压力的大小，这些压力迫使央行实现其他目标，与黄金兑换制度相左的目标。在所有影响政策的因素中，把黄金兑换制度目标放在首位已经取得广泛共识。现在我们应该明白，强烈共识和政策的可靠性使央行更有可能在不危及金本位制稳定的前提下遵循"游戏规则"。

依托于国家制度的金本位制

如果没有严格按照"游戏规则"运行，那么在没有黄金流动时国际收支平衡是如何调整恢复的呢？对这个问题的解答是理解金本位制运行机理的关键。要回答这个问题，就不能照本宣科地根据教科书上"金本位制"章节中的那套进行解答，国际货币体系远比课本上讲的要复杂。这是社会建构的制度，它的运行受制于其所处的具体社会环境。

战前金本位制的基石是政府将维护可兑换黄金制度列为头等大事。在金本位体系的核心国家英国、法国和德国，政府毫无疑问会设法保护央行的黄金储备并支持通货可兑换黄金的制度。英国经济学家 P. B. 威尔（Whale）在对 19 世纪货币体系研究后认为："在当时，每一家央行都进行黄金储备，储备数量要能够维持货币钉住黄金的制度，这是央行须完成的最基本的任务。"⊖其他因素最多影响当局采取行动的时机。只要还没有清楚地梳理出央行政策与经济之间的关系，那么就难以判断利率水平是否会加剧失业。⊜ 20世纪，政府所经历的稳定货币目标服从于其他目标的压力，在 19 世纪还不存在。19 世纪的政府可兑换黄金的承诺的可信度有所上升，因为生活在水深火热之中的工人阶级的反对还无法表达出来。在多数国家，选举权仅限于有

⊖　参见 Whale（1939），p41。

⊜　比如，Bagehot 刊登在当时权威金融杂志上的文章显示，当时确实还没有理论说明央行政策与经济波动之间的关系。参见 Frank Fetter（1965），p7 等处，说明在 19 世纪后叶银行理论非常落后。

财产的男性（几乎所有国家的女性都没有选举权），代表工人利益的劳动党尚处于萌芽阶段。许多工人因央行提高贴现率而失业，但由于求告无门，很少会责成政府或央行对此类政策负责。由于工资与价格较有弹性，国际收支的冲击会导致国内消费下降，进而价格与成本回落，所以不会造成失业加剧，因而政府当局改善就业的压力就会被化解掉。综合种种原因，央行优先实行的依附于可兑换黄金的货币制度很少受到挑战。

投资者很清楚央行的立场。马克鲁普（Machlup）注意到1914年之前很少有投资者讨论货币贬值的可能性。⊖外国投资者很少进行货币风险对冲，因为人们认为货币风险几乎可以忽略。当货币发生波动时，投资者的第一反应是设法稳定货币。⊜以黄金出口国的汇率下降为例（则本国货币变得便宜，兑换成黄金并出口，再兑换成外国货币），央行的储备减少，但国外资金会流入，因为一旦央行采取行动稳定汇率，就能获得国内资产升值带来的好处。央行会稳定汇率这一点毫无疑义，于是巨量资本快速流入，汇率自然回升，央行反而无须大动干戈。⊜瑞典经济学家贝蒂·俄林（Bertil Ohlin）的这个论断或许太过牵强，但"声势浩大的资本运动"在1913年之前基本没有发生过，可以断定的是，这种不稳定的流动："1913年之前的流动与之后相比所造成的影响相对小得多。"㊃

因此，央行可以延迟按照"游戏规则"的干预行动，免受储备告急之苦。甚至一开始可以反其道而行，弱化而非加强储备减少给货币供给带来的影响。这么做可以缓冲储备变动对国内市场带来的影响，使之对产出和就业的冲击降到最低。㊄

⊖　参见 Machlup（1964），p294。马克鲁普主要关注的是国际货币体系核心国与周边实行金本位制国家（主要是南欧和南美）的不同。

⊜　参见 Bloomfield（1963），p42。

⊜　用经济计量方法说明这个关系的文献可见 Olivier Jeanne（1995）。

㊃　第一个引号内容来自 Ohlin（1936），p34；第二个引号内容来自 Bloomfield（1959），p83。

㊄　这就是所谓的"冲销"（sterling），在法国叫作"中和"（neutralisation）。当然这是不可能的，除非国际资本完全流动，资产可基于国内外利率不同进行置换。

为了确保黄金可兑换制度的落实，央行有可能违背游戏规则。虽然从短期看（比如 1 年），会发现央行一而再再而三地触犯规则；但从长期看，央行的国内外资产价值会趋同。央行之所以能够在短期内屡屡犯规，是因为从长期看并没有背离规则。[⊖]确信当局最终肯定会想方设法维护可兑换黄金制度，投资者会将资本转移到弱货币国家，即便央行暂时不依规则行事，还是会为他们提供弥补赤字的资金。[⊜]

通力合作的各国央行

当一国提高贴现率时，则金融资本流入、黄金储备增加，资本与黄金流出国的国际收支状况恶化。一家央行提高贴现率会引发一轮各家央行纷纷提高贴现率的热潮。"只要英格兰银行和法兰西银行的黄金储备不足，那么任何一方采取的吸引黄金的举措都会遭到对方的反击。"英国经济学家拉尔夫·霍特里（Ralph Hawtrey）如是说。同理，一家央行降低贴现率则可能会使所有央行降低贴现率。布卢姆菲尔德记录了第一次世界大战前 20 年中各国央行贴现率变化趋势同升同降。[⊜]

较为理想的情形是，各国央行同步在全球经济过热时提高贴现率，在经济低迷时降低贴现率。比如，当信贷状况非常紧张却又需要放松银根时，几家央行应该同时采取行动。随着经济活动的减少，央行与储蓄和负债相对应的储备应该增加，需要的调整手段是提高准备金率，使流通中的金币转移到央行的地下金库。或者，还可以通过利率工具进行调整（经济繁荣时实行高利率，经济衰退时实行低利率）。因此，央行随行就市调整银行利率，使之

⊖　John Pippinger（1984）运用经济计量得出的结果揭示这一时期英格兰银行贴现政策的特征。

⊜　最近文献的类似表述"汇率目标区间"更为直接，参见克鲁格曼（1991）。当储备流出汇率走弱时，资本流入，因为投资者认为当局会采取措施让货币升值，进而获利。换言之，短期中触犯游戏规则并不会影响资本流动，因为市场确信长期来看政府一定会遵循游戏规则。

⊜　参见 Bloomfield（1959），p36 等处；还可参见 Triffin（1964）。

趋近市场利率。

这种方法的局限在于无法预期或调节经济周期。因而在实务中，央行的利率是统领而不是跟随市场利率。英格兰银行在 19 世纪 70 年代开始这么做，与国际金本位制的出现同步。⊖这样的实践更彰显协调的重要：如果一家央行降低贴现率，但其他央行按兵不动，则前者储备减少，货币可兑换黄金制度很可能难以为继。因此，"追随先行者"的国际惯例建立了。英格兰银行在鼎盛时期，是行动的指向标，所确定的贴现率是制定协调政策的重要参照。英格兰银行"定调"，凯恩斯在其著名文章中将之比作"国际管弦乐队的指挥"。⊜其他国家央行唯英格兰银行马首是瞻，共同调整全球信贷状况。⊝

政策协调在艰难时世很难达成。化解金融危机要求不同央行的贴现率做不同方向的调整。危机中的国家遭受着储备的流失，为了吸引黄金与资本回流不得不提高贴现率，这要求其他国家允许黄金流向有需要的国家，而不是纷纷效法提高贴现率。但"追随先行者"的惯例无法满足这点。实际上，在严重的金融危机发生时，各国央行应该采取特殊措施援助陷入困境的国家。为了挽救陷入困境的国家，各国央行应该办理票据贴现并出借黄金给这个国家的货币当局。当一国金平价受到冲击时，储备会耗尽，可以向其他金本位制国家借入黄金以解燃眉之急。

1890 年的巴林危机就是很好的例证。当时巴林银行由于贷给阿根廷的款项无法收回，作为英国主要商业银行的巴林兄弟濒临破产，英格兰银行必须做出反应。英格兰银行向法兰西银行借了 300 万英镑黄金，从俄罗斯抵押

⊖ 央行自 19 世纪三四十年代就试图统领利率。但 1857 年金融危机导致"1858 规则"（1858 rule）的出台，为了让金融机构能够自我救助，规定限制对货币市场的援助。因此，1873 年统领市场的尝试可以看作回归之前的做法。参见 King（1936），pp284-287。不过，也不能够对这种做法夸大其词，正如之前已经阐明的，这么做也是有限度的，不能过分偏离市场利率，否则，或者门可罗雀，无所事事，或者顾客盈门，忙得不可开交。

⊜ 参见 Keynes（1930）第二卷，pp306-307。

⊝ 关于英格兰银行贴现率对其他国家央行影响的大小存在争议，其相互之间的影响大小也无定论。参见 Eichengreen（1987）和 Giovannini（1989）。

贷到 150 万英镑金币。这样的举措并非首创，早在 1839 年，英格兰银行就从法兰西银行借过黄金，并于 1847 年偿还。1882 年瑞典中央银行向丹麦国家银行借了几百万克朗。但自 1890 年以后，这样的举措要求国际金本位制和关键货币英币保持稳定。"外国央行援助（1890 年）开启了新纪元。"霍特里⊖如是说。

英格兰银行是否有实力维持英币平价的质疑延误了危机的解决。投资者担忧央行能否胜任最后借款人和保卫英镑。外国存款流出，即使提高了贴现率，央行黄金储备仍然在减少。显然，英国央行必须在两者之间做出选择：是保住现有银行体系，还是继续实行通货可兑换黄金制度。法兰西银行和俄国国家银行的援助让英格兰银行摆脱了这个两难困境。英格兰银行的黄金储备顺利地得到补充，为伦敦市场提供了流动性，加上伦敦其他银行的共同努力，在为巴林兄弟提供援助资金的同时，英格兰银行的储备并没有在英镑兑换黄金过程中耗尽。投资者重拾信心，危机得到化解。

这个事例说明了在危机时期应该团结一致实行金本位制，国家之间的合作变得越来越常态化。1893 年，在各国政府的鼓励下，欧洲银行共同体支持美国财政部维护金本位制；1898 年央行和德国商业银行得到了英格兰银行与法兰西银行的援助。1906 年和 1907 年英格兰银行又遭遇另一场金融危机，再一次从法兰西银行和德国国家银行得到支持，俄国国家银行随即将黄金运往柏林补充德国国家银行储备。还是发生在 1907 年，加拿大政府采取措施增加通货券的储备，一定程度上为处于信贷紧张状态的美国金融体系减轻了压力。⊜在 1909 年和 1910 年法兰西银行再一次贴现英国票据，向伦敦输送黄金。比利时、挪威和瑞典等欧洲小国从外国央行和政府借用储备。

当然，这类国际团结并非每日都在发生，一般发生在危机时期。这掩盖了金本位制是最基本的制度，并且金本位制能否维持取决于各国央行与政府

　　⊖　Hawtrey（1938），p108。

　　⊜　1907 年的危机中加拿大政策详情可参见 Rich（1989）。

的合作。

金本位制与最后贷款人

金本位制的存在取决于各国央行将可兑换黄金制度作为首要任务。只要能清楚揭示贴现政策与利率水平及商业周期关系的理论还未问世，货币当局为了达成其他目标而使用贴现等工具的可能性就很低。随着部分储备金体系的出现，即银行吸收存款后只需保留一定比例的现金或流动证券，改变了这种状况，于是有可能会出现存款人挤兑致使一家流动性不足但尚能偿还债务的银行倒闭。有人担心一家银行倒闭会动摇人们的信心并殃及其他金融机构，危及整个金融系统。一家银行的倒闭会使恐慌心理蔓延，还会使陷入困境的银行将存在其他银行的存款提现，两种情形都引发了争论，要求进行最后贷款人干预，阻止危机蔓延。

尽管很难确切地知道什么时候开始央行认识到了这些，但英国1866年的欧沃伦格尼银行危机是个转折点。欧沃伦格尼银行是一家建立很久的企业，于1865年组成有限责任公司。1866年利物浦铁路承包公司沃特森（Watson）、欧沃伦（Overend）破产，接着西班牙商业企业斑马（Pinto）和佩雷斯（Pérez）倒闭，欧沃伦格尼银行由于为这些公司提供了担保，被迫关门。整个金融体系陷入恐慌之中，各家银行设法到英格兰银行贴现票据来补充流动性。有些银行抱怨无法从英格兰银行得到足够的援助。由于自身的储备要保持在一定额度，英格兰银行拒绝提供更多的贴现。于是，在最恐慌的时候，一些银行不能得到政府担保预借款，恐慌进一步升级。⊖

或许是因为这次经历，在1890年巴林银行危机中，英格兰银行深刻地意识到作为最后贷款人的重要责任。但问题在于充当最后贷款人角色会与金本位制管理者的角色相冲突。假如某家英国商业银行遭到挤兑，存款人纷纷

⊖ 这些批评刊登在《银行家》杂志上，也可参见 Grossman（1988）。

提现并兑换成黄金，则英格兰银行的储备会减少。如果要救助困境中的银行，英格兰银行就应该提供流动性，这样一来就违背了金本位制的游戏规则。在黄金储备不断下降的同时，央行还在增加市场信贷供给。当储备降至低于金本位制设定的最低限时，可兑换黄金的承诺就会难以落实。人们一旦担心央行会搁置兑换黄金、宁愿货币贬值也要制止商业银行危机蔓延，就会加快存款搬家和兑换黄金的节奏，避免在通货贬值时因持有的国内货币资产贬值带来的资本损失。向银行系统注入流动性的速度越快，则流出越严重。因而，最后借款人干预不仅举步维艰，甚至会适得其反。

在 20 世纪 30 年代，政府当局就是在这里栽了个大跟斗，我们将在第 3 章进行介绍。在一战前，绝大多数央行都设法避开这一困局。一方面，央行充当最后贷款人的观点是逐步形成的，实际上，在美国等国家甚至都没有央行可以承担这一义务。另一方面，许多央行和政府在 20 世纪 20 年代实行最后贷款人制度的主要意图是稳定银行体系，成为政府加大对经济监管力度的举措之一。此外，央行的信用以及政府置维护金本位平价于首位的态度，让消费者相信最后贷款人干预对金本位游戏规则的破坏是权宜之计，是暂时的。在其他方面，外国资本流动保持稳定，如果由于央行向金融系统注入流动性导致汇率走低，资本会从国外流入，因为投资者认为汇率会反弹回来（在这种情形下投资者受益）。于是金本位制与国内金融稳定之间的权衡变得容易一些了。如果投资者还需要更大的激励，央行可以加息提高回报率。这就是众所周知的白芝浩规则（Bagehot's rule）：通过自由贴现应对"内部流失"（提现并兑换成黄金），通过加息应对"外部流失"（为了消除国际收支的影响）。

在特殊情形下央行可以启动的例外条款提高了央行腾挪的空间，如果危机严重，央行可以将储备降至低于金本位制规定的底线，允许将通货贬值低于黄金输出点。正如上面已经指出的，这在国家财政部长首肯或交税的情形下可以实行。即使在金本位制条例中没有这样条款的英国，在特殊情况下可以经国会批准增加信用发行。由于启动例外条款应对的状况是确凿的，并且显然不是政府能左右的，因此，完全可以特事特办，政府在正常化后依然会信守承诺。[○]这样，最后贷款人干预对金本位制的影响只是暂时的。

银行系统也可以启动例外条款，允许被挤兑银行暂停业务，共同管理这家银行的资产与负债，同时注入流动性。这样"救生艇机制"与最后贷款人的效果如出一辙。如果银行系统发生整体性挤兑，银行可以同时暂停提现业务。在美国这样没有最后贷款人的国家可以动用这项措施。银行同时压缩存款提现额度，避免了银行间流动性的失衡。由于降低了所有商业银行负债的流动性，流通中的现金产生溢价（在手上的 1 美元比存在银行的 1 美元要值钱）。市场对货币的需求增加，尽管发生了银行危机，黄金很可能从国外流入而不是流出。比如，美国 1893 年金融危机时的情形就是这样。[○]再一次，国内金融稳定与国外金融稳定之间的冲突被化解了。

外围国家的不稳定

欧洲金本位核心国以外的国家的境况就没有那么乐观了。[○]外围国家遭遇的若干困境主要是因为合作范围没有延伸到这些地区。1890 年和 1907 年，英格兰银行成为可接受的外部援助并非巧合，体系的稳定取决于英国是否参加，当需要外部援助时，英国的作用就举足轻重了。其他地方的情形就不同了。主导央行清楚地知道金融不稳定蔓延带来的严重后果，因此法国和德国

[○] 古典金本位制的例外条款可参见 Michael Bordo、Finn Kydland（1994）和 Barry Eichengreen（1994）。Matthew Canzoneri（1985a）和 Maurice Obstfeld（1993a）认为可行的例外条款启动的条件是：所应对的情形是确凿的，并且不是政府决定启动的。

[○] 也可以这样理解黄金的流动：投资者意识到，在银行恢复业务后，价值 1 美元的黄金到银行能换取更多的美元，当投资者想把握这样的机会时，黄金流入。Victoria Miller（1995）描述了 1893 年美国危机中这一机制的运作过程。

[○] 关于外围国家金本位制调整的分析文献有：Ford（1962）、de Cecco（1974）和 Triffin（1947，1964）。

就可以指望得到它们的援助。但外围国家的问题并不会威胁体系的稳定，比如拉丁美洲的国家，欧洲国家央行就不会向这些国家提供援助。

实际上，欧洲以外的一些国家没有中央银行，合作就很难达成。美国央行美联储建立于 1913 年。直到 20 世纪 20 年代，拉丁美洲等地国家并没有效仿美国建立中央银行。外围国家的银行体系非常脆弱，稍有风吹草动就会使国内与国外的金融活动陷入混乱。还有一个更重要的原因，就是它们没有建立最后贷款人机制。黄金与外汇储备的流失致使相应的货币供给减少，由于没有央行减少流失，更没有债券和贴现市场可以进行减少流出的操作。

还有其他原因导致欧洲中北部以外的国家实行金本位制比较困难。初级产品生产国深受商品市场冲击的影响。许多出口品种单一的生产国的贸易条件波动很大。外围国家也受国际资本流动、波动的影响。就英国而言，越少在欧洲借款，越多地贷款给外国，越可以冲销商品贸易不平衡带来的影响。1870 年以后，国际金本位制建立起来了，英国为海外投资提供的借款持续增加。[○]加拿大和澳大利亚借款进行铁路建设，带来了钢轨与机车的需求；借款进行港口建设，引致船舶和吊车的需求。事实上，英国是这些国家主要的生产资料出口国，向这些国家提供资金改善了国际结算条件。[○]反之，减少对初级产品生产国的资本输出，增加对那些进口本国产品没有增长的国家的资本输出，可以增加本国的出口。同理，资本进口国减少商品出口会使市场投资吸引力下降。当出口收入无法偿还国外债务时，资本流动枯竭，一旦国际资本流动枯竭，出口就受困于信用的严重不足。于是，**经常账户**（current account）冲击与**资本账户**（capital account）冲击交互影响，雪上加霜。

最后，这一系列特殊的社会和政治因素决定了欧洲金本位制运行在外围

○　参见 Cairncross（1953），p188。也可参见 Feis（1930）和 Fishlow（1985）。

○　如果借款给予市场的商业联系弱的国家，那么对生产资料出口的刺激不大，比如法国，具体可参见 Harry Dexter White（1933）。

国家得到的支持要小得多。美国的经验证明了这一点，直到20世纪初，黄金的美元市价才被美国政府认可。男性公民普选权提高了反对通缩的小农场主的影响力。美国的每个州，包括人口稀少的以农业和矿业为主的西部地区，都有两名上议院议员。银矿业是个重要的产业，有一个较大的游说集团。与欧洲农场主的处境不同，欧洲农业与国外进口产品竞争，可以通过保护关税化解他们对金本位制的抵触，出口导向的美国农业并不能从关税上受益。实际上，银矿业利益及负债农场主集中在便于结成联邦的美国同一区域。

直到19世纪90年代，美国价格水平"跌跌不休"地持续了20多年。通缩意味着产品价格更低了，而抵押贷款的还贷成本却没有相应降低。民粹运动领导人认为，通缩实质上是全球产品生产的增长快于全球黄金的增长。要对症下药地治理通胀，他们得出的良方是政府应该发行更多的货币，最好是发行银币。《1890年谢尔曼白银采购法》就是据此构思的。

在财政部用法币收购白银后，物价如期止跌，白银取代黄金进入流通。但由于支出增加，美国收支出现赤字，财政部的黄金流出。这样一来，恐怕总有一天财政部会取消美元兑黄金的业务。1891年欧洲歉收，美国出口大增，推迟了这一天的到来。1892年格罗弗·克利夫兰（Grover Cleveland）当选总统加重了这种担忧。市场各方担心新组建的民主党会偏向于势力强大的纸币一翼。1892年又一次的国际货币会议没有达成一致意见，在是否建立复本位制体系上没有达成共识，这使市场各方更加不安。到了1893年4月，财政部黄金储备下降到低于1亿美元，低于可接受的安全额度。公众对货币稳定的担忧变得"尖锐"。⊖为了避免美元贬值和停止兑换黄金造成的美元资产损失，投资者将资本转换为欧洲货币。⊜

1893年秋，克利夫兰总统自行宣布回归硬通货，11月1日，在总统的

⊖　Taus（1943），p91。注意：上一年11月至次年3月初从竞选开始到新总统就职之间的空档期，这么长时间的时滞带来的不确定性也是造成1933年年初美元危机的主要原因，这将在第3章提到。

⊜　参见 Calomiris（1993）。

坚持下，废除了谢尔曼法案，为日后储备美元。但问题并没有得到根本解决。这个问题在下一任总统选举中再次浮出水面，民主党和平民党候选人威廉·詹宁斯·布赖恩（William Jennings Bryan）失去了选区，共和党候选人威廉·麦金莱（William McKinley）受到选民拥戴。布赖恩倡导银币自由铸造，恳请选民们不要将农场主和工人钉到"黄金十字架"上。银币可以自由铸造和美元贬值两大因素加快了资本外流和利率上升。麦金莱当时已经转而认同黄金和正统的货币政策，因而只有麦金莱当选，才能重振投资者的信心（资本回流）。

1896 年全球价格水平开始回升，这提高了麦金莱的竞选支持率。澳大利亚西部、南非和阿拉斯加金矿的发现，以及用氰化法从杂质较高的矿石中提取黄金的做法使世界货币供给增加。随着部分储备金制的发展，黄金货币存款节节攀升。与金本位制伴生的通缩问题得到了解决，随着《1900 年金本位制法案》的出台，美元的地位得到稳固。

在其他国家，要解决通货紧缩问题就没有那么容易了。南欧和南美的拉丁语国家数次被迫停止黄金兑换业务并允许货币贬值。意大利、葡萄牙以及阿根廷、巴西、智利就是这种情形。⊖通常认为，之所以无法继续黄金兑换业务，是赞成通胀和贬值的团体的政治影响的结果。拉丁美洲国家与美国一样，固定利率抵押贷款的土地所有者、希望提高出口产品竞争力的出口商都赞成贬值。这两个团体的成员往往是同一批人，这个队伍因为支持银币铸造的矿业利益集团的加入而不断扩大。拉丁美洲国家，在欧洲主要国家都实行金本位制后的很长时期依然使用银币，这些国家的黄金流失和无法维持黄金兑换的境况就在情理之中了。在世界上许多地方，由于缺乏与欧洲核心国那样的支持金本位制的特殊政治和社会因素，因此就很难实行金本位制。

⊖ 各国的具体情形又有所不同，并不是每次停止兑换黄金业务都会导致贬值和通货膨胀。特别是几个被迫暂停兑换黄金业务的欧洲国家，继续保持了政策执行的相对稳定性。

体系的稳定性

打开一部国际经济学教科书，你会了解到 1913 年之前国际货币事务管理的一般方法的金本位制。但本章揭示了，金本位制直到 19 世纪 70 年代才成为西欧处理国际货币事务的基础，19 世纪末才在世界其他国家普及。汇率稳定和货币政策机制作为金本位制的特征，与其说是常态，还不如说是特例。

或许最不正常的是，经济和政治环境促成了金本位制的繁荣。英国在世界经济中的独特地位使其国际收支免受冲击的影响，并且允许英币充当国际体系的锚。英国一方面借出资金，另一方面出口生产资料稳定了境外账户，减轻了英格兰银行的压力。实行金本位制的欧洲核心国也存在类似的情况。从这个意义上而言，19 世纪晚期多边贸易的增长与扩张不能简单地认为是金本位制下汇率稳定导致的结果。市场开放与贸易自身发展支持了金本位协调机制的运转。英国要想让生产资料顺畅地出口到海外市场，就要求在出口商品的同时出口资本，以稳定系统中国家的收支。英国等工业化国家自由地接受初级产品生产国出口的商品，让这些国家得以偿还外债并应对支付危机。金本位制既依附于又支持着这样的贸易体系。

从政治角度看，货币当局的独立性也促成他们维持兑换黄金的承诺。其效果可以自我强化：当一国货币走低时，当局的承诺增强了投资者购入货币的信心，最大限度地降低了为稳定兑换比率而进行的干预，避免干预造成的不良后果。1871 ~ 1913 年，是欧洲难得的和平时期，国际协作开展顺利，体系遭遇的冲击得到很好的化解。

有理由怀疑这样的均衡是否能持续得更长久。在世纪之交时，英国地位有所下降，其他国家的经济增长与金融发展速度加快。资本出口份额的日渐缩小自动限制了生产资料出口的增长，减少的贷出资金自然转化为伦敦的外国存款。

由于 19 世纪 90 年代黄金开采量缩减，黄金供给能否满足世界经济扩张需要的问题又摆到人们的议事日程上来。当时尚未清楚的是：根据外汇补充黄金到底能不能稳定国际货币秩序。外汇储备的增长加大了风险，信心冲击对外汇储备流动的影响最终会影响体系的流动性。美国的增长是全球金融市场冲击的主要来源，提高了危机进一步扩大的风险。美国依然是以农业为主的国家，19 世纪末成为世界最大的经济体。依然是农业导向的经济，加上发展相对滞后的农村银行体系，导致对货币和硬币的需求、相应的利率水平和黄金需求在每个播种及收获季节大幅上升。所需的大部分黄金是从伦敦金融市场提取的。每隔一段时间，美国银行就会因为满足这样的信贷需求耗尽储备，陷入困境。由于担忧银行偿付能力，美国投资者转而投资更安全的黄金，从英国和加拿大等国家购买黄金，使这些国家的金融体系陷入紧张状态。英格兰银行的能力受到严峻考验，用英国财经杂志记者沃尔特·白芝浩（Walter Bagehot）的话来说，就是要能够"到月球上"提取黄金。

政治局势的发展也对金本位制很不利。选举权的扩大、代表工人阶级的政党的兴起，使货币当局可兑换黄金优先权的变数增大。失业备受关注，人们越来越意识到货币政策应该在国内平衡与国外平衡之间做出取舍。在对非洲进行瓜分之后，德国、英国、法国和英国之间的政治军事关系紧张化，损害了国际金融合作的坚实基础。

这些变化是否严重威胁金本位制的稳定，或者货币体系是否应该与时俱进等问题，由于一战的爆发而显得毫无意义。但对于有意探究这个问题究竟的人而言，最好去研究一下 20 世纪 20 年代国际货币体系的重建。

| 第 3 章 |

战争间歇中不稳定的金本位制

> "金本位制"这个术语包含一个谬误,一个迷惑了全世界的代价最昂贵的谬误,即有且只有一个特定的金本位制,并且那些冠名为金本位制的形形色色的货币本位制是一样的。近来,这个谬误将世界引向了崩溃的边缘。
>
> ——查尔斯·摩根–韦伯爵士《金本位制的兴衰》

在第 2 章我们看到,金本位制在一战前的特定时间、特定地点的特有的政治经济环境下得以实施,而在两次大战间歇的表现则南辕北辙。英国货币曾经在政策协调中起着重要作用,如今在世界经济舞台上已风光不再。英国工商业的强势已成明日黄花,在一战期间不得不变卖若干外国资产。在 1913 年前行云流水般的海外投资与出口生产资料的组合拳,如今时过境迁,不再管用。德国等国家由国际债权人变为国际债务人,依赖从美国筹集资金以保持外部均衡。

随着工会主义和官僚化[⊖]在劳动力市场的深化,工资增长不再受传统速

⊖ 劳动市场"官僚化"的提法,取自 Sanford Jacoby 1985 年出版的一部书的名称,是指越来越多的大企业都设置了管理员工的人事部门和其他人力资源管理机构。

度的干扰。不利干扰导致失业加剧，迫使政府铤而走险，不惜牺牲货币本位制的稳定来提高就业水平。⊖随着选举权的扩大，议会劳动党的发展和社会支出的扩大，战后各国政府屈于压力采取的措施更迎合当时的需要。不再有如战前那段时光一样的因素支持金本位制的实施。

战争间歇的金本位制，在 20 世纪 20 年代的后半期复苏，并受益于战前金本位制的些许优势。由于劳动力市场和商品市场不具有传统弹性，新体系难以轻松地应对冲击。各国政府迫于压力刺激增长与就业，导致新政权信用缺失。当体系受到干扰时，原本流动稳定的金融资本四处逃逸，使一次无足轻重的扰动演化成一场政治经济危机。1929 年从经济下滑变成大萧条正是活生生的样板。最后，金本位制自身也遭受重创。

可以得到的教训是，不要徒劳无益地想让时光倒转。官僚化的劳资关系、政治化的货币政策制定，以及 20 世纪的其他显著特征最终成为人们的共识。当人们在 20 世纪 40 年代又一次试图重建国际货币体系时，以更富弹性的汇率应对冲击、限制国际资本流动牵制不稳定的投机成为新特征。

国际货币体系大事记

战前体系的实质是政府承诺国内货币可以换取一定数额的黄金，个人可以自由地从官方和其他渠道进口或出口黄金，第一次世界大战使这一切戛然而止。贵金属主要被用于海外购置物资驱动战争机器。各国政府通过法律禁止黄金出口，除非获得政府许可（实际上，从未打算给予许可）。黄金市场套利行为突然中断，汇率开始上浮。通过禁止一切以外币交易的业务，汇率波动得以控制。

⊖　我与 Tamim Bayoumi（1996）用 6 个工业国数据样本进行分析，发现总供给曲线的平均斜率平缓，这与战前及两次大战间歇的名义弹性下降是一致的。Robert Gordon（1982）认为美国名义刚性的上升幅度大于英国和日本，假定美国国内市场率先发展和扩大人事部门，那么这个结果就与劳动力市场的官僚化程度相关。

为了调动战争资源，各国当局开征新税并发行政府债券，即便是这样的调动还是无法满足战争需要时，政府便废止发行货币需要黄金或外汇支持的法规，发行**法币**（fiat money）（不兑现纸币）用以支付士兵酬劳和国内战争物资的采购。各国法币发行比例的不同，导致汇率大幅波动。

因而，战后重整的工作之一就是货币制度。通过借款给英法政府，美国帮助同盟国英国和法国以稍稍偏低的汇率将其货币钉住美元。战争的结束意味着援助的终结。英国和欧洲其他地区的通货膨胀远比美国要严重，英国意识到如果美国停止援助，并且继续高估美元的话，则黄金流失在所难免，于是决定停止英镑兑换黄金的业务。在主要货币中，只有美元仍然可以兑换成黄金。虽然管制很快就撤销了，但若干年后才恢复可兑换制度。

战后国际货币制度安排的一个显著特色是自由浮动制。根据规则，央行不得干预外汇市场。因此在 20 世纪 20 年代的前半段就有国家实行相对纯正的自由浮动汇率制。

首批重建可兑换黄金制度的国家都遭受过**恶性通货膨胀**（hyperinflation），这些国家是奥地利、德国、匈牙利和波兰。这些国家发行纸钞弥补政府预算赤字，使通货膨胀恶化。最终，不破不立，减税和削减开支已然于事无补，通胀失控、货币经济崩溃造成了严重的后果。1923 年奥地利稳定了汇率，1924 年是德国和波兰，1925 年是匈牙利。这些国家发行新货币，供应数量严格执行金本位制的相关条款。储备通过国际联盟背书的贷款补足（至于德国，建立赔款委员会监视其向协约国进行赔偿）。作为外国援助的交换条件，央行的独立性得到加强。

经历了温和通货膨胀的国家并没有进行德国式的**货币改革**（currency reform）就稳定了货币并恢复了可兑换黄金制度。1925 年是比利时，1926 年是法国，1927 年是意大利。⊖这些国家在浮动汇率期间都发生过通货膨胀和货币贬值。比如，1926 年年底，法国法郎所能换取的美元仅仅是战前的

⊖ 在法国，1926 年事实上稳定了法郎，到 1928 年 6 月法律上予以确认。

1/5。由于治理通胀有可能使经济停顿，法国等一些国家在这样的情境下选择了按照当时市场水平固定汇率。

那些通胀得到及时控制的国家也将黄金价格恢复到战前，并将货币兑美元汇率固定在之前的水平。瑞典 1924 年这么做了，英国于 1925 年恢复了战前平价，澳大利亚、荷兰、瑞士和南非紧随其后。相当多的国家恢复了金本位制，体系的网络外部性特征也促使其余的国家恢复金本位制。加拿大、智利、捷克斯洛伐克⊖和芬兰在 1926 年固定了汇率，法国于 1927 年实行。图 3-1 按年描绘了实行金本位制国家的个数。

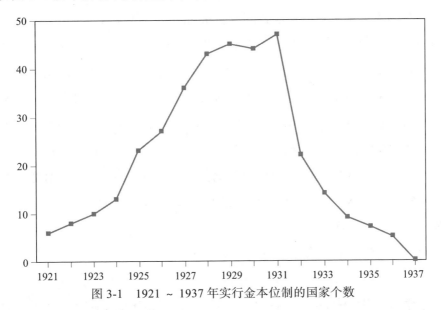

图 3-1　1921 ～ 1937 年实行金本位制的国家个数

资料来源：Palyi 1972，table IV-1.

法国 1926 年的固定汇率标志着金本位制的重建，英国 1931 年贬值英国货币预示着风光不再，而战争间歇作为全球货币体系的金本位制存续时间不足 5 年。即便没有走到穷途末路，其作用也颇不尽如人意。**调整机制**（adjustment mechanism）是不健全的：弱通货国家（如英国）长期承受着国

⊖　1993 年捷克斯洛伐克分裂为两个国家——捷克和斯洛伐克。

际收支赤字和黄金与外汇储备的流失，而强通货国家（如法国）却一直保持着国际收支盈余。资产和商品市场恢复外部均衡的调整机制没有发挥应有的作用。全球储备不足：1931 年各国央行争先恐后地将外汇兑换成黄金，使储备出人意料地大幅下降。

在一战前，正如我们在第 2 章已经说过的，金本位制从未在工业国以外的国家真正建立起来，原因之一是没有建立必要的机构。以美国为例，为了克服金融体系的弊端，于 1913 年建立了美联储，拉丁美洲各国和世界其他地区的国家也在 20 世纪 20 年代先后建立了央行。一批货币学博士，如普林斯顿大学的埃德温·克姆勒（Edwin Kemmerer），足迹遍布全世界，对金本位制和央行的独立性信条进行了广泛宣传。但仅仅凭借央行是无法保证货币体系的稳定的。在实行战前模式的过程中，1929 年开始的大萧条致使外围国家的金本位制崩溃。资本进口减少的同时，商品出口下降挫伤了初级产品生产国的信心。由于储备下降，央行被迫默许紧缩货币供给，政治因素开始生效。通货紧缩的加剧更坚定了人们放松金本位制限制、遏制螺旋下滑势头的主张。出于这样的目的，阿根廷和乌拉圭政府于 1929 年年底对兑换黄金进行限制。加拿大禁止黄金进口，等同于货币贬值。巴西、智利、巴拉圭、秘鲁、委内瑞拉、澳大利亚和新西兰的金本位制也打了折扣，让黄金很难获得，允许货币价值低于官方平价。

1931 年夏，不稳定性蔓延到金本位系统的工业核心国，奥地利和德国遭遇了银行危机，耗尽了国际储备。对银行系统注入的流动性越大，央行黄金耗费也越快，它们被迫停止黄金兑换业务并实行**外汇管制**（exchange control）。由于大萧条导致海外投资收益下滑，英国国际收支弱化，加之**欧洲中央银行**（European Central Bank）危机，更是前途未卜。1931 年 9 月，英格兰银行储备告急，英国决定停止黄金兑换业务。几周之内，又有 20 余个国家效仿英国的做法。许多国家与英国有大量的贸易往来并依赖伦敦市场进行融资：这些国家的明智做法是与英镑挂钩，并且在伦敦持有英国货币作为外汇储备。

到 1932 年，国际货币体系一分为三：以美国为首的保持金本位制的国家；英镑区（英国及与英镑挂钩的国家）；以德国为首的进行外汇管制的欧洲中部和东部国家。还有几个国家不属于任何一部分：加拿大与美国和英国都有联系，跟着英国与黄金脱钩，但不允许货币像英镑那样大幅贬值，以维持与美国的金融关系。日本在世界纺织品市场上与兰开夏郡展开竞争，跟着英国与黄金脱钩，但并没有加入英镑区。网络外部性效应曾经在 19 世纪末将各国统一到共同货币本位制下，到了分崩离析的 20 世纪 30 年代其作用大打折扣。

三足鼎立的国际货币体系仍然不稳定。英镑区的英国等国家货币贬值，德国及其东部国家实行外汇管制，这些都导致仍然实行金本位制国家的国际收支恶化。金本位制国家不得不运用收紧的货币和财政手段维持储备水平，后果是经济衰退，政治压力加大，不得不放松紧缩政策。交易者认为政策很快会有变化，于是开始卖出有黄金支持的货币。央行储备流失，被迫大幅加息，失业加剧，货币贬值压力增大，货币贬值将引发**资本外逃**（capital flight）。最终，金本位制阵营的国家不得不停止黄金兑换业务并且将货币贬值。1932 年富兰克林·德拉诺·罗斯福（Franklin Delano Roosevelt）击败赫伯特·胡佛（Herbert Hoover）当选美国总统，这在很大程度上与胡佛主张维护金本位制带来的宏观经济后果有关。新任总统上任后的第一把火就是美元与黄金脱钩，阻止价格下行。罗斯福每天都上浮重建金融公司收购黄金的美元价格，经过 9 个月后，成功地使美元兑其他金本位制国家货币贬值40%。美元贬值有利于缓解美国银行体系的危机，帮助美国踏上复兴之路，大大削弱了其他国家的竞争力。金本位阵营的其他国家感到压力更大了。捷克斯洛伐克在 1934 年，比利时在 1935 年，法国、荷兰和瑞士在 1936 年陆续实行贬值。金本位制经过这段纷纷扰扰的回潮，再一次让位于浮动汇率制。

然而，这一次与 20 世纪 20 年代前半期昙花一现的自由浮动汇率完全不同，政府建立了**外汇平衡账户**（exchange equalization account）干预外汇市场。

最为典型的做法是"逆周期而动"，购入汇率走弱货币，待其走强伺机卖出。有时，政府会卖出国内资产使汇率下降，使本国产品具有相对竞争优势。

浮动汇率制经验：法郎争议

20 世纪开启了汇率自由浮动先河，20 世纪 20 年代的实践对货币制度安排的认知有着深刻的影响。浮动汇率下的价格波动和投机行为造成了不稳定，即投机性买卖与经济基本面没有关联（"热钱"现象），浮动汇率制因而备受诟病。

有了前车之鉴，政策制定者们想方设法避免重蹈覆辙。战争间歇金本位制崩溃后，浮动汇率制重启，政府进行干预，限制货币价格波动。有了之前的教训，20 世纪 30 年代政府对浮动汇率进行了严格的管理。到了二战后重建国际货币体系时，政府毫无疑义地对国际资本流动进行控制。显然，20 世纪 20 年代的阴霾远未散去。

经济学家罗格纳·纳克斯（Ragnar Nurkse）在一篇研究国际联盟的文献中对这些战争间歇经验进行了详尽的描述，发表时恰逢商议战后国际货币秩序的布雷顿森林会议召开。⊖纳克斯对浮动汇率制大加挞伐，以法郎为例证，他写道：

法国法郎自战后到 1926 年年底的表现是完全自由、无管制的汇率制度的鲜活样板。一个国家在自由浮动汇率下不断加重的自行恶化趋势都呈现在法国的这段经验中。这种自行恶化趋势无助于促进国际收支平衡，反而加剧了既有的不平衡，制造了各种不稳定事端。我们不妨回顾一下 1924 ~ 1926 年的法国法郎。

⊖　Nurkse（1944）这篇较有影响的研究曾在第 2 章引用过，对战争间歇央行违背游戏规则进行了统计。

很难找到比这更严厉的批评了。不过，随着战争间歇的阵痛渐行渐远，修正主义者对纳克斯的观点提出了怀疑。最为著名的是米尔顿·弗里德曼，他发现纳克斯的批评几乎都是建立在对一种货币的表现（法郎）的基础上，并且认为即便是法郎的表现也不一定支持纳克斯的论断。"纳克斯所呈现的证据并不能支持他的任何结论，"弗里德曼写道，"实际上，据所提及的信息来看，与其得出纳克斯的投机是不稳定的肇事者的结论，还不如说投机促成了稳定。"⊖

纳克斯指出了法郎汇率大起大落的特点，弗里德曼及其追随者都反对这个看法，认为这种波动只是货币政策和财政政策波动的反映而已。汇率的不稳定源于政策的不稳定。由于货币政策和财政政策一直敏感度很高，所以法郎的历史根本无法说明浮动汇率制不可行。

不过，他们对纳克斯提出的问题的症结在于浮动汇率制的"不断加重的自行恶化趋势""加剧了既有的不平衡"的看法，即政策变化无常这一点，没有表示异议。争论集中在纳克斯认为政策的不稳定是自发的或者是汇率波动至多起了推波助澜的作用。他的批评认为政策不稳定是外部给定的条件，浮动汇率导致政策结果不稳定。在他们看来，汇率受政策影响，而纳克斯却归咎于其他因素。

弗里德曼等运用 1924 年以来的事实不费吹灰之力地证明了己方的观点。这个时期法国发生了通货膨胀和货币贬值，这是因为巨额预算赤字，加上筹集重建资金和法兰西银行承保购买政府债酿成的。它每一次发布预算赤字规模和弥补方式，就遭遇一次贬值。

大约有 5 年多的时间，赤字一直延续着。为保卫法国做出贡献的男男女女想要实施新社会计划。道路、铁路、矿产、工厂和住房的重建花费高昂，尤其是战争重创的东北部十省更甚，加重了财政负担。同时，由于复苏

⊖ 参见 Friedman（1953），p176。Leland Yeager（1966，p284）也提出过类似的观点，认为"历史的若干事实否定了纳克斯的结论"。

缓慢，收入一再下降。在捉襟见肘的情形下，哪些新社会项目该暂缓、提高哪些税收等问题使财政陷入僵局。左翼政党要求提高对资本和财产征收的税收，而右翼政党则主张削减社会支出。只要分歧没有消除，通货膨胀和货币贬值就不会消失。

根据 1920 年的一部法律，法国政府需要每年偿还央行 20 亿法郎逾期未还的借款。要执行这部法律，就必须实现预算盈余，这可以稳定人们对财政政策的预期并增强对法郎的信心。但愿望是美好的，事实却很残酷，规定很容易做出，但执行起来却不是那么回事。政府三番五次地延迟归还日期或阳奉阴违，即便遵照法律归还了，实际上还是违背了法律的意图，向私人银行借款归还央行欠款，而私人银行的钱是向央行借的。到 1922 年，这个把戏昭然若揭，货币加速贬值。

与税收争议相伴的是德国应为法国经济重建出资的主张的提出。增税意味着否定战败国必须为战胜国重建经济提供资金的观点。法国在战争中受到重创，无力为重建经济筹集资金，预算赤字明明白白地印证了这一点。预算赤字越大，则通货膨胀越严重、货币贬值越快，法国在谈判中越有优势。

一直到 1924 年，相关谈判的进程决定了法郎的整个走势。一旦出现即将获得大量战争赔款的苗头，关注者就会改变法国赤字下行预期，并修正通货膨胀和货币贬值预期。比如，1921 年同盟国通过向德国征收 310 亿美元赔款的决议，法郎应声走强；1922 年 6 月，专家委员会向赔款委员会提交的一份德国偿还能力评估报告较为悲观，法郎立刻回落（见图 3-2）。

自此以后非常明显的，是新任法国总理雷蒙德·庞加莱（Ramond Poincaré）拒绝妥协，倾向于用武力拿到赔款。为了拿到赔款，法国和比利时军队于 1923 年 1 月入侵德国鲁尔区。鲁尔区出产德国 70% 的煤炭、铁和钢，这可以作为赔款的重要来源。在占领的前几个月里，法郎走强，意味着人们预期这次占领能够解决法国预算难题。当德国的消极抵抗使武力获取赔款的意图落空时，法郎走强的原因就不复存在了。德国工人拒绝与占领军合作，德国政府印发天量货币券（为了节省时间或由于印刷能力不足经常印制单面）支付工人工资。由于这次入侵无功而返，法郎重陷跌势，由于出征增加了军费支出，这次跌得更惨了。

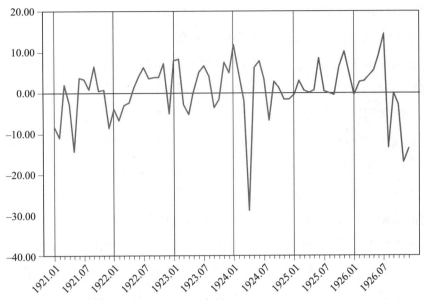

注：汇率上升表明法郎贬值，用垂线标注每年 1 月。

图 3-2　法郎兑美元名义汇率，1921 ～ 1926 年（每月变动百分比）

资料来源：Federal Reserve Board（1943）.

1923 年年底，赔款事宜有望得到解决，法郎企稳。以美国银行家查尔斯·道斯（Charles Dawes）为主席的委员会奉命进行调解。当人们了解到道斯委员会拟建议延迟支付大部分赔款时，法郎再次贬值。1924 年，政府提请议会通过一项免除每年向央行归还 20 亿法郎欠款的特别法案，市场士气更加低落。

最终达成了赔款协议，即道斯计划，德国每年偿还占国民收入 1% 左右的赔款，具体数额取决于德国的经济发展状况。这一计划不仅为法国政府开辟了新财源，而且厘清了国际关系，使法国当局在处理财政问题时不必顾虑国际地位不保，也不必为增加与德国较量的筹码而延误国内事务。右倾政党联盟国民集团（Bloc National）成功地增加收缴流转税并征收约 20% 的关税，预算平衡得以恢复。国家借款从 1923 年的 38 亿法郎下降到 1924 年的 14 亿法郎，1925年进一步下降到 8 亿法郎。这为法国政府到国际金融市场融资创造了条件，通过投资银行家 J. P. 摩根（J. P. Morgan）兄弟在纽约借入 1 亿美元，通过拉扎德公司（Lazard Frères）到伦敦借到 2000 万美元。汇率瞬间上升。⊖

这就是故事的结局，纳克斯基于法郎不稳定提出的振振有词的批评，而法郎的波动其实只是法国政策摇摆不定的反映。尽管预算收支平衡了，最不确定的赔款问题也已尘埃落定，到 1925 年法郎又开始贬值了。1925 年年初，法郎兑美元比例为 19，年底跌到 28，到 1926 年 7 月跌到 41。交易者看空抛售法郎，结果预期成为现实。汇率偏离战前平价越大，政府实施激进通货紧缩政策将汇率平价和物价恢复到战前水平的可能性就越小，经过缜密思考的贬值预期实际上难以逆转。一旦工资和价格制定者也认为贬值是持久的，那么货币贬值就会加快转变为通货膨胀。法郎继续贬值了一半以上才稍稍稳定了一年半左右，这正是纳克斯曾指出的"不断加重的自行恶化趋势"。⊖

要对那些认为这段事实支持投机不稳定假说的人表示遗憾了，因为第二个解释才与事实完全相符。即使没有预算统计或货币创造乘数等证据证明当时的政策不稳定，还是有许多迹象表明政策不稳定还会卷土重来。⊜道斯计划解决了法国和德国的赔款争端，但并不能结束法国国内的税收大战。庞加莱右倾政府在 1924 年提高了间接税，引起左翼人士的极度不满。庞加莱集团在当年竞选中落败，以爱德华·赫里欧（Edouard Herriot）为首的左倾政府上台。赫里欧因为撰写了《贝多芬传》而声名远扬，甚至超过其处理

⊖ 这在图 3-2 可以看到垂直下落的形态。对这个逆转有两种解释：一是政府动用这些借款干预外汇市场，购入法郎，给那些短期看空的投机者当头痛击。二是基本面发生了变化，预算平衡了，赔款有了着落，贷款使硬通货供应充足，足以维护利率稳定，这种种变化使市场情绪发生了转变。

⊖ 这是 Pierre Sicsic（1992）相关研究中得出的结论。

⊜ 这在 Prati（1991）和 Eichengreen（1992b）有讨论。

经济事务的名气。投资者担心新政府会开征财产收入税取代庞加莱政府的间接税，尤其是对所有持有 10 年以上的商业性财产征收 10% 的**资本利得税**（capital levy）。由地方议会选举的代表富人利益的参议院在 1925 年春对赫里欧政府投了不信任票，赫里欧政府下台。5 个碌碌无为的少数派政府轮番执掌接下来的 14 个月，在此期间，开征资本利得税问题搁置未决。纽约联邦储备银行的本杰明·斯特朗（Benjamin Strong）在 1926 年 5 月访问欧洲的报告中提到了一个传闻，称政府将被解散，而又一个赫里欧政府将上台，"显然获得了强烈主张征收资本利得税的布卢姆的支持。如果这样的一个政府上台，局势势必恶化。法国人会害怕，抛售法郎会更加疯狂"。⊖ 为了保住财产，富人们将资产从法国转移出去。他们卖出国债和法郎资产，转换成英镑或美元证券，或者存入伦敦和纽约银行。转换成英镑和美元的行为，导致法郎的跳崖式下跌。越来越多的投资者将资产转移出法国，引起人们的蜂拥效仿。资本外逃缩小了资本利得税征收的税基，势必提高征收比率。正如银行外等候取款的队伍会引发挤兑一样，抛售法郎一旦开始，就很难打住。

最终，由于没有获得国会的多数支持，左翼开征利得税的方案继续搁置。直到 1926 年夏这个结果才变得明朗。在这场危机的最后阶段，1925 年 10 月至 1926 年 7 月，法国平均每 5 周更换一位财政部长，这对公众信心的影响可想而知。一家报纸的报道描写道："现在所有法国人都焦躁不安。"⊖

法国对金融混乱越来越厌烦，"法郎危机"终于在 1926 年 7 月得到解决。10 年通货膨胀让走上街头的法国人愿意协商和解。庞加莱重新执掌国民联合政府，亲自担任财政部长，被充分授权制定经济政策，他颁布法令象征性地增加间接税并削减公共开支。更重要的是，政治联盟彻底打消了征收资本利得税的念头。法郎的复兴指日可待，外逃的资金回流，法郎企稳。

⊖ 引自 Eichengreen（1992c），p93。Thomas Sargent（1983）也强调对资本利得税的恐惧加速了资本外逃。

⊖ 引自 Eichengreen（1992a），p182。

据此说明投机的不稳定性又从何谈起呢？毫无疑问，1925～1926年的法郎贬值是货币交易者预期政策将失衡（预算再现赤字，法兰西银行增发货币）的反映。问题是：预算赤字本身是否由法郎投机性抛售引起通货膨胀加速，造成税收收入缩水，进而难以支撑公共开支而形成的呢（纳克斯投机不稳定说的分析）？还是说，预算赤字和通货膨胀反映了分配冲突解决方案缺失，即便没有投机冲击，法郎还是会贬值？从某种意义上来说，如果货币交易者的预期无法观测到，那么这个争论就只能是无解的。

因此，观点的正方和反方都能从20世纪20年代前半期的汇率波动中找到佐证，问题是：为什么反方占上风呢？有人或许会说越近的观点影响力肯定会越大：对浮动汇率制不稳定的担忧超过对钉住汇率制脆弱性的担忧，因为人们对浮动汇率制的危害记忆犹新。更何况，观察者们或许没有意识到，史无前例的动荡的政治环境给浮动汇率制带来的巨大不确定性，同样也会带给金本位制下的钉住汇率制不确定性。简单地恢复金本位制并不能改变政治压力下的资本投机性流动。对税收和央行政策失业成本的争论自一战以来逐步白热化，也不可能寄希望于钉住汇率制来降温。从浮动汇率制经验中可以得到的启示是，新金本位制必定缺乏战前金本位制的可信度与持久性。

重建金本位制

于是，20世纪20年代前半期的经验强化了人们重建战前金本位制的决心。那些认为投机扰乱浮动汇率的人相信金本位制能够堵住货币交易者的投机机会。而认为政策反复无常的人觉得恢复黄金兑换制度不失为约束政府的良策。维克（Wicker）对20世纪20年代美国的描写适用于更多地方："国内黄金可兑换制度是一种完美的货币制度，是货币事务社情民意的根基。"[⊖]

很关键的一步是英国恢复可兑换黄金制度，英国的可兑换黄金制度

⊖ Wicker（1966），p19。

在 1925 年恢复到战前水平，即 3 英镑 17 先令 9 便士可兑换 1 盎司成色为 11/12 的黄金。由于美国没有改变黄金的美元价格，战前平价意味着美元与英镑的汇率保持战前水平（4.86 美元兑换 1 英镑）。为了保持汇率稳定，英国不得不将物价降至战前水平，至少与微涨的美国物价水平相当。

为避免严重通货紧缩带来的混乱，转轨渐进展开。1920～1921 年英国物价大幅回落，政府削减开支防止战后经济过热，同时英格兰银行提高贴现率避免英镑兑美元再次下跌。利率上升、物价下跌引发了经济衰退。在一年之内，纳入保险的劳动力登记失业率从 2% 上升到 11.3%。从中可以吸取的经验是，渐进式转轨优于立竿见影式转轨。

因此，离成功还有很长的距离。美国在停战后削减了公共支出，并加息抑制过热的经济。本杰明·斯特朗是新成立的纽约联邦储备银行主席，他认为美国物价水平恢复到 1913 年的水平是可取的。1920 年夏，在经济最热的时候，美联储黄金储备告急，黄金准备率下降到法定最低限的 40%。为了提高储备额度，美联储采取了最严厉的通缩政策。

美国的这个举措加重了英格兰银行的负担。英国物价要降至美国现行价格水平，在美国物价下行时变得力不从心。英格兰银行不得不实行更严格的政策推高英镑兑美元的汇率，以应对美联储更严厉的紧缩政策。

当美国物价水平在 1922 年止跌时，英国的前景才有了转机。英格兰银行在几年时间里取得了缓慢但稳步的进展。不过国会签署的暂停金本位制的法案到 1925 年年底才到期，而保守党政府如果在战后整整 7 年时间里没有成功恢复可兑换黄金制度，将会陷入很尴尬的境地。英国的一些传统同盟国家，包括澳大利亚和南非，表示无论英国怎样都要重建可兑换黄金制度，这些国家打破常规的举动更是让英国政府无地自容。

为了助英国恢复金本位一臂之力，1924 年纽约联邦储备银行应本杰明·斯特朗的要求调低贴现率。⊖在利益驱使下，资金从纽约流入伦敦，英

⊖　参见 Howson（1975），第 3 章。

镑走强。市场预期保守党政府只能在 1925 年年底《黄金、白银（出口管制）法案》到期后才能有所行动，竞相抬高英镑价格。[一]直到 1925 年年初英镑在战前平价上下徘徊，政府宣布 4 月 25 日恢复黄金兑换业务。但是英国与他国之间的物价水平关系并没有同步恢复。事实上，汇率变动先于价格水平变动意味着英国的物价水平过高，导致兰开夏郡纺织品出口商的产品竞争力下降，进口竞争化工企业陷入困境。英镑**高估**（overvaluation）降低了对英国商品的需求，失业加剧。英格兰银行黄金流失，最终不得不以经济萧条为代价提高利息。增长停滞和两位数失业率使英国经济在接下来的 10 年萎靡不振，成为恢复战前平价决策的拦路虎。

凯恩斯估计英镑被高估了 10% ~ 15%。他在《丘吉尔政策的经济后果》（1925 年）一文中对此感到遗憾。凯恩斯计算过程中的特殊处理很快就受到质疑，在美国五花八门的价格指数中，他碰巧选取了与全国价格水平差异最大的马萨诸塞州的数据。[二]不过即便选取了更具代表性的指数，计算出的结果依然不变，仅仅高估幅度稍小而已，比如是 5% ~ 10%，而不是 15%。

为什么政府对这些事实视而不见呢？詹姆斯·格里格（James Grigg）公爵是丘吉尔的私人秘书，曾任英国财政大臣，在一次晚宴上，恢复金本位制的支持方和反对方都试图说服这位财政大臣。[三]凯恩斯和曾任财政大臣、后来任米兰特银行行长的雷吉纳德·麦肯纳（Reginald McKenna）的观点是，英镑高估会使英国商品因价高退出国际市场，为此既会削减工资，又会引起工人的不满。在格里格看来，丘吉尔应该会坚持走自己的路，按既定计划前进，因为凯恩斯不是完人，其观点也并非无懈可击。坚持己见的丘吉尔和凯恩斯之间的个性存在冲突，这让财政部长决定不采纳教授的意见。而丘吉尔

[一]　Marcus Miller 和 Alan Sutherland（1994）根据这个过程构建模型，提出了这个观点。

[二]　关于这个讨论和当时可得的各种价格指数，参见 Moggridge（1969）。现代作者修正了这些计算，不仅仅拿美国比较英国的价格，而且对比当时与英国生产商有竞争关系的国家的贸易加权平均价格水平。参见 Redmond（1984）。

[三]　参见 Grigg（1948），pp182-184。

担心在贬值汇率水平下恢复金本位会使这项政策功亏一篑。持这种观点的人认为，要使英国重建金本位制的承诺可信，必定要按照战前平价恢复黄金可兑换制度。平价一旦发生变动，就意味着当局会出尔反尔、一改再改。外国政府、各国央行、公司和投资者都在伦敦持有英镑存款，开展国际金融业务。让英镑贬值，即使是在迫不得已的情况下，也会促使他们重新布局投资策略。国际金融业务的减少会给英国及其金融利益集团带来损失。特殊利益政治也可能左右着政治决策，即金融利益集团战胜了滞胀的工业部门。

英国带头恢复金本位制，其他国家和地区紧随其后，澳大利亚、新西兰、匈牙利和格但斯克尤为神速。一些国家因为在战争期间和战后价格飞涨，若要恢复到战前水平则会引起债权人和债务人之间巨大的利益重新分配，没有恢复金本位制。因而，当意大利、比利时、丹麦和葡萄牙恢复金本位制时，和法国一样，是在贬值的汇率（黄金的本币价格提高）基础上实施的。这些国家的经验与英国形成对比，可以用来验证恢复战前平价能够提高政府可信度的假说。

到 1926 年有 39 个国家实行金本位制⊖，到 1927 年金本位制重建工作接近尾声。虽然 1926 年 12 月关于将法郎汇率稳定在当时水平的决定，法国没有能够将其以法律的形式确定下来，但最终还是在 1928 年 6 月付诸行动了。欧洲周边国家、波罗的海和巴尔干半岛诸国没有恢复黄金可兑换制度。西班牙从来没有动过这个念头。中国和苏联都丝毫没有要加入金本位行列的迹象。但总体而言，金本位制再次风行全世界。

新版金本位制

在一战期间，金币几乎从流通领域绝迹，只有美国流通中还有一定数量的金币，约占流通货币量的 8%。战后，各国政府希望将黄金集中到央行金

⊖　参见 Brown（1940），第一卷，p395。

库，以缓解世界黄金供应短缺问题。为了确保黄金退出流通，政府仅向那些拥有足够货币购买大量黄金的人提供兑换黄金服务。英格兰银行的最低额度是 400 盎司黄金，相当于 1730 英镑（或折合 8300 美元）。其他国家也做了类似的限制规定。

另一个提高黄金储备弹性（能够在原有黄金储备水平下增加货币供给）的方法是延续战前的做法，通过扩充外汇来增加黄金，从金本位转变到**金汇兑本位**（gold-exchange standard）。1914 年，欧洲国家中只有比利时、保加利亚、芬兰、意大利和俄国没有对外汇储备的使用做出限制。⊖在同盟国的资助下实现稳定的国家（并以中央银行独立性为条件获得同盟国贷款）在央行法规中包含相应条款，规定央行有权以生息外国资产的形式持有全部储备。其他国家授权央行可以持有一定比例的外汇储备。

将黄金集中到中央银行以及希望用外汇补充黄金，反映了人们对全球黄金短缺的担忧。物价上涨和经济回暖增加了对货币和存款的需求，与此同时，黄金供给增长较缓慢。政策制定者担心"黄金短缺"会制约货币供给的扩张，资金紧张会抑制经济增长速度。

如果黄金稀缺，代价高昂，那么各家中央银行何不提高自己的外汇储备比例呢？当时，人们对这个做法心存疑虑。一个国家如果单独行动，那么投机者就有机可乘，卖出本币，买入可直接兑换成黄金的外币。只有所有国家一致同意持有一部分外汇储备才能避免这种情形发生。因此，协调问题使这个转变难以实现。

沟通与合作化解了协调难题。20 世纪 20 年代的一系列国际会议就是为此所做的努力，最重要的是 1922 年的日内瓦会议⊖。除美国外，几乎所有实行金本位制的国家都参加了这次会议。美国孤立主义国会认为这次会议给同

⊖　奥地利、丹麦、希腊、挪威、葡萄牙、罗马尼亚和瑞典允许中央银行与政府持有外汇储备，但实践中却加以限制。

⊖　日内瓦会议的历史，参见 Fink（1984）。

盟国带来国际纠葛，因而拒绝参加。在英国代表的领导下，金融分会草拟了一份报告，建议各国达成共识，授权中央银行持有的外汇储备不受限。

日内瓦会议的另一项主题是国际合作。会议要求中央银行在制定政策时"不仅要考虑维持不同货币之间的比价，还要考虑防止黄金购买力大幅波动"⊖（"黄金购买力"是一个用来表示价格水平的术语。由于各国央行固定了黄金的本币价格，价格水平下降则黄金购买力上升）。如果各国中央银行不合作，都致力于抢夺世界稀缺黄金储备，则每家央行都会提高利率吸引黄金流入，最后没有赢家（因为各国央行提高的利率相互抵消了），价格和产出双双受挫。如果他们携手将贴现率定在更合理的水平，相同的国际储备所形成的配置能有效避免灾难性的通货紧缩。

凯恩斯和拉尔夫·霍特里（时任财政部金融调查局局长）在日内瓦决议起草过程扮演了重要角色，因而决议反映了英国对国际货币关系的理解。英国属国如印度一直以来都拥有外汇储备，英国当局因此认为这是解决世界货币体系问题的治本良策。英格兰银行参与了战前大部分中央银行的合作，与英联邦及属国的银行保持常规联系，据此可认为这样的合作是双方愿意并可行的。日内瓦决议反映了英国自身的利益：国际储备不足导致世界价格水平进一步下跌，英镑恢复战前平价的努力就可能付诸东流。伦敦金融机构发达，一定能够成为外汇储备的集散中心，这在 19 世纪就已经做到过。伦敦（众所周知著名的金融区）要重振雄风，就需要有大量国际银行业务，并有助于重建战前运用起来得心应手的国际收支调节机制。

起草日内瓦决议的金融分会建议召集各国中央银行商议具体细节。不过，由于没有得到美国的支持，这个会议从未召开过。美国拒绝参加日内瓦会晤，美联储官员对英格兰银行要主办各国央行峰会一事很不满，美国观察员对金汇兑本位制的有效性与央行合作的必要性提出怀疑。在一战期间，美国出口农产品和工业制造产品换取黄金与外汇，黄金储备从 1913 年的 13 亿美元上

⊖　美联储公报（1922 年 6 月），pp678-680。

升到 1923 年的 40 亿美元。美国不必为了恢复黄金可兑换业务而紧缩货币。况且，美联储刚成立不久，美联储官员对金本位制的自动性存在误解；由于没有参与战前的管理，对外汇储备和央行合作的重要性也缺乏足够认识。[⊖]

因此，央行峰会的提议再也没有落实过，倡导央行合作和使用外汇储备的努力都白费了。在这样的条件下，国际货币体系不可能做无米之炊。与战前一样，战争间歇的金本位制也经过了一个漫长的演进过程。国际货币体系是各国货币制度安排的总和，没有哪个国家会从整个体系的有效运作角度出发来选择方案。纳克斯曾遗憾地写道："国际货币体系的重建各自为政、杂乱无章，埋下了日后解体的隐患。"[⊜]

新版金本位制的烦恼

到 20 世纪 20 年代的后半期，货币再次能够以固定本币价格兑换成黄金了，对国际资本和黄金交易的大多数限制都被撤销了。这两个因素同时具备时，与战前的情形一样，有效稳定了国家间货币汇率，使国际黄金流动成为国际收支结算的终极手段。

1924 ~ 1929 年世界经济增长强劲，货币与信贷需求激增。金本位制一旦恢复，世界经济扩张所需的额外流动性就要求国际储备数量有相应的增加。但是，在一战期间和 20 世纪 20 年代，尽管黄金都集中到中央银行的金库，货币黄金的供给增长还是过于缓慢。中央银行黄金储备与银行券和活期存款的比率，从 1913 年的 48% 下降到 1927 年的 40%。在有限货币黄金的基础上，中央银行被迫不断推高债务。

令人不安的是，法国和德国两个国家几乎吸收了 20 世纪 20 年代后半期全球所有的新增货币储备（见表 3-1）。法兰西银行黄金储备在 1926 ~ 1929 年

⊖　本杰明·斯特朗，纽约美联储银行主席，20 世纪 20 年代美国处理国际货币关系的头号人物，是金汇兑本位制的尖锐批评者。

⊜　参见 Nurkse（1944），p117。

表 3-1　各国央行和政府黄金储备（1913～1935 年）

（单位：占总数百分比）

国家	1913	1918	1923	1924	1925	1926	1927	1928	1929	1930	1931	1932	1933	1934	1935
美国	26.6	39.0	44.4	45.7	44.4	44.3	41.6	37.4	37.8	38.7	35.9	34.0	33.6	37.8	45.1
英国	3.4	7.7	8.6	8.3	7.8	7.9	7.7	7.5	6.9	6.6	5.2	4.9	7.8	7.3	7.3
法国	14.0	9.8	8.2	7.9	7.9	7.7	10.0	12.5	15.8	19.2	23.9	27.3	25.3	25.0	19.6
德国	5.7	7.9	1.3	2.0	3.2	4.7	4.7	6.5	5.3	4.8	2.1	1.6	0.8	0.1	0.1
阿根廷	5.3	4.5	5.4	4.9	5.0	4.9	5.5	6.0	4.2	3.8	2.2	2.1	2.0	1.9	2.0
澳大利亚	0.5	1.5	1.5	1.5	1.8	1.2	1.1	1.1	0.9	0.7	0.5	0.4	①	①	①
比利时	1.0	0.7	0.6	0.6	0.6	0.9	1.0	1.3	1.6	1.7	3.1	3.0	3.2	2.7	2.7
巴西	1.9	0.4	0.6	0.6	0.6	0.6	1.1	1.5	1.5	0.1	n.a.	n.a.	0.1②	0.1②	0.1②
加拿大	2.4	1.9	1.5	1.7	1.7	1.7	1.6	1.1	0.8	1.0	0.7	0.7	0.6	0.6	0.8
印度	2.5	0.9	1.3	1.2	1.2	1.2	1.2	1.2	1.2	1.2	1.4	1.4	1.4	1.3	1.2
意大利	5.5	3.0	2.5	2.5	2.5	2.4	2.5	2.7	2.7	2.6	2.6	2.6	3.1	2.4	1.6
日本	1.3	3.3	7.0	6.5	6.4	6.1	5.7	5.4	5.3	3.8	2.1	1.8	1.8	1.8	1.9
荷兰	1.2	4.2	2.7	2.3	2.0	1.8	1.7	1.7	1.7	1.6	3.2	3.5	3.1	2.6	2.0
俄国（苏联）	16.2	—	0.5	0.8	1.0	0.9	1.0	0.9	1.4	2.3	2.9	3.1	3.5	3.4	3.7
西班牙	1.9	6.3	5.6	5.5	5.5	5.4	5.2	4.9	4.8	4.3	3.8	3.6	3.6	3.4	3.3
瑞士	0.7	1.2	1.2	1.1	1.0	1.0	1.0	1.0	1.1	1.3	4.0	4.0	3.2	2.9	2.0
其他	9.9	7.8	7.1	6.9	7.4	7.3	7.4	7.3	7.0	6.3	6.4	6.0	6.9	6.7	6.6
合计	100.0	100.0	100.0	100.0	100.0	100.0	100.0	100.0	100.0	100.0	100.0	100.0	100.0	100.0	100.0

① 低于 1% 的 0.05。

② 玻利维亚、巴西、厄瓜多尔和危地马拉。

资料来源：Hardy 1936, p93.

翻了一番，到 1930 年又增加到原来的 3 倍，到 1931 年翻了两番。法国成为仅次于美国的世界主要货币黄金存储地。黄金大量涌入的背后是法郎庞加莱低估（因为正是在这位总理的努力下法郎恢复稳定，特意命名为庞加莱低估以表敬意）。如果法国当局为稳定货币所选择的汇率没有给国内厂商带来竞争优势，不可能会有那么多黄金源源不断地涌入法兰西银行。要是在 1926 年年底法国选择让市场力量发挥作用而不是通过干预阻止货币升值，更强势的法郎会削弱人为竞争优势并中和国际收支结果。更强势的法郎还会在降低价格水平的同时提高流通中的银行券和存款的实际价值，就没有必要进口黄金了。要是这样，法国就不会成为世界黄金流入低地，也不会给国际货币体系带来那么多的困扰了。

为什么法兰西银行会偏好如此违背常理的政策呢？在此之前，为了反对法国政府滥用信贷工具，国会制定法律禁止法兰西银行向政府提供贷款，否则会扩大国内信贷的**基础货币**（monetary base）。1928 年法律规定法国实行金本位制，不仅要求法兰西银行持有黄金储备不低于银行券和存款的 35%，而且限制其公开市场操作的使用。另一家中央银行尽管也要求 35% 的支持储备，但允许进行扩张公开市场操作，增加货币流通量，大约每 3 法郎要求有 1 法郎黄金的支持。但是根据法律，法兰西不允许这么做。正如我们在第 2 章已经提到的，在 1913 年以前法国并没有太多使用**公开市场操作**（open-market operation）。还有，人们对战争间歇合理货币体系结构的认知在很大程度上受战前经验的影响。

法国本来可以使用其他工具扩大国内信用规模，阻止黄金流入。比如可以不断降低贴现率鼓励银行再贴现票据，还可以在外汇市场抛售法郎。但是巴黎贴现市场很小，贴现政策作用有限，况且法国政府也不情愿持有外汇。实际上，1927 年法兰西银行开始变卖外汇储备。1926 年下半年要控制好法郎升值幅度，法兰西银行需要 7.5 亿美元外汇，几乎等于其黄金储备。令法国官方记忆犹新的是，在一战之前，法兰西银行持有大量的黄金和很小一部分外汇。他们认为日内瓦决议的建立金汇兑本位条款，是英国试图牺牲巴黎利益、强化伦敦金融中心地位的阴谋。

1927 年，法兰西银行行长，固执己见、目光短浅的埃米尔·莫罗（Émile Moreau）开始将银行外汇兑换成黄金，使法国紧缩货币政策带来的问题进一步恶化。6 个月前，莫罗就因欲将 20% 的外汇向英格兰银行兑换成黄金，而受到过警告，这样的行为会迫使英格兰银行暂停黄金兑换业务。法国官方将金本位视为金融稳定的保障，这是很严重的警告。莫罗因此减少了兑换数额。⊖

乍一看，在 20 世纪 20 年代后半期德国居然是黄金储备增长速度靠前的国家，这确实令人吃惊。虽然德国依然需要承受战争赔款负担，但已经成为美国对外投资的主要标的国家。为了安抚深受恶性通货膨胀之苦的公民，德国国家银行保持高于其他金本位制国家的利率，这使德国深受资金青睐，随着资金的流入，德国国家银行的黄金储备在 1924 ～ 1928 年增加了 2 倍多。⊜

德国国家银行行长亚尔马·贺拉斯·格里莱·沙赫特（Hjalmar Horace Greeley Schacht）出生于布鲁克林，与莫罗一样对金本位制心存疑虑（补充说明一下，自 19 世纪以来，美国政客与记者都认为沙赫特对金本位有着坚定的信念）。德国的恶性通货膨胀更坚定了沙赫特建立严格金本位制的决心，中央银行不受政治压力的干扰。但是根据道斯计划，德国获得外汇贷款，沙赫特手中因此握有大量外汇。如果预期英国恢复金本位制，那么只要是欧洲货币（如英镑）就会升值。德国的明智做法是留着道斯的英镑贷款，收获资本收益。不过，在 1926 年年初，沙赫特开始着手将手中的外汇储备兑换成黄金。⊜为鼓励黄金进口，他宣布国家银行将在不来梅和柏林接收黄金，节省套利者运往内陆的费用。

⊖ 将在后面做更多说明。

⊜ 参见 Lüke（1958）。

⊜ 参见 Schacht（1927），p208。

法国与德国吸纳黄金，加重了其他央行的压力。蒙塔古·诺曼（Montagu Norman）是战争间歇时期英格兰银行的行长，对英格兰银行的描述是"沉浸在无休止的痛苦之中"。⊖当黄金流向法国与德国时，为了保有一定的储备，其他中央银行不得不加息并紧缩信贷。

美国是黄金货币的最大持有国，此时却无所作为。1926 年美国拥有世界黄金供应量的 45% 左右（见表 3-1），足有 1/4 是**自由黄金**（free gold），即超出国家金本位制法律规定的 40% 支持比例的部分。⊜美国只要降低储备银行贴现率或者实行扩张性公开市场操作就能鼓励资本外流，黄金将在世界范围重新分配。1927 年美国才有所动作，尤其是纽约美联储降低了贴现率并在公开市场买入，帮助英国度过了支付危机。美国接着采取了紧缩性政策，美国货币供应增长率下降，美国国债收益率止跌，短期利率回升。这些事件更让其他中央银行感到不舒服。

美联储官员的葫芦里卖的什么药一点都不难明白，1927 年他们越来越关注华尔街的繁荣，注意到越来越多的资源被挪出更具生产性的领域。为了抑制证券市场投机，纽约联邦储备银行在 1928 年将贴现率从 3.5% 提高到 5%。此外，美联储也注意到黄金占有比率的下降。20 世纪 20 年代末的繁荣使美国货币存量和信贷剧增，大大超过了黄金储量的增长速度，美联储提高了利率，因为这是任何一家中央银行都应该履行的职责。⊜

美联储的一系列举措对国内外都造成了影响。趋紧的货币政策放慢了美

⊖ 诺曼在其向麦克米伦委员会提出的声明中谈到了这点内容。引自 Sayers（1976），第一卷，p211。

⊜ 精确的法定条款更为复杂。直到 1932 年，联邦储备货币负债如果没有黄金支持则要有美联储的"合格证券"作为抵押。合格抵押包括国债以外的商业票据。因此，中央银行的自由黄金所指的超过 40% 最低限额部分，不包括购买国债等支持的负债。在 1932 年废除前，关于这个限制该不该执行、美联储能否随时增加合格证券种类的问题一直争论不休。参见 Friedman 和 Schwartz（1963），Wicker（1966）。

⊜ Wicker（1966）和 Wheelock（1991）强调了这一时期黄金储备对美联储制定货币政策行为的影响。

国经济扩张的速度⊖，更高的利率使美国资本不再流往国外。由于美联储没有释放黄金，其他国家的紧缩加剧，各国央行被迫提高贴现率。

国际收支模式探索

新版金本位制的设计师们很快就发现一切并没有按计划进行。一些国家陷入了持续的国际收支赤字，耗尽了黄金和外汇储备。英国除了 1928 年略有盈余，1927 ~ 1931 年每年都发生国际收支赤字。还有一些国家则是持续的国际收支盈余和储备的增加。法国的国际收支状况如前面已经述及的，1927 ~ 1931 年每年都有盈余。美国的国际收支在 20 世纪 20 年代几乎都是盈余。所谓的能消除盈余与赤字并恢复国际收支账户平衡的调整机制似乎没有发挥作用。过去为工业国经常账户赤字提供资金的稳定资本流动也不能指望了。

国际结算模式制约了体系的调整能力，模式变化又使调整更加不充分。1914 年欧洲对拉丁美洲的商品出口下降时，美国厂商乘虚而入。美国厂商在战争期间建立的营销和分销网络在 1918 年后依然固若金汤。比如阿根廷的进口商品中美国所占的份额从 1913 年的 15%，在 1927 年上升到 25%，而英国的份额从 31% 降至 19%。战争也给了日本扩张亚洲市场的机会，亚洲市场曾长期被欧洲厂商占据。结果，欧洲的竞争地位大幅下降。

战争债务和赔款使欧洲的处境若涉渊冰，举步维艰。1924 ~ 1929 年，战胜国收到德国近 20 亿美元的赔款，其中一部分被用来偿还战争期间向美国借款的本息。1926 年年中至 1931 年年中，归还与战争支出相关的美国欠款本息约为 10 亿美元。

这些交易使黄金与外汇加速流往美国，在改善了美国国际收支状况的同时，导致其他国家的国际收支状况恶化了。根据物价 – 现金流动模型，这些

⊖ 这在现在已经成为共识。参见 Field（1984）和 Hamilton（1987）。

变化的逻辑推论是：美国的价格与成本相对其他国家上升。但这样的变化并没有发生，美国转而将大部分盈余借给欧洲和世界其他国家。只要美国继续输出资本，欧洲经常账户赤字就能够得以弥补，那么就不需要相对价格的实质性调整。美国向他国提供的贷款到 20 世纪 20 年代后半期达到了很高的水平。战争使美国从国际债务国变成世界最大的债权国。[⊖]欧洲投资者被迫卖出美国证券并借新的外债。战争重创下的欧洲资本匮乏，而未受战争侵扰的美国已然崛起。资本匮乏意味着高利率回报，吸引美国资本跨洋过海输出到欧洲。

除了入侵鲁尔区的 1923 年，美国每年向海外贷出巨额资金（见图 3-3）。面向国外借款人发行的新证券在 1928 年达到峰值，是资本输出的主要方式。为外国政府和企业发行美元标价的债券成为美国投资银行的新业务。债券业务范围不断扩大，在 1914 年时投资债券的美国人不足 20 万人，到 1929 年这个人数是 1914 年的 5 倍。[⊜]国民银行在战争期间曾分销自由债券，竭力向新客户推销外国证券。为保证国外债券的稳定供应，它们不断发行新债券，给市场带来更大的压力。银行开设门店吸引进店的客户关注债券部的业务，聘请行销员将债券兜售给农民和寡妇。

由于其他国家依赖美国的资本输出，1928 年这个循环的崩溃对这些国家而言不啻一记重拳。美联储为放缓华尔街的发展速度而提高了利率，导致黄金占有量止跌，并增加了美国固定收益证券的投资吸引力。利率的上升危及高负债国家的信誉，美国面对突如其来的高利息负担，进退维谷。美国向国外的贷款在 1928 年上半年达到峰值，下半年骤跌至零。

一旦资本停止流入，债务国需求随之下降，所生产的商品相对价格下降，促进出口，压制进口，来弥补因资本停止流入所造成的缺口。换言之，物价－现金流动模型终于开始发挥作用。但随着 1929 年大萧条的降临，出口市场受到沉重打击，相对价格优势变得无足轻重。

⊖ 对这个转变的标准介绍参见 Lewis（1938）。

⊜ 这个估算根据 Stoddard（1932）、Cleveland 和 Huertas（1985）的相关资料计算得出。

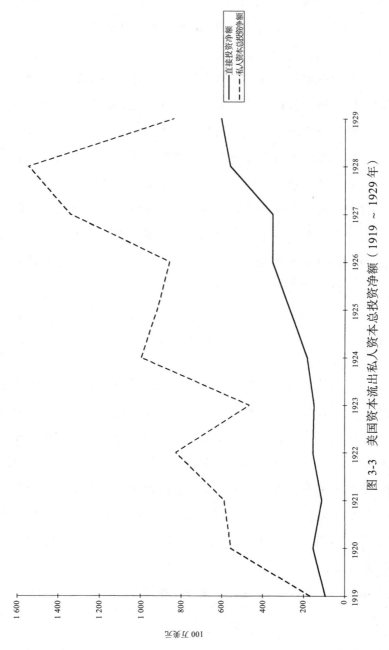

图 3-3　美国资本流出私人资本总投资净额（1919 ~ 1929 年）

资料来源：Office of Business Economics 1954.

美国资本输出停顿、1929 年大萧条对国际收支的冲击，显然有两种方式可以缓冲。首先是废除战争债务和战争赔款。停止资本不求回报地从德国转移到法国和英国，又从英国和法国流向美国的行为，改善欧洲国际收支状况并减少对美国资本的依赖。但是在那时要延期支付战争债务和战争赔款没有任何商量的余地，这种方式行不通。其次是根据物价 – 现金流动模型原理，进一步降低价格与成本，让欧洲与拉丁美洲国家的产品在国际市场重新立住脚跟。但是价格的下降幅度有限，不能触发螺旋式通货紧缩。由于外债是名义量，价格水平下降会增加偿还债务的实际资源数量，导致外部收支条件恶化了。由于农民和企业的债务是名义量，价格水平下降减少他们的销售收入，拖欠违约和丧失抵押品赎回权的状况会更频繁地出现，进而导致不良贷款增加，破坏银行系统的稳定。⊖鉴于上述原因，标准的通货紧缩政策效果很有限。第二种方式还是难以实施。

应对大萧条

熟悉金本位历史的人对于资本市场与商品市场同时受到冲击的状况一定是见怪不怪了，原材料生产国在战前就一再地经历这样的冲击。因为在那个时代，发展中国家几乎没有什么选择余地，只能用剩余的外汇偿付外债，或者节约央行储备，维护本国货币可兑换黄金制度。债务违约会导致债权国资本市场向违约国家关闭，而央行储备不足会严重影响金融稳定。因而，对金本位制条款的折中运用应更切合实际，阿根廷、澳大利亚、巴西和加拿大修改了可兑换黄金规则，并在 1929 年下半年与 1930 年上半年允许货币贬值。其他国家纷纷跟进。

遭受冲击的国家暂停可兑换黄金业务并非没有先例，但之前的暂停范围很有限。1880 ~ 1913 年，实际上并没有外围国家同时废止金本位的情况发

⊖ 这个过程的专业术语是"债务紧缩"，由 Irving Fisher（1933）提出。

生。当个别国家发生农业歉收、军事冲突或管理不善等情况时，会导致出口下降、资本停止流入，不得不暂停可兑换黄金业务。1929 年暂停可兑换黄金业务是由全球经济危机引起的，对国际货币体系造成了巨大的伤害。

外围国家金本位制的解体动摇了中心金本位的稳定性。当时人们并非没有注意到这一危险，1931 年夏英国麦克米伦委员会（为协调金融与工业之间的关系而设立）起草的报告中就警告说："债权国必须首先将盈余借给债务国，而不是兑换成黄金，否则债务国的经济动荡将会殃及自身。"⊖但事实证明，这个道理说着容易，实施起来很难。

脆弱的金融体系使更基础的问题恶化：工业生产崩溃。工业国经历过衰退，但远不及 1929 年的严重。1929 ~ 1932 年，美国工业生产猛降 40%，德国下降了 39%；美国劳工市场登记失业率最高达 25%，德国制造业失业率最高达 44%。⊜

政府当然希望激活跌入低谷的经济，但是注入信贷、降息刺激消费与投资的举措违背了金本位制的要求。扩张信贷会提高对进口商品的需求，降低利率会鼓励国外投资。储备流失会引起通货紧缩预期，加速资本外逃。政府试图运用政策扭转螺旋下滑的经济，无奈扩张性政策与可兑换黄金制度不相容。

此时此刻，20 世纪 20 年代风云变幻的政治局势开始发挥作用。在战前，实行金本位制的工业核心国政府的立场显然是维护金本位制。当一国货币走弱时，资本会流入，将支持而不是削弱央行维护可兑换黄金制度的努力。因为货币交易者坚信官方会信守承诺，将汇率维持在**黄金输送点**（gold point）之内，走弱货币会逆转走强。但在新的政治环境下，难以判定货币走弱是不是暂时的。"这一时期最显著的变化，"罗伯特·特里芬（Robert Triffin）说道，"在货币政策的最终决策中，国内因素的权重越来越大。"⊜在政治化倾

⊖ 金融与工业委员会报告 1931，第 184 段。

⊜ 参见 Galenson 和 Zellner（1957）。

⊜ 参见 Triffin（1947），p57。

向越来越明显的环境下，当局在维护金本位制与降低失业率之间何去何从，是个两难的抉择，很难取舍。

一旦投机者认为政府可能扩张国内信用，就认为有汇率贬值的风险，于是就会抛售本币，防止贬值带来的资本损失。弱货币转强获得的收益难以弥补暂停可兑换黄金业务与货币贬值带来的损失。与一战之前的情形所不同的是，"扰动性"的资本流动（第 2 章引用过的俄林的术语）变得更加普遍。

随着对汇率稳定担忧的增加，人们对主要货币如英镑和美元也产生了疑虑。如果英镑或美元有贬值风险，审慎的央行管理者会犹豫是否在伦敦或纽约进行存款。英国借助道义劝说，打消了其他国家在伦敦兑现的念头。当英国维护英镑的承诺变成空头支票时，各国央行蒙受了巨大损失，更加不愿意持有外汇储备。各国纷纷将外汇储备兑换成黄金，抬高了黄金的价格。在那些央行实行钉住黄金名义价格的国家，商品价格进一步下滑。外汇变现降低了国际储备数量（黄金加上外汇）：在 1931 年一年之中，24 个主要国家的外汇储备下降了 1 亿美元。[⊖]随着储备水平的进一步下降，各国央行被迫提高贴现率，确保储备的充足性与可兑换黄金制度。

一国货币的投机强度取决于这个国家政府承诺维护黄金本位制的可信度。如果可信度大，则资本稳定流动，可以平衡国内外收支状况。如果可信度小，不稳定的投机活动会加大政府寻求缓冲利益冲突出路的难度。或许有人会认为，可信度取决于一国过去的表现，即在过去，一国面对危机时是否维护金本位平价，在被迫暂停可兑换黄金业务时，是否及时恢复初始比率可兑换黄金业务。正是由于坚信保持良好的记录能获得更大的可信度，英国决定按照战前平价恢复金本位制。时过境迁，现在就能清楚地看到按照战前平价恢复金本位制的国家，包括英国和美国在内，可信度最小；金融市场参与者对那些以贬值汇率恢复金本位制的国家，如法国和比利时，充满了信心。

这种可信度倒置现象反映了两大事实。第一，通货膨胀的切肤之痛，使

⊖ 参见 Nurkse（1944），p235。

政府拒绝按照战前平价恢复可兑换黄金制度，为了防止过去十年中的金融和社会动荡重演，居然承诺维护新平价。法国、比利时和意大利就属于这种情形。换言之，当时的政策比以往的表现更重要。第二，当前的经济环境至少与过去维护金本位制表现同等重要，甚至更重要。在经济衰退严重的国家，如美国，人们对维护金本位制所需的严厉紧缩性措施的可持续性提出怀疑，更甚于那些衰退稍微温和的国家，如法国。这两点最终都反映在可信度的大小上。

银行危机管理

这些难题给那些银行体系脆弱的国家带来了沉重的苦难。价格下降伴随着经济萧条，增加了银行借款人的还款难度。由于抵押品不断贬值，银行不愿意延展贷款，也不愿意发放新贷款。小企业无法获得周转资金，被迫削减业务。企业的盈利项目由于融资困难无法实施。

作为最后贷款人的中央银行并非没有注意到这些问题。当事关具有优先权的金本位制固定比例时，央行不会为了银行体系的利益实施干预。向金融市场注入流动性会触犯金本位制规定的相对外债应持有的黄金最低比率，还有可能增加人们对政府承诺维护金本位平价的疑虑。实际上，由于担心政府救助银行，可能允许货币贬值，会刺激更多投资者提现，防止贬值带来的资本损失。结果，央行向金融系统注入的流动性越快，借道资本外逃的流动性的漏出速度越快。在这种情形下，最后贷款人的干预不仅困难重重，还有可能事与愿违。⊖

战前的银行危机管理机制此时都失效了，各国政府一筹莫展。在银行体系整体陷入困境时，健全银行帮扶脆弱银行的集体支持机制不可能得以实施。诸

⊖　美国被认为是中央银行拥有足够黄金解决银行和货币体系难题而没有危及可兑换黄金制度的国家。这是 Milton Friedman 和 Anna Schwartz（1963）的观点。Barrie Wigmore（1984）和 Barry Eichengreen（1992b）持有不同观点。

如英格兰银行应对 1890 年巴林银行危机时的救生艇救助行动，在美国这样的国家是难以奏效的。1893 年各国银行同时暂停存款提取的行动，直到萧条进入第四个年头才重现江湖：其时新任总统富兰克林·罗斯福履职后宣布全国的银行放假。有种解释认为，纽约和其他金融中心的银行财团曾在 1893 年与其他时间联合暂停营业，但此时指望新建立的联邦储蓄系统能够施援救助，这忽略了自身的集体作为责任。如果真是这样，那么指望一定会落空。

况且，各国政府和中央银行在 19 世纪时为了放松金本位制的约束而暂时放弃了金本位制，直到 20 世纪 30 年代还没有恢复。⊖正如在第 2 章已经讨论过的，只有具备了严格的条件时，运用"**免责条款**"（escape clause）才不会损害政府维护金本位平价承诺的可信度。必须明确的是，暂停会耗尽内部和外部资源的可兑换黄金业务的起因是由不得政府做主的环境因素。因为在一战以前，人们坚信中央银行会维护可兑换黄金制度的至高无上的优先权，就不可能认为中央银行会采取过度扩张性政策，因此是环境因素，而非过度扩张性政策本身导致暂停可兑换黄金业务。

一战后，优先权发生了变化，各国央行和政府承受了巨大的压力，为应对国内恶化的经济状况，不得不降息、进行扩张性公开市场操作。换言之，外部资源枯竭的状况很难说不能归咎于政府的作为。暂停可兑换黄金业务和货币贬值就是铁证，严重损害了政策的可信度。由于可兑换黄金承诺可信度已经受到质疑，各国央行别无选择，只能通过誓死捍卫黄金平价重拾市场信心。因此，金本位制对支持银行系统的干预施加了严格的限制。

突破这一限制的出路在于国际合作。如果其他国家支持陷入困境国家的汇率，当该国央行向金融系统注入流动性时，就不一定会发生汇率危机。类似地，如果在国际合作条件下进行扩张性的货币和财政刺激政策，外部约束

⊖ 正如我们在下面将看到的，多数暂停可兑换黄金制度的国家最后都永久地取消了可兑换黄金制度。如美国等极少数随后恢复了可兑换黄金制度的国家，也是在对货币进行贬值后恢复的。

会宽松很多。国内扩张可能会弱化国际收支状况，但国外扩张将会强化国际收支状况。协调国内和国外经济政策，国际收支状况可能就不会恶化，金融中介崩溃引发的世界范围的流动性短缺就可以得以避免。

遗憾的是，观念的不同使扩张性政策国际协调的努力付诸东流。英国认为英格兰银行货币与信贷供给不足导致了经济衰退。1931 年，凯恩斯提交给麦克米伦委员会的个人证词以及对丘吉尔 1925 年恢复战前平价决策的批判中，就阐述了这样的观点。而在法国则截然不同，不但不认为货币扩张是良策，而且认为其本身就是问题。法国在 20 世纪 20 年代上半期遭受了两位数的通货膨胀之苦，货币扩张带来了金融和政治混乱，他们认为央行没有遵守金本位规则，过度信用创造导致经济萧条，廉价信用助长了过度投机，为 1929 年的崩盘埋下了隐患。当价格下滑引发新一轮的过度投机，进而演变为又一次的衰退时，央行再次实施干预。中央银行清算扩张过快的企业，抑制过度投机，促进经济健康发展。直到富兰克林·罗斯福总统 1933 年走马上任时，这样的清算主义观点仍然影响着美国的政策制定。

由于各国的观点格格不入，国际合作变得遥遥无期。单边采取的稳定政策则受制于金本位的约束，难以实现预期效果。

金本位制的瓦解

基于上述背景，不难理解金本位制何以会变得穷途末路。奥地利成为欧洲第一个遭遇银行和国际收支危机的国家，这并非偶然。奥地利的短期外债超过 1.5 亿美元，对这个小国来说，这可是个天文数字了，其中相当一部分来自维也纳银行的流动存款。由于维也纳银行向工业领域发放了过多的贷款，而工业在经济衰退中举步维艰，银行岌岌可危。

奥地利最大的存款银行安斯塔特信用社（Credit Anstalt）的处境尤为惨淡。"大而不倒"原则得到了报应：安斯塔特信用社的负债超过了奥地利政府的预算。⊖由于任何时候冻结存款都将对经济产生灾难性的影响，因而当安斯塔特信用社社长在 1931 年 5 月宣布资不抵债时，政府当局当机立断全力救助。

尽管政府第一时间补充了安斯塔特信用社的资本，但并没有挽回储户的信心。小道消息称，信用社的损失远远超过所公布的数额，这之后被证实是确凿的。有消息透露，奥地利与德国正商议违背《凡尔赛和约》，共同建立海关联盟。这意味着法国和英国的援助将成泡影。而且，政府向银行系统提供流动性，是与维持金本位制完全不相容的。在 5 月的后 3 周里，中央银行增加了 25% 的流通货币，用于购买安斯塔特信用社股份和救助陷入困境的金融机构，在此期间，央行的国际储备一直在下降而不是上升。由于经济衰退，政府预算出现赤字。政府为安斯塔特信用社提供无限担保，必定会扩大预算赤字。⊜尽管法律禁止中央银行直接为政府赤字提供融资，央行还是违背法律再贴现了融资票据。⊜这些并不能稳定市场人心。由于担心会发生贬值，或者担心会实行外汇管制，储户快马加鞭地取出存款并转移到国外。

若要救助银行体系而不伤及金本位制（反之，维护可兑换黄金制度而避免造成银行混乱），就需要国外贷款。总部设在巴塞尔的银行家的银行——国际清算银行（BIS）是一家协调金融合作的机构，为此开始了谈判，但谈判毫无进展。为解决德国战后赔款事宜而建立的国际清算银行发挥了其政治智慧。法国坚持将奥地利撤销关税联盟提议作为获得援助的条件。最终奥地利获得了贷款，但相比逃离本国的资金，只是九牛一毛而已。

当不得不在救助银行体系和维护金本位之间做出选择时，奥地利选择了

⊖ 参见 Schubert（1990），pp14-15。安斯塔特信用社因在 1929 年兼并了波登克利迪坦斯塔特（Bodenkreditanstalt）银行，连带承担了坏账，处境更为艰难。这次兼并是不得已而为之，是政府为了使国民银行的再贴现免遭损失而特意安排的。这为安斯塔特信用社争取到了 1931 年的特殊援助索取权。

⊜ 这种关系在 Harold James（1992），p600 及其他章节中有过阐述。

⊜ 参见 Schubert（1991），pp59-61。

前者。不过，浮动汇率制下的恶性通货膨胀的苦痛历历在目，政府决定实行外汇管制，不允许货币贬值。最初，外汇管制由银行体系实施，由于政府愿意提供支持，维也纳主要银行同意不将资本或黄金转移到国外，也不为以转移资金为目的的客户提供资金。虽然这些限制措施得到了很好的贯彻，但依然有个别银行试图打破限制。因此，到了 9 月正式实施外汇管制，在开展外汇交易的维也纳咖啡馆里，奥地利先令贴现率下降了 10% ~ 15%⊖。

危机从奥地利蔓延至匈牙利和德国。安斯塔特信用社拥有匈牙利最大银行的控制性股权。维也纳爆发恐慌时，外国投资者就开始将布达佩斯银行的存款提走。匈牙利也背负着战争赔款，农产品出口商蒙受了进出口比价的巨大损失。中央银行无计可施，7 月宣布全国银行放假，政府冻结了外国存款并实行外汇管制，暂停本币兑换黄金业务和黄金出口业务。与奥地利一样，匈牙利的金本位制形同虚设，有名无实。

虽然安斯塔特信用社在德国的投资不大，德国在维也纳的存款也很有限，但在许多方面奥地利与德国的银行体系非常相像。德国银行与奥地利银行一样，对工业领域的贷款过重，大萧条给银行造成了巨大损失。安斯塔特信用社危机让观察家们看到了银行体系脆弱的一面。⊜与奥地利一样，德国外部账户勉强平衡，国际收支平衡稳定性取决于资本的流入。德国贸易余额（trade balance）保持适度盈余（德国是工业产品出口国，获得了进出口比价收益而非损失）。但这点盈余仅够支付赔款，不能用于偿付商业债务。

奥地利危机爆发后，国内外储户纷纷将德国银行里的存款提取出来。⊜一开始，德国国家银行向银行系统提供流动性。但是德国的外国人短期存款是国家银行储备的 3 倍，央行操作空间很有限。到 5 月底时，德国黄金货币

⊖　参见 Ellis（1941），p30。

⊜　Harold James（1984）和 Peter Temin（1994a）质疑奥地利与德国危机之间的相互依赖关系，认为这些信息渠道没有那么重要。

⊜　正如瑞典官员所抱怨的，1992 年，外国投资者遭遇芬兰危机，没有对北欧国家进行区分；德国政治家也抱怨外国人根本没有将维也纳和布达佩斯区别对待，参见本书第 5 章。

储量排行世界第四，黄金对现金与短期负债之比大于 50%，但到了 6 月 21 日，这一比率降至法定最低限 40%。"种种迹象表明，"正如一位观察者所言，"如果一个国家的信用体系失去了人们的信任，就会导致黄金外流，到那时，即便再多的黄金储备也是不够的。"⊖

与奥地利一样，德国也寻求外国贷款和赔款延期。法兰西银行行长克莱芒·莫雷（Clément Moret）在与奥地利的谈判中主张了国家立场，此次也一样表明了态度，要求德国再次保证偿付战争赔款。纽约联邦储备银行行长乔治·哈里森（George Harrison）坚决要求德国限制向银行系统提供的信贷。哈里森居然只有在德国国家银行承诺不使用的情况下才愿意提供贷款。

与此同时，德国国家银行竭尽所能维护金本位制，限制对银行体系的信贷，努力保持较合理的储备。可想而知，紧缩举措的结局是发生银行危机。引爆危机的突发性事件是纺织企业诺德沃勒的倒闭事件，因为诺德沃勒是柏林银行的最大客户之一。7 月 13 日，德国政府被迫宣布银行放假，接着实行外汇管制。德国，欧洲第一、世界第二工业大国，不再是金本位制俱乐部的一员了。

英镑危机

由于英国的银行与工业之间的联系比较疏远，因而工业生产滑坡带来的影响非常小。⊜但是核心欧洲国家经济的停滞给一些商业银行带来了麻烦。比如拉扎德公司就曾命悬一线，幸亏英格兰银行施以援手才得以存活。一时谣言四起，宣称若干银行也都陷入了类似的困境。⊜

此外，英格兰银行自 1925 年回归金本位以来，一直为储备流失问题所困扰。对银行的援助依靠国家的"无形收益"，即国外投资获得的利息与红

⊖　参见 Hardy（1936），p101。

⊜　此外，根据美国的标准，英国银行业集中度较高，有较大的利润缓冲余地。大量的分支机构又使英国银行不受特定地区冲击的影响。参见 Grossman（1994）关于金融稳定意义的分析。

⊜　参见 Sayers（1976），第 2 册，pp530-531；James（1992），p602。

利，旅游收入，运输、保险和向外国人提供金融服务的收入（参见术语表"无形账户"词条）。1930 年年初，其他国家开征关税，使下滑的工业免受国外竞争的影响，世界贸易崩溃。英国的运输和保险收入锐减。降幅更大的还有外国投资的利息、红利和利润收入。1930 年整体商业环境呈现恶化趋势。1931 年的情况更糟，拉丁美洲国家拖欠债务，奥地利、匈牙利和德国禁止转移利益。1929 ~ 1931 年英国贸易余额减少了 6000 万英镑，无形账户余额减少幅度是贸易余额的 2 倍多，英格兰银行将英镑维持在黄金输出点以上的难度越来越大[⊖]。1930 年下半年黄金流失速度加快，法兰西银行和纽约联邦储备银行为支持英镑出手干预，汇率从 4.8625 美元降至 1931 年 1 月复苏前的 4.8550 美元（见图 3-4 ~ 图 3-7）。

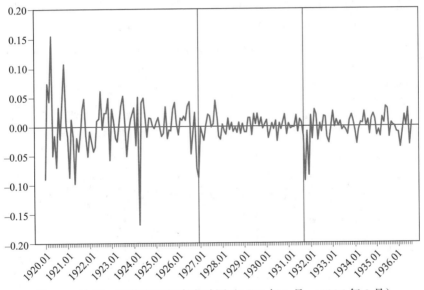

图 3-4　法郎 – 英镑实际汇率变动图（1920 年 1 月 ~ 1936 年 8 月）
（相对批发价格月度变动）

资料来源：Nominal exchange rates from Federal Reserve Board 1943; Wholesale prices from International Conference of Economic Services 1938.

⊖　参见 Sayers（1976），第 3 卷，pp312-313。

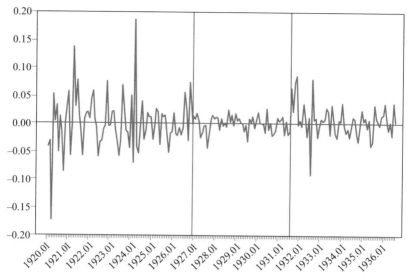

图 3-5　瑞典克朗－法国法郎实际汇率变动图（1920 年 1 月 ~ 1936 年 8 月）
（相对批发价格月度变动）

资料来源：Nominal exchange rates from Federal Reserve Board 1943; Wholesale prices from International Conference of Economic Services 1938.

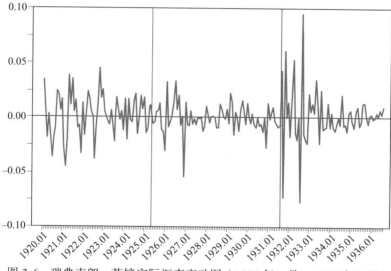

图 3-6　瑞典克朗－英镑实际汇率变动图（1920 年 1 月 ~ 1936 年 8 月）
（相对批发价格月度变动）

资料来源：Nominal exchange rates from Federal Reserve Board 1943; Wholesale prices from International Conference of Economic Services 1938.

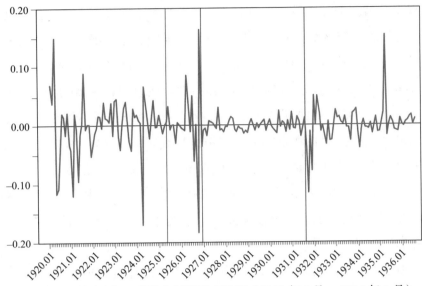

图 3-7　比利时法郎 – 英镑实际汇率变动图（1920 年 1 月 ~ 1936 年 8 月）
（相对批发价格月度变动）

资料来源：Nominal exchange rates from Federal Reserve Board 1943; Wholesale prices from International Conference of Economic Services 1938.

历史学家们重点研究了国际收支余额的变动趋势。⊖他们发现，经常账户的恶化引起英格兰银行黄金储备流失，为攻击英镑提供了条件。这种观点的问题在于，英格兰银行拥有强有力的工具，即贴现率，可以维护英镑。运用贴现率工具并不会威胁银行体系，这与奥地利和德国的情形不同。7 月 23 日，英格兰银行将贴现率提高了 1 个百分点，一周后再次提高 1 个百分点。如果历史经验可以告诉我们什么的话，那就是贴现率应该提高到一定幅度，能吸引到足以抵销经常账户赤字的资本。⊖

问题是，为什么资本依然源源不断地流出呢？或许是由于市场认为英格兰银行提高贴现率的政策难以持续的缘故。高利率加剧了失业，削弱了在国

⊖　参见 Moggridge（1970）等文献。

⊖　这是 Cairncross 和 Eichengreen（1983，pp81-82）得出的结论，在对英国国际化收支小型模型模拟的基础上得出。

会拥有少数席位的工党政府的支持率，[一]高利率还加重了不良贷款问题，因欧洲核心国经济滞缓而受重挫的银行体系更加脆弱，不堪一击。高利率加重了公共债务偿还成本，财政状况恶化。政府债务大部分是流动性高的国债，即"战争债务"，利息支出占政府支出的1/3。政府预算在20世纪20年代后期还有盈余，1930～1931年出现了赤字。[二]如果条件得不到改善，失业率继续攀升，英格兰银行在重压之下将被迫放弃紧缩政策。[三]德国陷入危机预示着欧洲的复苏希望渺茫，更增加了英格兰银行放弃的可能性。麦克米伦委员会报告已经呼吁采取措施"制止价格大幅下降，价格下降已经对政治和社会造成了巨大伤害"。[四]预期到政府和英格兰银行不得不改弦更张，投机者开始抛售英镑。[五]

尽管失业率高达20%，但英格兰银行还是打算将贴现率保持在7月16日的2.5%，或者7月23日的3.5%。如果没有受到攻击，在这样的贴现率水平，英镑平价是可以维持的。如果经济衰退进一步恶化，出于政治压力，进一步加息是不可能的，甚至连现有利率水平都难以维持。意识到英格兰银行难以有更大的作为，一旦金本位制难以维持，央行与政府很可能降低利率并转而实行"廉价货币"政策，市场变化使这个问题进一步激化。德国危机促成了货币交易者的一致行动，大量抛售英镑，迫使利率大幅上升，由于没

　　[一]　用 Sidney Pollard（1969，p226）的话说："从某种意义上而言，银行利率高得令人犯怵，造成了高失业和深度衰退。"Diane Kunz（1987，p184）认为："由于经济已经十分凋敝，无论是白领或蓝领，或者他们在国会的代表，都不再愿意为银行高利率付出代价。"

　　[二]　乔治·梅爵士（Sir George May）领导下的全国预算委员会在7月发布的报告中呼吁注意这些问题。

　　[三]　Ozkan 和 Sutherland（1994）将这些变化进行了模型化。

　　[四]　金融与工业委员会，1931，p92。

　　[五]　事件发生的时间也支持这种解读。7月15日，德国最大的金融机构之一——达姆施泰特国民银行关门后2天，英镑下跌了1.5美分，跌破了相对其他主要货币的黄金点。当商讨德国赔款事宜的七国会议陷入僵局时，德国危机不可能迅速得到解决，英镑再次下跌。政府提议削减5600万英镑支出，英格兰银行成功地从法兰西银行和纽约联邦储备银行获得信贷，崩溃时间推迟到9月。但是，这些措施没有一个能够降低失业率或者解决维持英镑平价带来的问题。

有哪个在 20% 的失业率下的政府能够在民主选举中获得支持，政府即便还能够维持平价，也会倾向于尽早放弃平价。在纽约和伦敦借入有限的硬通货，如英国政府在 9 月初所做的，只能延缓清算日期，解决不了根本问题。尽管政府有了更多的可调用资源，但增加了外债，使投机者对长期更加不看好，变本加厉地抛售英镑。⊖ 对英镑的攻击必然将一发不可收拾。

英国在 1931 年 9 月 19 日暂停可兑换黄金业务，这一事件非同小可，标志着战争间歇金本位制的解体。英镑曾是战前金本位制的核心，也是战争间歇金本位制的双锚之一。3 个月里，英镑兑黄金价值减少了 1/3。这次贬值也打击了人们对其他货币的信心。由于担心美元余额蒙受资本损失，各国央行纷纷将美元储备转换成黄金。市场居然认为美元会贬值，于是大量抛售美元，美联储不得不提高利率。

将美元转换成黄金大大缩小了全球货币体系的储备基础。到 1932 年年初，为应对压力，24 个国家放弃可兑换黄金制度，允许货币贬值。至此，作为全球体系的金本位制正式成为历史。

美元波动

从那以后，只是在西欧（法国、比利时、瑞士、荷兰、捷克斯洛伐克、波兰和罗马尼亚）、美国和受其影响的拉丁美洲国家，以及这些国家的海外附属国（如英属东印度和菲律宾）可以兑换黄金，这些国家组成了黄金集团。第二集团国家通过外汇管制来支持货币，包括中欧和东欧的一些国家。虽然汇率名义上保持不变，但国际资金流动受到管制，外汇供应实行配给制，出现了贴现黑市。第三集团国家由追随英格兰银行放弃金本位制、钉住英镑的国家组成，通过本币钉住英镑获得了稳定汇率带来的好处，并与英国一样，通过降息刺激经济走出萧条，步入复苏。

　　⊖　Buiter（1987）通过模型分析，认为借外债维护汇率只会加重危机。

放弃了金本位并实行货币贬值的国家对黄金集团国家产品的需求下降了，因为黄金集团国家的产品变得更加昂贵了。实行外汇管制的德国及其东欧邻国得到了类似的效果。黄金集团成员国看着自己的竞争力在下降、国际收支状况在恶化。金本位制国家的需求下降，经济进一步衰退，反对紧缩政策的呼声更高了。失败已成定局，投资者开始怀疑金本位制的稳定性了。

美元首当其冲，于1933年开始贬值。在罗斯福3月就任前，产出继续下滑，失业率攀升，银行发生了倒闭潮。胡佛总统几乎束手无策，因为金本位制下无法实施刺激复苏的政策。在1931年年底，法兰西银行的英镑储备由于英镑贬值遭受了35%的损失，于是将美元在内的外汇资产进行清算。美联储只有很少的自由黄金，不得不允许减少储备并减少货币供给。

1932年3月，国会为了竞选活动向美联储施压，要求美联储启动扩张性公开市场操作。国会通过了《格拉斯—斯蒂格尔法案》，取消了自由黄金约束（尽管仍然要求黄金储备率达40%），这一约束曾阻碍扩张性政策的实施。⊖迫于国会压力，公开市场委员会购买国债扩大国内信用。结果可想而知，储备下降，美元黄金平价受到威胁。在这千钧一发的危急时刻，为了重新开始竞选活动，国会休会，允许美联储减少干预。美联储政策的大转变虽然成功地维护了美元的黄金平价，但这段小插曲也让人们看到，复苏行动得到了广泛的支持。这也增加了货币市场对候选官员，特别是民主党派的候选人能否维护金本位制的疑虑。⊖

罗斯福在选举中获胜，这更加重了市场的担忧。观察家们很了解美联储热衷于试验的特性，也很清楚地知道各种建议将借道国会迫使财政部和美联储采取措施复苏经济。来自农业各州的议员们联合银矿开采利益集团，仿效19世纪90年代的人民党联盟的做法，试图立法收购白银，即便发起购买白银法案会迫使美国放弃金本位也在所不惜。

⊖ 自由黄金约束操作的具体细节可参见前面的页下注。
⊖ Epstein 和 Ferguson（1984）对这部分政治进展及其对市场的影响进行了综述。

有理由相信罗斯福会屈服于这些压力。由于预期会有这样的结果，投资者从银行提出现金兑换成黄金或外汇。[一]新任总统不久就证实了他们的预期，3 月就职后，遇上各州银行受挤兑，于是宣布银行放假。4 月的第三周又接着暂停可兑换黄金业务，4 月剩下来的日子里美元下跌了 10% 以上。在商议签订货币稳定协议可行性的伦敦经济会议期间，美元表现平稳。但紧接着政府迫使美元下跌，每天早晨罗斯福及其智囊团在白宫卧室吃鸡蛋、喝咖啡时，敲定当天的黄金购买价格，价位一天高过一天。[二]到 1934 年 1 月，美元终于企稳，黄金价格从原来的每盎司 20.67 美元上升到 35 美元。

美国放弃金本位，其他国家受到影响，也纷纷放弃金本位，形成了由美国、菲律宾、古巴和中美洲大部分国家组成的"小美元区"，不久加拿大和阿根廷也相继加入。仍然维持金本位制的国家受到的冲击可想而知是很严重的，这些国家的衰退加剧，实行通货复胀政策的压力与日俱增，国际收支状况恶化，若不实施更紧缩的政策则可兑换黄金制度不保。黄金集团国家一个接一个地暂停可兑换黄金业务：1934 年捷克斯洛伐克，1935 年比利时，1936 年法国、荷兰和瑞士。至此，彻底恢复浮动汇率体制。

有管理的浮动汇率制

虽然再次实行浮动汇率制，但波幅小于 20 世纪 20 年代上半期［**有管理的浮动**（managed floating）见术语表］。外汇平准账户逆向干预市场，

[一]　详见 Kennedy（1973）和 Wigmore（1989）。在第 4 章我们将会看到，市场对约翰·肯尼迪在 1960 年当选有相同的反应。

[二]　罗斯福及其顾问对国际经济政策都没有形成前后一致的看法，Fred Block（1977，p26）因而称他们为"臭名昭著的庸人"。美联储的立场受到康奈尔大学的农业经济学家乔治·沃伦（George Warren）和弗兰克·皮尔逊（Frank Pearson）的很大影响。这两位学者认为，农产品价格（被视为衡量经济健康与否的代理变量）与黄金之间存在明显的相关性。为了恢复农产品价格，他们建议罗斯福政府提高黄金美元价格，间接地推动美元贬值。参见 George Warren 和 Frank Pearson（1935）。

防止汇率剧烈波动。货币政策和财政政策与 20 世纪 20 年代高通胀国家相比更有章法了。有些汇率，尤其是法国法郎兑英国英镑比率，如图 3-4 所示，月度实际变动比率与金本位制前夕的状况相像，而与 20 世纪 20 年代上半期不同。更多货币汇率波动很大，与 20 世纪 20 年代早期的情形相似。⊖

在脱离了金本位制后，各国政府和央行有了更大的制定独立经济政策的自由。英国可以考虑优先刺激经济复苏。英格兰银行只要决定允许英镑对有黄金支持的货币贬值，那么就可以不受限地降低贴现率。贴现率下降有助于降低市场名义利率和实际利率，刺激利率敏感部门（如居民住宅建设）率先复苏。⊜为了使利率下降与维护市场秩序相一致，英格兰银行与英国外汇平准账户（1932 年 7 月设立）共同干预，确保英镑有序贬值。⊜

促进宏观经济复苏的国际协调机制还可以更有成效：如果所有国家都同意降息并扩大货币供应量，能够更有效地刺激经济复苏，同时不会影响汇率的稳定。当美国实施扩张性政策时，如 1932 年的作为，美元弱化，而法国也在此时实行扩张性政策，则美元开始走强。金本位制和通货再膨胀（即再通胀）都需要各国之间的相互协调。但事实证明，再通胀政策的国际协调无法达成。美国、法国和英国在一致行动上未达成共识。而且，为此而召开的伦敦经济工作会议的努力付诸东流。法国在 20 世纪 20 年代经历了通货膨胀，认为货币再通胀是过度投资和经济不稳定的根源，是祸根而非福音，拒绝实行再通胀政策。英国则拒绝将政策与一帮自己无法确定其意图的国家捆绑在一起，而美国则拒绝等待。

因此，20 世纪 30 年代世界各国实行了单边的再通胀政策，于是不可避

⊖ 不能否定这样一个假说：法郎－英镑汇率的变化在图 3-4 中的第 3 期（1931 年 9 月～1936 年 8 月）、第 2 期（1927 年 1 月～1931 年 8 月）中是一样的。图 3-5 ～图 3-7 所示的其他 3 种汇率变动的两期之间差异更显著，但这并不能否定克朗－英镑比率的变化几乎为零。

⊜ Matte Viren（1994）证明中央银行贴现率（central bank discount rate）对实际和名义利率有很大影响，影响力明显超过利率的其他宏观经济决定变量。

⊜ 外汇平准账户起初被授权发行 1.5 亿英镑短期财政债券，用于购买黄金。接着，利用这些黄金储备干预外汇市场，以降低外汇汇率波动幅度。详见 Howson（1980）。

免地发生货币贬值，贬值提高了一国国产商品的竞争力，增加了需求和刺激了净出口。一国竞争力上升，对应的贸易伙伴的竞争力就下降了。这引发了评论家的批评，称这样的货币贬值为**掠夺性贬值**（beggar-thy-neighbor devaluation）。但贬值的自利性并不会阻碍政策的实施，因为贬值政策对经济复苏大有裨益。英国早期的英镑贬值可以解释 1931 年开始的经济复苏。美国经济复苏与 1933 年的美元贬值同时发生。法国经济后来的复苏显然与非意愿的延续至 1936 年的法郎贬值关系密切。货币贬值与经济复苏之间的关系是显而易见的。允许货币贬值的国家扩大了货币供给，政府就不必为了稳定汇率而削减开支或增加税收，也可以更游刃有余地稳定银行体系。⊖

因此，20 世纪 30 年代的货币贬值是经济大萧条的良药，而不是麻烦。如果在放弃金本位的同时采取更大幅度的扩张政策，贬值的效果会更显著。如果中央银行实施更激进的扩张性市场操作，总需求不足的问题便能迅速得到解决。经济复苏所需要的更多的货币就可以通过国内信用扩张得到满足，不需要从国外输入更多的黄金和资本。如此一来，可以减少金本位制国家的黄金流失，降低货币贬值的掠夺效应。

然而，由于担心通货膨胀的扩大，即便经济处于衰退期，扩张性政策的实施也是缩手缩脚的。实行货币贬值的国家，扩大了国内产品需求，国际收支状况改善，从国外输入了资本和储备，满足了增长的货币和信用需求。这些国家增加的储备就是金本位制减少的国家储备。问题还不在于货币贬值，而是这项实践没有推广开来，也没有促进更大力度的扩张政策的实施。放弃金本位制的国家重新获得了政策的独立性，运用独立性政策在货币市场进行逆向操作，避免汇率变动失控。

既然有管理的浮动能够将汇率稳定与自主政策有机地结合起来，为什么没有成为二战后国际货币体系的模式呢？战后观察家认为，在很大程度上，

⊖ Eichengreen 和 Sachs（1985）提供了证明这些联系的事实依据。Campa（1990）和 Eichengreen（1988）证明在拉丁美洲和澳大拉西亚也存在同样的关系。

20 世纪 30 年代的有管理的浮动，是在差强人意的 20 世纪 20 年代自由浮动的衬托下才显得突出的。过往的经验影响着（有人说扭曲着）当前人们对国际货币体系的看法。进一步的反对意见认为有管理的浮动助长了保护主义。英镑贬值，美国伙同法国和比利时提高关税、削减进口配额，维护高估的本币。政策制定者不支持短期汇率波动，因为短期汇率波动带来了不确定性。不仅短期汇率波动，而且可以预见的中期波动都助长着保护主义者的气焰。⊖

1936 年，最后一轮贬值呼之欲出，法国、美国和英国签署了三方协议。法国承诺限制贬值幅度，作为交换，美国和英国保证避免连续多次贬值。协约规定缔约各方取消进口配额，努力共建国际贸易体系。虽然并不是贸易冲突直接造成欧洲上空战争乌云密布，汇率波动引发的商业冲突却不利于各国联合起来对抗德国的扩张主义者的野心。在二战期间及之后，当美国领导重新建立国际货币体系时，就寻求构建稳定汇率的机制，支持可持续的贸易体系。

结论

战争间歇的国际货币体系的发展，可以归结为相互联系的政治和经济的三个变化。第一个变化是，竞争性经济政策目标之间的冲突白热化。在一战爆发前，各国央行和财政部的首要目标是货币稳定和可兑换黄金制度，这是板上钉钉的事。到了 20 世纪二三十年代，情况就不同了，各国优先解决一系列的国内经济目标，通过积极货币政策的运用加以实现，这在 19 世纪是不可能发生的。接着，国内目标与国外目标孰先孰后的问题开始浮现。单一的稳定汇率目标是战前中央银行政策的特征，至此成为历史。

⊖ 在第 5 章的关于欧洲货币联盟和欧洲单一市场计划的讨论中也提出了类似的观点。在第 5 章中我提出汇率波动会妨碍真正一体化市场的建立，正如它们削弱了 20 世纪 30 年代的国际贸易一样。

第二个相关的变化是，国际资本流动成为一把双刃剑。资本流动是国际经济的黏合剂，为各经济体之间的贸易与国外投资提供资金。当市场对货币政策有信心时，这些资本流动会缓解中央银行应对短期汇率走弱的压力。但国内目标优先意味着不能轻易相信政府政策，在战争间歇的新环境下，国际资本运动非但没有减轻，反而加重了各国中央银行的压力。

第三个区分战前和战争间歇不同的变化是国际货币体系重心的不同，由英国转移到了美国。在一战前，国际货币体系与国际贸易体系珠联璧合，非常匹配。英国是海外市场资金和物质资本的主要来源地，是原材料生产出口的主要市场，获得的外汇用于国外放贷。在两次大战期间，美国取代英国成为商业和金融领域的引领者，但美国与外国的金融和商业关系尚未磨合，不利于国际货币体系的和谐运转。

因此，当战后规划者们再次考虑重建国际体系时，他们试图寻求一个能够适应这些变化条件的框架，但要解决这个问题并不能一蹴而就。

第 4 章

布雷顿森林货币体系

> 只要我们相信自由放任主义的方法，就会以为有那么一套能行云流水般自动调节的机制，让世界实现均衡。但这是错误的教条，忽视了这样的教训：许多历史经验背后并没有什么可以给出合理解释的完美理论。
>
> ——约翰·梅纳德·凯恩斯

即便是今天，布雷顿森林货币体系已经解体将近 50 年了，它在我们眼里依然是一个谜。对有些国家而言，布雷顿森林货币体系是战后鼎盛时期的重要组成部分。与前后期相比，这一时期的汇率相对稳定。布雷顿森林体系迅速解决了国际收支问题，国际贸易与国际投资盛况空前，促进了战后的繁荣。

布雷顿森林货币体系在其他方面就没有如此美誉了。有人认为，更灵活便利的调整是经济增长的结果而非原因。布雷顿森林货币体系能够协调汇率稳定与市场开放只是幻想。贯穿整个布雷顿森林货币体系时期，尽管各国政府限制国际资本流动，仍然有外国投资，但这并不能归功于布雷顿森林货币体系对国际资本流动的影响。

布雷顿森林货币体系在 3 个方面与金本位制存在根本区别：在特定条件（即"基本失衡"的情况）下，可以调整钉住汇率；允许通过管制限制国际资本流动；新创立了国际货币基金组织，监督国家经济政策，为遭遇风险的国家提供国际资金援助。这些创新很好地消除了各国政策制定者们自 20 世纪二三十年代以来形成的心病。可调整钉住汇率制是消除国际收支赤字的有效工具，虽然也可以通过提高**中央银行贴现率**（central bank discount rate）的紧缩政策来解决赤字问题，但战争间歇的实践证明紧缩政策伴随着巨大的痛苦。实施管制是为了规避战争间歇几十年里的那种极具破坏性、变化无常的资本流动。国际货币基金组织拥有金融资源、监管权力和**稀缺货币条款**（scarce-currency clause），可以制裁那些实施的政策扰乱了国际货币体系的政府，补偿那些遭受损失的国家的政府。

本质上，布雷顿森林货币体系的这 3 个方面是相互补充的。可调整钉住汇率制之所以可行，是因为资本管制让那些国家避免了不稳定资本流动给本币带来的冲击，为有序调整腾出了空间。国际货币基金组织的资源为实行钉住汇率制的国家在市场压力前增加了一道防线。国际货币基金组织的监管抑制了成员滥用这个体系改变平价或实施管制的冲动。

但遗憾的是，三位一体的三要素在实践中并没有配合得天衣无缝。实践证明，可调整钉住汇率制本身就是自相矛盾的，变动平价极为罕见，尤其是这个体系中心的工业国家更是绝少变动。国际货币基金组织的监管在实际中也只不过是纸老虎，没有威慑力。基金资源很快就在解决战后国际收支问题过程中消耗殆尽。稀缺货币条款原本拟用于制裁那些实施的政策威胁到体系稳定的国家，却从未使用过。

资本管制多多少少发挥了应有的作用。在当今的一些观察家的印象中，20 世纪末和 21 世纪初的金融市场变迁历历在目，对资本管制的可操作性持高度怀疑态度。但是二战后的 25 年里，金融市场所处的环境是不同的。在此期间，政府对经济和金融体系进行了深度干预，限定利率上限，对银行可投资资产范围做出限制，通过管制金融市场将信贷输送到战略部门，进口许可证制度堵住了通过经常性账户转移资本的通道。管制降服了洪水，因为它不仅仅是湍急水流中的一块岩石，而且是防洪大堤和闸门的一部分，共同压制住了狂奔的激流。

不过，不能夸大管制的有效性。资本管制在20世纪四五十年代发挥了较大的作用，之后作用就下降了。正如上文中急流的类比所揭示的，一旦放松国内管制和经常性账户限制，其作用就大打折扣。1959年恢复了经常账户**可兑换性**（convertibility），通过虚开进出口发票等方法利用经常账户进行资本交易变得更加容易了。但是那些极力低估资本管制作用的人忽视了这样一个事实，即在整个布雷顿森林货币体系期间，政府在不断地挑战自己的极限。战后重建任务繁重，降低失业率和刺激增长，意味着经济承受着极大的需求压力。政府政策趋近国际收支平衡指标极限，管制强度也达到最高点。

实际上，在20世纪50年代，布雷顿森林货币体系尚未完全实施，经历了持续国际收支赤字和储备流失的国家，为了恢复贸易平衡，不仅加强了资本管制，而且还限制进口商兑换外汇，并实行进口许可证制度，或者至少减缓放松管制的速度。诸如此类的对经常账户交易的限制如果没有同步实施资本管制，效果就不会那么显著。

由于常规调节机制的缺失，保持管制就显得很有必要。实现充分就业和经济增长是战后社会契约的重要组成部分，不利于削减支出政策的运用。金本位制下为了弥补国际收支赤字，中央银行可以采取紧缩性政策，但现在紧缩政策无法得到政治上的认可。国际货币基金组织没有足够的力量左右各国政策，也没有足够的财力平衡国际收支。只有在国际收支基本失衡时才允许变动汇率，这不利于各国运用**支出转换政策**（expenditure-switching policy）提前布局，防患于未然。由于仅仅在危机时期才允许变更汇率，因此为了避免触及"危机"条件，当局者甚至根本不会考虑变更汇率。正如威廉·斯盖梅尔（William Scammell）所言："布雷顿森林货币体系的设计者们一方面试图在金本位制和固定汇率制之间进行折中，另一方面又试图建立灵活汇率

制……这根本就不可能是一个真正意义上的调整机制。"⊖

汇率管制替代了缺失的调整机制。当外部约束增强时，汇率管制将抑制对进口商品的需求。但自 1959 年以来，恢复了经常账户可兑换性，这个机制就失效了。⊜**资本账户**（capital account）交易仍然受到管制，但不能确保起到调整作用，仅仅推迟了清算日期而已。由于缺乏必要的调节机制，布雷顿森林货币体系的崩溃已不可避免。令人讶异称奇的是，它居然能延续这么久。

战时筹谋与结局

英国自 1940 年以来、美国自 1941 年以来开始筹谋战后国际货币秩序。根据 1941 年 8 月签署的《大西洋宪章》和 1942 年 2 月签署的《互助协定》⊜，英国保证恢复经常账户英镑的可兑换性，接受贸易非歧视原则。作为交换，美国承诺提供更优惠的金融援助，尊重英国的充分就业优先目标。凯恩斯和哈里·德克斯特·怀特（Harry Dexter White）试图调和这些目标（凯恩斯是经济学界的泰斗，担任过英国财政部部长的义务顾问，怀特盛气凌人、争强好斗，曾是一名学者，担任过美国财政部经济学家⑭）。他们的筹划代表了各自的立场，都几经易稿，终稿发表于 1943 年，为美英专家的"联合声明"和国际货币基金协议条款的制定奠定了基础。

凯恩斯和怀特的方案在债权国责任、所许可的汇率弹性及资本流动等方面存在差异。凯恩斯的方案允许各国在协调充分就业与国际收支平衡目标时

⊖　参见 Scammell（1975），pp81-82。

⊜　有些国家确实保持着适度控制，比如英国解除了对非居民的外汇管制，这符合国际货币基金组织协定第 8 款的要求，但是对居民的国际金融交易保留部分控制。总之，为了国际收支平衡目标所规定的限制范围大大缩小了。

⊜　热那亚会议于一战结束后的第 3 年召开，但没有成功解决面临的问题。20 世纪 20 年代国际货币体系运作令人不满意，提醒美英政府应该未雨绸缪，尽早筹划。对战时谈判所做的最好综述参见 Gardner（1969）的观点。

⑭　第 2 章运用 19 世纪数据对法国国际收支所做的研究就是怀特的成果。

变更汇率、实施汇率和贸易管制。怀特的方案则相反，预见将来会是一个没有管制的世界，将由一个国际机构监管钉住汇率制，这个国际机构对平价调整拥有否决权。为了防止外国紧缩政策造成各国输入性失业，凯恩斯的清算联盟为国际结算提供广泛融资（受更严格条件和惩罚性利率约束），赞成更富有弹性的汇率。如果美国保持较长期的国际收支盈余，就像 20 世纪 30 年代那样的话，则有义务向其他国家的总提款权提供资金，按照凯恩斯的方案，资金总额达 230 亿美元。

可想而知，美国人会反对凯恩斯的清算联盟，理由是"涉及潜在债权国要负无限责任"。○美国谈判代表坚持国会不能开出这张空白支票。于是怀特的方案将总提款权限定在较适度的 50 亿美元，而美国的义务则限定为 20 亿美元。

《联合声明》和《协定条款》是妥协的结果，反映了英美两国不对等的谈判势力。基金总额规定为 88 亿美元，更接近于怀特的方案的 50 亿美元而不是凯恩斯的方案的 260 亿美元。○美国义务的上限是 27.5 亿美元，与凯恩斯方案的 230 亿美元相比，更接近于怀特方案的 20 亿美元。○

如果不愿意提供更多的资金，则就更需要富有弹性的汇率制度。因此，美国的固定汇率的提议被委员会否决。综合了美国立场的钉住汇率制与英国

○　参见 Harrod（1952），p3。与欧洲 20 世纪 70 年代的情形相似，1978 年，欧洲货币体系尚处于酝酿阶段，德国中央银行拒绝签署建立一个使自己对弱币国承担无限支持责任的体系。

○　260 亿美元是凯恩斯的方案中 30 亿美元的美国提款权与上面提到过的其他国家 230 亿美元提款权的总和。

○　配额每隔 5 年进行一次评估（按照《协定条款》第 2 部分第 3 条款的规定），经总投票权达 80% 以上国家同意后可增加配额。怀特力辩凯恩斯（1943 年 7 月 24 日的信中），认为从一个孤立主义国会获得超过 20 亿～30 亿美元的援助简直是痴心妄想。参见 Keynes（1980），p336。即使是 20 亿～30 亿美元，也不一定能获得国会通过。为把握好布雷顿森林会议召开时机，应赶在 1944 年 11 月国会大选前确定《协定条款》，因为孤立主义的共和党有望大获全胜。会议地点选在美国新罕布什尔州布雷顿森林的华盛顿山酒店，是为了获得共和党州参议员查尔斯·托比（Charles Tobey）的支持。

立场的可调整汇率制后，形成了"可调整钉住汇率制"。《协定条款》第 20 款要求各国宣布货币的黄金平价，或者货币兑换黄金（在实践中指美元）的平价，汇率波动幅度在 1% 以内。为了应对"基本失衡"，在没有国际货币基金组织的预先批准时，经与国际货币基金组织协商，可以在 10% 以内调整平价。更大幅度的调整须获得国际货币基金组织 3/4 以上投票权的支持。"基本失衡"这个重要用语的含义并没有给出定义，或者如雷蒙德·米克塞尔（Raymond Mikeshell）所言，这个词用少于 10 页的篇幅是说不清楚的。⊖ 此外，《协定条款》允许继续实行国际资本流动管制。这与怀特之前的没有贸易和资本管制的看法相左。同样，美国坚持提供有限资金，就不得不同意英国的弹性汇率的要求，同意实行资本管制。

最后，英国运用稀缺货币条款，保证对那些国际收支持续盈余的国家，对其货币在国际货币基金组织内不足的国家的出口进行管制。比如，美国累计盈余达 20 亿美元，其向国际货币基金组织提供的资源就全部被用于援助其他美元赤字国家，而且，英国要求美国同意在一定时期内对经常账户交易进行管制。根据《协定条款》第 14 款的规定，国际货币基金组织将于 3 年后报告各国的管制状况，5 年后为各国提供解除管制的政策咨询。言外之意是，进展不尽如人意的国家将被劝退离开国际货币基金组织。

现在回想起来，相信这一体系能够奏效简直是太天真了。1947 年，国际货币基金组织正式运行前，适度的配额和提款权在美元出现短缺时显得入不敷出。战后欧洲大量的食品、资本品和其他商品的需求得不到满足，美国的生产能力有限，只有少量产出用于出口。欧洲对世界其他国家的贸易赤字在 1946 年上升到 58 亿美元，到 1947 年这一数字达到了 75 亿美元。基于这样的现实，1948 ~ 1951 年，正是国际货币基金组织正式运行的第一个 4 年期，美国提供了约 130 亿美元资金用于政府间援助，解决欧洲赤字问题（根据马歇尔计划的相关条款）。这一数额是欧洲拥有的提款权的 4 倍多，是协

⊖ 参见 Mikesell（1994）。

定条款规定的美国义务最高限的 6 倍多。不过，尽管援助远远超出协定要求的数额，初始平价体系还是难以维持。到 1949 年 9 月，欧洲货币平均贬值了 30%，事实上，进口管制也不可能取消。

美国的筹划者们怎么会这么低估问题的严重性呢？可以确定的是，美国对欧洲和日本经济的创伤以及重建成本估计不足。⊖美国筹划者们认为贸易可以治愈一切伤口的信念，进一步加大了这个偏差。科德尔·赫尔（Cordell Hull），罗斯福总统的常任国务卿，将恢复美国开放的多边贸易体系作为头等大事。他认为，广泛的贸易联系能增强法国和德国经济的相互依赖性，遏制政治与外交冲突，避免两国再度发生战争。贸易促进复苏，并为欧洲进口原材料和资本品提供硬通货。一旦恢复开放的多边贸易体系，欧洲可以依靠出口缓解美元短缺，解决战后重建问题，并可以继续保持可兑换货币体系。

政府的自由贸易导向得到了美国工商业的支持，他们看到了出口市场对战后繁荣的重要意义，而英国的**帝国偏好**（imperial preference）体制阻碍美国出口商进入英国市场。美国南部和沿太平洋海岸的军工产业非常红火，飞机和军火制造商的壮大把更多的州拉入自由贸易阵营。⊜相对于深奥难懂的货币条款，国会对布雷顿森林货币体系对贸易的促进作用更青睐有加。若不是《协定条款》强调了对贸易的促进作用的话，国会是不可能予以批准的。

因此，恢复开放的多边贸易是布雷顿森林货币体系的生命力得以维系的补药。协定从头到尾都以这个目标为导向。正如一位作家描述的："美国人很重视重建多边贸易体系，认为重建多边贸易应该成为国际货币基金组织存在的目的，与稳定功能同等重要。"⊜美国坚持钉住汇率体系，只有经国际货币基金组织认可的，为避免混乱的国际货币秩序阻碍贸易复兴，才会进行

⊖ 欧洲对国际收支困难的估计更接近实情。国际货币基金组织在其关于汇率调整必要性的两份报告中做了记录。

⊜ Frieden（1988）强调，欧洲经济崩溃不仅提高了美国制造商的出口竞争力，而且让他们站到了自由贸易阵营一边。

⊜ 参见 Scammell（1975），p115。

实质性的调整。在商议国际货币基金组织《协定条款》时，与会代表们采纳了一系列的建议，包括创建一个负责降低关税的姐妹组织，而国际货币基金组织则负责解决贸易中的货币问题。第 8 款规定，未经国际货币基金组织批准，禁止任何国家限制经常账户支付，货币按照官方汇率兑换，任何国家不得做歧视性货币安排。第 14 款要求各国资本基金组织在正式运行之日起 5 年内基本解除对贸易的货币管制。

我们永远无法知道，迅速解除对经常账户交易的管制，是否真的能够促进欧洲出口并有效解决美元短缺问题。实践中，西欧各国非但没有解除管制，反而依然保留着管制措施，在战争期间甚至变本加厉；在东欧，外汇管制被用来堵塞损害国家贸易的漏洞；拉丁美洲国家实行多重汇率制促进进口替代工业发展。一些国家在解除贸易货币障碍方面裹足不前，还有一些国家不得不开倒车，回到旧轨道上。从总体上看，各国正朝着自由化方向行进，但原定 5 年的过渡期，被延长了 2 倍以上。

这次未能按照原计划推进的自由化，有几种不同的解释。建立更自由的贸易体系，要求欧洲国家有更多的出口，而这需要相应的大幅货币贬值，使欧洲商品更具国际竞争力。但这样做会恶化贸易条件，降低人们的生活水准，因此政府会反对贸易自由化。进口管制的作用与关税一样，会使欧洲贸易条件改善的同时，不利于美国的对外贸易。贸易条件的严重恶化和生活水平的下降，会威胁到劳动力的稳定、阻碍复苏进程。[⊖]国际货币基金组织很清楚地看到，如果取消进口管制，那么 1945 ~ 1946 年所确定的平价高估了货币。战时欧洲通货膨胀比美国严重，欧洲各国货币对美元的汇率仅是 1939 年时的一半左右。[⊜]国际货币基金组织没有反对，反而承认欧洲出于政

　⊖　在我 1993 年的专著中延续了这一想法。有时这种观点会有不同的表述，比如废除管制同时大幅贬值的方法不一定有效，因为较高的进口价格会引发工资膨胀，参见 Scammell（1975），p142 等段落。但观点还是一样的，工人不会赞同真实贬值所引起的实际生活水平标准的降低。

　⊜　这在当时存在争议。参见 Metzler（1947）等。

治原因有必要维持高汇率。[○]

如果政府削减开支，国内需求下降，就可以解除贸易管制，这样不仅不至于产生难以承受的贸易赤字，也不必令货币大幅度贬值。如果战后各国政府没有将维持投资作为首要任务，那么外部约束就不会那么紧张。[○]国内政治再次成为拦路虎。美国认为贸易是增长的引擎，而欧洲却认为投资是关键。欧洲的劳动者们认为，削减投资不仅会减缓经济复苏与增长速度，而且违背了充分就业的承诺。

总之，贸易自由化需要欧洲各国共同行动才能成功，所有的努力因难以达成协调而前功尽弃。欧洲各国只有多出口才能多进口，但只有当其他国家的贸易也自由化了才有可能做得到。国际贸易组织（ITO）的设立就是为了解决棘手的问题，协调各国同时削减关税和配额。因而，美国没有认可《哈瓦那宪章》（有56个国家参加在古巴首都哈瓦那举行的贸易与就业的联合国会议，最终审议和通过了《国际贸易组织章程》，也称《哈瓦那宪章》）不啻一次重大打击。保护主义者和完美主义者对协定展开了争论。保护主义者反对推进自由化，而完美主义者则认为除非所有国家开放贸易，否则就不可能实现充分就业和经济发展，也无法稳定出口商品价格。[○]由于各方意见不一，1950年杜鲁门政府拒绝再次向国会提交宪章。[○]

关贸总协定（GATT）的进程也困难重重，早期进展更是缓慢。[○]1947年关贸总协定日内瓦第一回合会谈中，美国同意削减1/3关税，但另外22个缔约国仅做出了最小的让步。1949年安纳西第二回合会谈中，23个创始成员国均没有做出任何让步。1950～1951年的托尔坎第三回合会谈也失败

○ 不过，1948～1949年确实迫切需要贬值。
○ 这是Milward（1984）的结论。
○ 对《哈瓦那宪章》的权威剖析参见Diebold（1952）。
○ 从某种意义上而言，国际贸易宪章也是冷战的受害者。一旦与苏联发生冲突，马歇尔计划（第二笔拨款正处于国会审议阶段）和北大西洋公约组织的议题将优先讨论。
○ 详见Irwin（1995）。

了，在列入谈判的 400 个项目中，仅 144 个项目得到了缔约国各方的认可。关贸总协定的定位不明确限制了与国际货币基金组织合作的范围，在取消汇率管制与削减贸易关税方面事倍功半。在国际货币基金组织眼里，并没有看到它在安排各方相互让步上有何作为。

因此，在本书前言以及第 2 章中分析古典金本位制时强调过的网络外部性，阻碍了向经常账户可兑换的快速转轨。尽管当所有的国家同时实行可兑换制度会使各国境况都变得更好，但只要有一些国家仍然实行货币不可兑换制度，那么对单个国家而言，实行货币不可兑换才是对本国最有利的。布雷顿森林协定的缔造者们为了破解这个僵局，制定了恢复可兑换的具体策略，并创立了国际货币基金组织监督其进展。但所制定的措施不足以恢复可兑换制度。

最终，工业国家创立了欧洲支付同盟，联手解除经常账户管制。与此同时，这些国家经受了一系列的重大变故，较严重的是英国 1947 年的可兑换性危机和 1949 年的贬值潮。

英镑危机与欧洲货币重估

没有其他国家的配合，单凭一国之力是无法恢复可兑换制度的。英国在 1947 年的尝试充分证明了这一点。英国的通货膨胀比欧洲大陆的要严重，因为基于购买力平价对英镑的估值偏高。⊖战争给英国带来的基础设施和生产能力的破坏比欧洲许多国家要小得多。但是只要其他欧洲国家保持高关税和数量限制，英国的出口扩张范围就大大受限，英国发现无法有效渗透其他欧洲国家的市场而获得足以维持货币可兑换性的出口收入。⊜

在脆弱的金融条件下，英国恢复可兑换性的尝试更为艰难。二战以来英国出现了货币过剩（1938 ～ 1947 年，货币供给是原来的 3 倍，而同期 GDP

⊖　这也是 Metzler（1947）的结论。

⊜　英国的对策是培养英联邦国家的更紧密的贸易关系，参见 Schenk（1994）。但这于事无补，没有能够弥补美元缺口。

是原来的 2 倍，表明价格管制抑制了通货膨胀）。私人和政府持有的黄金与美元下降了 50%，外国资产被征用，外国投资管制不利于英国公民对外国资产进行置换。1939～1945 年，英联邦因向英国战争机器供应了大量食物和原料而积累了大量英镑。在战争结束时，海外英镑余额超过 35 亿，是英国国民生产总值的 1/3。英国黄金和外汇储备不足 5 亿英镑。

如果海外英镑持有者打算调整资产组合，或到美元区购买商品，就会抛售英镑资产。为避免极端状况发生，比如强制将英镑余额转换成不可转让要求权，英国政府规定仅限于当期获得的英镑收入可兑换美元，并通过一系列双边协定保留已有英镑，但是实践中很难确切地知道多少英镑是当期收入，并且规避管制的动机很强烈。

在这样的情形下，英国于 1947 年决定恢复可兑换性，这样的做法是欠周全的。但这是美国的决定，不是英国自己的意愿。1946 年美国向英国提供 37.5 亿美元贷款，条件是英国在获得贷款后一年内恢复经常账户可兑换性。[○]人穷气短的英国别无选择。1947 年 7 月 15 日英国恢复了可兑换制度，比布雷顿森林协定规定的最后期限提前了 5 年。[○]不包括存量英镑，增量英镑可以按照 1 英镑兑 4.03 美元的官方平价兑换为美元或其他货币。

持续 6 周之久的可兑换制对英国而言是场灾难，储备流失惨重。英国政府眼睁睁地看着储备日渐枯竭，经美国许可后，于 8 月 20 日暂停了可兑换业务。原本以为能够应付好几年的贷款数周内告罄。

美国执意要求英国尽早恢复可兑换制度，因为华盛顿对英国的帝国偏好非常忌讳。可兑换制度显然能够保证美国出口商拥有平等的竞争地位。况

○ 另外美国还向英国提供 5.4 亿美元的含保险的租借品。

○ 实际上，可兑换制度是逐步推进的，临近 1947 年年初时，英国当局补充了与其他国家的双边清算协议，建立了可转移账户系统，允许参与国居民之间、参与国居民与英国居民之间通过经常账户转移英镑。2 月，向美元区居民账户的转账增加。相应地，参与国必须同意不加限制地接受来自其他参与国的英镑，并继续限制资本转移。参见 Mikesell（1954）。

且，美国决策者认为，英国恢复可兑换制度是在建立开放的多边贸易体系征途上的重要一步。英镑是仅次于美元的重要的储备和结算货币。如果英镑是可兑换的并且成为国际储备，那么其他国家就更有可能恢复可兑换制度。但是，正如无法在《协定条款》中详细界定适度基金份额和提款权额度一样，美国政府显然也低估了这项任务的难度。

1947 年的英镑危机令美国重新审视之前的决定。美国不再坚持尽快恢复可兑换制度，接着又默许欧洲政策转轨期延长。在认清欧洲问题的严重性后，美国同意欧洲对其出口实行适度的歧视性政策，紧接着推出马歇尔计划。在英国可兑换性制度失败之前，美国已经在华盛顿商议援助事宜了。在距英国最后期限的 7 月 15 日还有一个多月时，马歇尔将军在哈佛大学演讲时宣布了这一计划。但马歇尔援助计划没有获得国会的批准：英镑危机凸显了恶劣的欧洲经济环境，增加了马歇尔计划反对者的筹码。

1948 年下半年美国终于拨付了巨额的马歇尔援助资金，在此之前英国经济境况惨淡。但并不只有不列颠诸岛日子难捱，法国、意大利和德国个个政局动荡，资本大量外逃。法国持续美元赤字，储备耗尽，被迫将法郎贬值，从 119 法郎兑 1 美元跌至 1948 年年初的 214 法郎兑 1 美元，虽然与欧洲绝大多数国家的贸易是按照这个汇率结算的，但出口到美元区的收入一半按照官方汇率结算，另一半按照市场汇率结算。即假定市场汇率是 300 余法郎，则与美国交易的有效汇率是 264 余法郎。为了抑制美国出口、鼓励向美国输出商品，补充法国的美元储备，法国人为地让美元升值。但这样的政策导致低效率，并且损害了其他国家的利益。比如这个政策鼓励英国的商品经由第三国出口到美国。而这恰恰就是布雷顿森林货币体系的缔造者们反对的歧视性多重汇率。由于法国央行执行官拒绝承认《协定条款》赋予国际货币基金组织开展活动的法律基础，国际货币基金组织宣布法国没有资格利用基金组织的资源。法国政府自取其辱，被迫再次贬值将汇率统一为 264 余法郎。

最终，马歇尔援助计划雪中送炭，帮助受援国卸下了沉重的负担。美国要求欧洲各国政府拟订援助分配方案，各国政府根据本国美元赤字的一致预测为基础进行了划分。人们希望在接下来的 4 年中，美国所提供的 130 亿美元足以弥补受援国为完成重建所形成的美元赤字，并为恢复可兑换制度做好最后准备。⊖

各国希望通过与美元区的贸易迅速恢复国际收支平衡，但这个愿望随着美国经济在 1948 ~ 1949 年步入衰退期而破灭了。经济衰退减少了美国对欧洲商品的需求，美元缺口扩大。虽然衰退是一时的，但对欧洲储备的影响却是永久的。美国一只手递给你，另一只手又取回去了。

衰退直接引发了 1949 年的美元贬值。尽管币值高估和进口管制可以改善贸易条件，颇有吸引力，但实施起来却受到多方限制。二战改变了均衡汇率，这与一战的情形一样。⊜ 1949 年一到三季度美国从英镑区的进口下降了 50%，这种改变就板上钉钉地发生了。生产原材料的英镑区主要从美国进口商品，而不是从英国进口，英镑区感受到了贸易条件恶化带来的压力。但英镑区其他国家的居民通过将手中英镑兑换成美元，保持原有的从美元区进口的商品数量。管制限制了但没有杜绝这样的做法。当英国的储备减少时，就加强管制，英联邦国家纷纷效仿。但黄金和美元依然在流失。从 7 月到 9 月中旬，储备流失超过了 3 亿美元。在随后的 9 月 18 日，英镑贬值。

这段经历推翻了之前的一种想法，即可以将主要货币贬值作为议题列入委员会议程。第 4 条款规定基金有权提前 72 小时知道一国的平价调整安排。虽然各国政府和国际货币基金组织提前知道了货币贬值的消息，为了最大限度降低走漏消息给市场带来的损害，基金会提前 24 小时才知道贬值幅度。尽管预留了时间，但条款所谓的作为议题进行国际商讨的设想还是难以实现。⊜

⊖ 为了防止受援国"双重获益"和放松华盛顿的金融管制，美国马歇尔援助计划的扩充对象，是那些没有获得国际货币基金组织信用的受援国。

⊜ 正如 Triffin（1964，p23）所言，管制仅仅"减缓或推迟了汇率的再调整，汇率再调整是 20 世纪 20 年代的一大特点，在 1949 年 9 月频繁出现"。

⊜ 参见 Horsefield（1969），第 1 卷，pp238-239。

英镑贬值后一周里，有 23 个国家的货币相继贬值，接着又有 7 个国家的货币贬值。这些国家大部分已经饱受国际收支恶化的压力，而英镑贬值意味着情况有可能更糟糕。仅有的不贬值的货币是美元、瑞士法郎、日元和拉丁美洲及东欧一些国家的货币。

贬值收到了预期的效果，这个论断在当时就有争议，时至今日依然没有达成一致的看法。这表明人们对 20 世纪 30 年代以来的汇率变动持怀疑态度。英国的储备不再流失，并在两年内增加了 2 倍，其他国家的状况也开始好转。法国达到了放松外汇管制的条件，允许旅游者自由地将银行票据携带出境，也允许人们从事期货交易。1949 年上半年至 1950 年上半年，美国经常账户盈余下降了一半以上。但这并不完全是贬值政策的功劳。1949 年年底美国经济止跌回升，1950 年爆发朝鲜战争⊖，这些事件也都有利于扭转国际收支失衡的局面。不过，贬值幅度最大国家的国际收支有最明显的改善，这表明 1949 年欧洲货币重估发挥了独立的、显著的经济效应。

美元短缺问题得到了缓解，但并没有消除。一直到 1950 年上半年，美国经常账户盈余每年增加 30 亿美元。这意味着有些国家储备很有限并存在巨额赤字，这些国家能否在两年内完成可兑换制度转换就成了未知数。经常账户交易严格管制阻碍了欧洲各国间的贸易。1950 年欧洲各国一致认为，必须采取特殊的国际货币措施才能解决问题。

欧洲支付联盟

欧洲采取了特别措施，即建立区域性实体欧洲支付联盟，弥补国际货币基金组织的不足，更好地解决欧洲贸易与支付问题。1950 年欧洲支付联盟

⊖　这场战争对不同经济体有不同影响：英镑区是原材料的净出口国，受益于战争引起的商品相对价格的上升；而德国是原材料净进口国，遭受贸易条件恶化带来的损失。后一观点是 Temin（1995）分析过的。这与德国的许多分析是相反的，这些分析认为德国在朝鲜战争中获益。

开始运行，原定运行两年，但直到 1958 年年底才逐渐淡出。从某种意义上而言，这就是布雷顿森林协定的缩影。成员国主要是西欧国家及其海外附属国，再次声明它们的目的是同时恢复经常账户的可兑换性。它们签署了《自由化公约》，要求解除对经常账户交易的货币兑换限制。1951 年 2 月，欧洲支付联盟成立尚不足 1 年，所有成员国实行同样的管制措施，成员国要将壁垒降低 50%，进而降低 60% ~ 75%。这与布雷顿森林货币体系取消所有经常账户交易限制的规定一脉相承，只是更详细，适用的地域范围更小。

　　欧洲支付联盟中发生赤字的国家可以获得信用，但如果用完了信用额度，就要用黄金和美元与贸易伙伴进行结算。很多规则的灵感都来自《协定条款》：参与国的信用额度规定就是布雷顿森林协定中的配额与提款权的变体。与国际货币基金组织的配额规定一样，信用额度的获得也需要具备一定条件。欧洲支付联盟至 1958 年终止时，有近 30 亿美元的信贷尚未偿还，相当于《协定条款》所增加配额的 50% 左右。

　　不过从其他层面来看，欧洲支付联盟又与布雷顿森林模式有很大不同，且是对国际货币基金组织的挑战。美国意识到布雷顿森林货币体系恢复经常账户可兑换性的计划是不现实的，于是加入了《自由化公约》。当明白《协定条款》提供的配额不足时，美国追加了国际支付信贷。美国认可歧视性贸易，允许欧洲支付联盟国家首先降低相互间壁垒，然后再废除对美国进口的管制。美国也很清楚地知道，尽管有马歇尔援助计划，美元短缺依然是战后以来货币问题的核心。⊖欧洲国家设立了专门机构实行歧视性贸易政策，就等于承认布雷顿森林货币体系没有明说的一点：战后国际货币体系格局是非对称的，美国与美元的作用不可小觑。

　　欧洲支付联盟在很多方面与布雷顿森林货币体系是不同的：清算支付职

　　⊖　因此，欧洲经济合作组织（OECC）的第二份年度报告中就承认，直至马歇尔援助计划结束时，欧洲美元赤字减少的幅度还不足以无歧视解除货币管制 OECC（1950），pp247-251。

责归属于20世纪30年代沿革下来的国际清算银行，而不是国际货币基金组织；监管运行的管理委员会设在巴塞尔，而不是华盛顿；《自由化公约》并不是《协定条款》的附属品，其创立的欧洲经济合作组织为马歇尔援助计划的分配提供了便利。实际上，布雷顿森林货币体系由于没有成功恢复可兑换制度和实现经济复苏，其权威性大大下降。

如果有什么原因能够解释欧洲支付联盟与布雷顿森林货币体系的这些差异的话，那就是1947年和1949年的危机。这两次危机使美国意识到了战后调整问题的严重性。冷战的爆发促成了其重心的转移。苏联还是参加了布雷顿森林会议，虽然其代表只有在会议后数小时的酒会上才表现得较为活跃。当时，东欧还没有被纳入苏联的势力范围，换言之，苏联还没有能够威胁西方的政治稳定。但是到了1950年冷战发生时，苏联拒绝承担国际货币基金组织的成员国义务。在这样的情形下，美国更愿意支持歧视性贸易政策促进西欧经济的复苏与增长。

布雷顿森林货币体系权威性的下降不仅仅因为国际贸易组织胎死腹中，还因为国际货币基金组织和世界银行推诿了解决战后支付问题的责任。尽管世界银行在开始的7年里向欧洲提供的贷款超过其他大陆，但是从1947年5月向欧洲发放第一笔贷款到1953年年底，向欧洲提供的贷款总额为7.53亿美元，仅略高于马歇尔援助计划的5%。[⊖] 1947～1951年欧洲从国际货币基金组织的提款为8.12亿美元，稍稍比世界银行多一点。为监管可兑换货币运行并为临时性国际收支失衡提供资金而创立的基金组织，对全球普遍的不可兑换和持久国际收支问题处置不当，无力应对。为了增强美国对受援国金融事务的控制，国际货币基金组织同意美国的要求，不再向接受了马歇尔援助的国家提供信贷。尽管英国在1947年危机中需要更多的援助，但国

⊖ 世界银行向丹麦、法国、卢森堡和荷兰贷款用于进口英镑区的原材料与滋补品。但世界银行自身拥有的资金很少（美国是唯一提供资金的国家），通过在美国资本市场上按浮动利率筹措资金保持流动性。

际货币基金组织并没有增加对恢复可兑换制度国家的支持力度。《**备用协定**》（Stand-by Arrangement）订立于 1952 年，简化了获取国际货币基金组织资源的程序，但并没有增加可得资源。基于以上种种原因，可以表明国际货币基金组织没有能力处置战后的混乱局面。

国际收支问题与选择性管制

英国、法国和德国一直都处于欧洲货币事务的中心，这在 20 世纪 50 年代再明显不过了，虽然当时这三个国家及其货币都已退隐到美国及强势美元的阴影里去了。

二战与一战一样，提高了这三个国家劳动者的地位，让左翼劳工党有了可以依赖的力量。与一战以后所发生的一样，劳动者代言人施压要求提高工资、对富人多征税和扩大社会福利项目，现在这个清单又增加了管制利率、资本流动、物价和租金，扩大政府干预范围等要求。为了避免政治混乱，防止工厂遭受破坏，顺利实现经济的复苏与增长，欧洲必须对劳动者做出让步。

这项让步协议的达成过程相当曲折，但是重要举措还是由欧洲各国自行商定的。⊖社会主义党派为了扩大选举基础降低了他们的要求。工人同意保留私有财产，但条件是扩大国家福利；工人降低了工资要求，但条件是政府承诺充分就业与经济增长。

从国际收支调整的视角来看，对经济增长和充分就业的承诺是关键。在金本位制下消除外部赤字的方法是加息。⊜更高的中央银行贴现率推动整个利率水平上扬，抑制了存货投资和资本形成，将以牺牲国内经济增长与就业为代价，降

⊖ Maier（1983）的文献对此做了较好的介绍。Esposito（1994）特别考虑了美国政策的重要影响，以及欧洲战后政治安排的内在影响因素。

⊜ 这还是指中央银行可以影响国内利率的国家。开放的小经济体控制不了本国的利率，以本币标价的资产与外国资产是完全替代的，在这类国家，这个工具就无效，比如加拿大。参见 Dick 和 Floyd（1992）。

低经营活动水平，减少对进口商品的需求。任何一个强力推行这一政策的政府都会被视为不安好心，缺乏信用，并且会制造劳动者与资本之间的纠纷。⊖

因此，当欧洲各国遭遇国际收支问题时，不能用提高利率的方法进行调整，唯一能够运用的是外汇管制。事实上，这些限制措施与欧洲支付联盟成员国贸易伙伴所认可的政策是一致的。正在实施自由化的国家是例外，这些国家若实行外汇管制须得到欧洲支付联盟的许可并承诺是暂时的，增加了这项措施的可信度。⊜这就意味着，对所有从欧洲支付联盟国家的进口都实行外汇管制，将扭曲降到最低限度。

德国在 1950 年下半年发生了国际收支危机。朝鲜战争提高了德国进口原材料的相对价格，贸易条件恶化。在欧洲支付联盟运行的头 5 个月（1950 年 7 ～ 11 月），德国就用光了自己的额度⊜。德国政府与欧洲支付联盟签署了一项特殊协议，德国重新实行外汇管制并得到 1.2 亿美元贷款，作为交换条件，德国政府再次声明同意维持当前汇率水平，通过提高流转税、改革个人所得税和公司所得税限制消费。尽管进口管制不是消除外部赤字的唯一方法，但却是所有方法中最重要的一种。通过这些措施，德国战胜了危机。德国到 1951 年年中就偿还了欧洲支付联盟的特别贷款，德国的地位因此得到很大提升。德国经济继续强劲增长，成为欧洲支付联盟中有持续盈余的国家。

欧洲支付联盟管理委员会提供 1.2 亿美元贷款的条件是，德国再次保证

⊖　对战后解决方案的描述是一般化的，忽视了国家的多样性和战后社会契约的有效性。尽管英国和法国优先考虑经济增长和充分就业，但两国国内劳动关系的破裂削弱了劳资合作的效果。在德国由于驻扎了美军，东部工人涌入，劳动者谈判势力降低了。尽管德国在 20 世纪 50 年代末才实现了充分就业，战后最初几年生活水准和工业生产水平都很低下，仍然承诺优先满足经济增长目标。

⊜　美国虽然不是欧洲支付联盟的成员，却是管理委员会的一员，为其运作提供了 35 亿美元的流动资金，这更增强了可信度。因此，那些没有坚持与管理委员会谈判的国家，有可能得不到美国的援助。

⊜　这个额度根据 1949 年进出口数据进行了调整，与 1948 年成功货币改革后的高水平国际贸易相比，这个额度下降了很多。

外汇管制是暂时的。德国政府试图单方面改变贸易自由化措施。欧洲支付联盟特别顾问皮尔·雅各布森（Per Jacobsson）说服德国官员们制定与欧洲支付同盟的要求一致的、明确的进口管制时间。而且，在取得欧洲支付联盟贷款后，德国经济部长路德维希·艾哈德（Ludwig Erhard）不顾财政部长康拉德·阿登诺尔（Konrad Adenauer）反对，强行提高了税率和利率，后者担心提高税率和利率将会毁掉经济增长前景和社会和平。⊖

英国危机及其应对与德国的经历异曲同工。当朝鲜战争带来的商业繁荣慢慢平息后，英镑区的收入减少，国际收支问题就开始显现出来。⊖ 1951年年底，英联邦财政部长同意加强对美元区进口的管制，也同意背离欧洲经合组织公约的自由化计划。英镑复苏，很快就具备放松管制的条件。

虽然英国经济增长恢复了活力，当局政府还是不愿意通过央行贴现率变动来调整国际收支状况。1953年年平均失业率下降到1.8%，直到1958年都没有突破这个水平，政府完全可以做到调整利率而不招致失业指责，但当局政府还是不愿意运用这一工具。结果，英国政策"停停走走"，临近选举时实行降息、刺激消费需求和促进收入增长，之后再加息抑制需求，但为时已晚，危机已经无法避免。

法国20世纪50年代的经历也说明了贸易管制工具在调整国际收支上的重要性。在50年代初，德国只经历了一次国际收支危机，法国却是祸不单行，遭受了一系列的危机。这些危机发生原因都是入不敷出。对印度及其他地方的军费支出，加上雄心勃勃的公共投资、慷慨大方的津贴计划和住房补贴，都加重了法国的支出负担。在20世纪20年代，政府就如何支付这些开支并没有达成政治上的共识。1/3的选民支持共产党，因为他们主张增加对富人征税，削减支出。法兰西第四共和国的其他政党组建了一届届短命的政

⊖　参见 Kaplan 和 Schleiminger（1989），pp102-104。

⊖　政府在1951年10月的选举中落败，伊朗将英国持有的石油股份收归国有，美国和加拿大的贷款到了还款期，所有这些使问题更加恶化。

府，没有一届政府有能力解决财政难题。结果，政府雄心勃勃的现代化蓝图转变成了国际收支赤字。

1951 年这样的结局已经明摆着了。对印度的战争支出在增加，国际收支赤字耗尽了法国稳定基金储备，法国不得不频繁使用欧洲支付联盟的配额。为了解决问题，法国政府加强了进口管制并扩大了出口退税，暂停实施欧洲经合组织《自由化公约》规定的举措。更严格的进口管制，加上美国的资金援助，法国才最终战胜了危机。

1954 年根据欧洲经合组织《自由化公约》再次取消经常账户管制，但法国为了平息阿尔及利亚动乱和苏伊士危机，军费支出又开始增加。1956 年上台的社会党政府引入了养老金计划并增加了其他支出，自 1956 年年初到 1957 年第一季度花掉了一半储备。进口管制又一次加强了，要求进口商预先存入进口货物价值 25% 的保证金。1957 年 6 月，保证金要求上升到 50%，并再次暂停实施欧洲经合组织《自由化公约》。政府获得了国际货币基金组织的贷款，并使用了自己在欧洲支付联盟的头寸。

虽然这些措施让法国有了喘息之机，但并没有从根本上消除国际收支不平衡。8 月，法国实行了一项相当于贬值的措施（不需要经由国际货币基金组织商议），对外汇的买入与卖出增加 20% 的费用，但涉及原材料进出口的外汇买卖除外。2 个月后，这项措施适用于所有货物买卖。作为放松进口管制的补偿，法国从欧洲支付联盟、国际货币基金组织和美国获得了 6.55 亿美元的贷款。

但是除非解决了预算问题，国际收支问题才有可能得到彻底解决。到 1957 年夏天，这个事实再也无法视而不见了。与 1924 年的"法郎保卫战"一样，公众对连续不断的危机极为失望，最终拒绝妥协。法国组建了新内阁，经济上较为保守的费利克斯·盖拉德出任财政部长，接着盖拉德出任总理，提交了一份保证大幅削减赤字的预算书。不过，与 1924 年的情形一样，政府能否保持预算平衡还是个问题。阿尔及利亚局势继续恶化，1958 年春法国国内爆发了大罢工[⊖]。直到戴高乐组建了政府并由持正统财政理念的安东尼·皮耐（Antoine Pinay）执掌财政部时，危机才逐渐平息[⊜]。这也清楚地表明紧缩政策不会改变。专家委员会随即建议增加税收并削减政府补贴。尽管戴高乐不愿意接受所有削减支出的建议，还是同意增加税收并限制预算赤字。专家委员会、美国和法国的欧洲支付联盟伙伴一道要求法国重新履行对欧洲经合组织《自由化公约》的承诺。为了做到这点，法郎再次贬值，贬值了 17%。

货币贬值加上财政紧缩，达到了预期的效果。法国的外部账户由赤字变为盈余，外汇储备在 1959 年大幅增加。这为法国 90% 的欧洲内部贸易和 80% 的美元贸易的自由化提供了条件[⊜]。

货币贬值和财政修正的配合运用，从根源上解决了内部和外部失衡问题，这是法国在处理危机中的重要教训。光靠进口管制不能保证恢复国际收支平衡。与德国一样，法国还需要同步进行货币和财政改革。财政紧缩政策必须取得政治上的共识，与 20 世纪 20 年代的情形一样。在此之前，调整进口管制是维护汇率稳定的主要工具。

可兑换制度：问题与进展

这些周期性危机并不能否定恢复均衡方面所取得的进展。不过还有些有见地的观察家仍然认为美元缺口是战后世界的持久特征。他们的认知深受灾难深重的欧洲和工业强势的美国的影响，深信美国生产力的增长继续领先其他国家，长期保持国际收支盈余，其贸易伙伴将陷于连续危机之中^⑩。

⊖ 工人们抱怨自己在为国家的海外义务埋单。参见 Kaplan 和 Schleiminger（1989），p281。

⊜ 读者将发现这与庞加莱（Poincaré，1926）稳定化举措的相似之处——陷入了财政支出扩大的僵局，由富有超凡魅力的人重新组建政府并任命了专家委员会。

⊜ 参见 Kaplan 和 Schleiminger（1989），p284。

⑩ 对战后欧洲前景做悲观估计的相关描述参见 Balogh（1946，1949）、Williams（1952）和 Macdougall（1957）。

他们关于悲观前景的研究成果一面世，美元缺口就消失了。欧洲和日本经济都恢复了增长，贸易平衡状况得到了改善。欧洲吸引美国公司前往投资。继马歇尔计划之后，美国的海外军费支出和双边外国援助又形成每年20 亿美元的资金流出。正是美国，而不是其他工业国家，陷入了持续赤字。

从美国向世界其他国家进行的储备再分配，为经常账户可兑换制度奠定了基础。1948 年美国持有世界 2/3 以上的货币储备，在随后的 10 年里下降到一半。1958 年 12 月 31 日，欧洲各国恢复了经常账户可兑换制度。⊖1961 年国际货币基金组织公布了接受《协定条款》第 8 款的国家数量（见图 4-1），承认了国际货币事务的新状态。

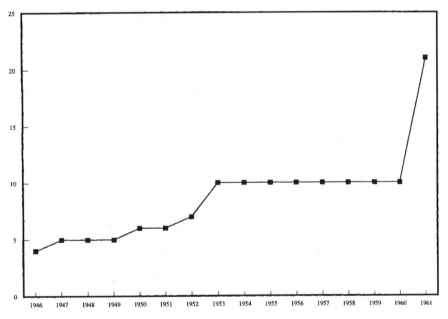

图 4-1　接受第 8 款的国际货币基金组织成员数量（1946 ～ 1961 年）

资料来源：International Monetary Fund, *Annual Report on Exchange and Trade Restrictions*, various years.

⊖　1954 年开始实施的欧洲支付联盟内部协议已经稳定实施，成员国在欧洲内部交易都可以有效完成货币兑换。根据欧洲经合组织公约条款放松了贸易的货币管制。但是直到 1959 年 1 月外汇市场开始运行时，经常项目账户的主要货币才实现完全可兑换。直到此时才可以说布雷顿森林协定得到了完全实施。

正如布雷顿森林协定的缔造者们认识到的那样，在两种可兑换货币之间实行钉住汇率制，需要为失衡提供信贷融资。越不情愿调整钉住汇率、提高利率和税收，就需要越多的信贷。放松资本管制的速度越快，就需要越多的资金抵消投机资金的外流。这就是 20 世纪 60 年代对国际流动性争论的主要内容。弱货币国家游说国际货币基金组织获得更多配额，增加国际储备。强货币国家反对提供更多贷款，认为更多贷款鼓励赤字国家透支。

与之前的金本位制一样，布雷顿森林体系自身也存在流动性问题，这使情况变得更加错综复杂了。与金本位制时一样，各国政府和中央银行用外汇作为黄金储备的补充。由于美国在国际贸易与国际金融中居支配地位，囤积了大量黄金，美元就成为这些政府和中央银行补充黄金储备的主要外汇。美国可以发生的国际收支赤字，等于外国政府和中央银行所希望储存的美元数量。美国可以提高利率限制这一数量，增加外国中央银行获得美元的成本。或者可以疏于管制，使国际货币体系流动性泛滥。无论怎样，国际货币体系新增流动性需求仍将依赖美元。

这种依赖性破坏了国际货币体系的对称性。布雷顿森林协定应该在其他国家宣布本币对美元的平价之前，要求美国宣布美元兑黄金的平价。但前提是这个体系随着时间的推移会趋向于更加对称。原本以为稀缺货币条款可以确保对盈余和赤字国家的调整，只要欧洲彻底复苏，国际货币基金组织的份额就能够满足全世界的流动性需求。但事与愿违，由于美元的首要储备货币地位日益牢固，国际货币体系更加不对称了。我们可以称之为"戴高乐问题"，因为这位法国总统对此进行最猛烈的批评。

法国立场的历史一致性令人惊叹⊖。自 1922 年热那亚会议以来，法国就一直反对赋予特定货币以特殊地位的任何方案。巴黎作为金融中心一直无法与伦敦和纽约相提并论，这限制了法郎标价资产的流动性，也降低了作为国际储备的吸引力。换言之，法郎不可能成为储备货币。我们在第 3 章中已经

⊖　参见 Bordo、Simard 和 White（1994）。

了解到，在 20 世纪二三十年代，法国为了提高纯金本位制的纯度，努力变现外国资产，结果压缩了流动性，加重了大萧条。戴高乐抨击美国"过高特权"，并扬言变现法国政府的美元资产，所持的立场是一以贯之的。⊖

　　还有一个问题是特里芬难题。罗伯特·特里芬是比利时货币经济学家，耶鲁大学教授，欧洲支付联盟的缔造者之一。他早在 1947 年就发现布雷顿森林体系发展的一个趋势，通过外国美元资产的增长来满足超额储备需求会导致这个体系的动态不稳定。⊜只有美元确凿无疑地能兑换黄金时，才有吸引力成为储备货币。但是，一旦外国持有的美元超过了美国的黄金储备，人们就会担心美元兑换黄金的可信度。1960 年美国的国外货币债务首度超过了其黄金储备，1963 年美国对外国货币当局的负债也超过了黄金储备。如果国外持有者试图兑换他们的储备，则他们的行为就有可能引发储户在银行外头排起长队的挤兑效应。正如人们会因为担心无法兑现而加入排队行列一样，各国也会赶在美元被迫贬值之前将美元资产兑换成黄金。⊜

⊖　Jacques Rueff 在 1930～1934 年担任法国驻伦敦大使馆金融专员，坚决反对金汇兑本位制，并且他还是 1958 年帮助戴高乐规划一揽子财政和货币改革的专家委员会主席。无论是在 20 世纪 30 年代还是在 60 年代，Rueff 及其在法国政府中的拥护者都认为，金汇兑本位制会使储备货币国家支出大于收入。储备货币国家起先过度扩张，然后被迫紧缩，造成了经济的繁荣和衰退交替时期（在第 3 章讨论了战争间歇相关事件）。解决问题的方法是恢复具有持久约束力的纯金本位制。Rueff 对此发表了一系列的文章，最为著名的是 1961 年 6 月发表的文章，文章指出 1926～1929 年、1958～1961 年两个阶段里，国际货币体系的发展具有相似之处。有两个事例可以说明，当欧洲国家积累"盎格鲁—萨克逊"国家货币时，英国和美国的通货膨胀速度加快了。他呼吁布雷顿森林货币体系的外汇部分，恢复到一个更接近金本位制的体系。参见 Rueff（1972）。

⊜　参见 Triffin（1947）。他在布雷顿森林货币体系启动可兑换性时再次发出警告（Triffin, 1960），得到了其他观察家的附和，Kenen（1960）。

⊜　特里芬担心，美国为了防止跌破 35 美元黄金平价，会转而实行紧缩政策，导致全球流动性严重不足。为了保卫本币，其他国家不得不做出同样的应对措施，引发类似于 20 世纪 30 年代的螺旋型通货紧缩。事实上，约翰逊政府和尼克松政府出于对国内状况的考虑，支持增加美元供给和允许美国通货膨胀水平的提高，所以真正的问题是美元超发和通货膨胀，而不是通货紧缩。美国试图与欧洲盟国建立黄金池并鼓励它们不把美元兑换成黄金来避免这种结果的发生。但最后，私人市场将美元兑换成了黄金，削弱了美元的地位。参见 Williamson（1997）和 De Grauwe（1989）。

显然，戴高乐与特里芬难题是有关联的。戴高乐是美国财政部的大债主，威胁将美元兑换成黄金，正是特里芬曾经警告过的情形：这会威胁到美元的稳定。⊖

特别提款权

面对特里芬难题，符合常理的反应是用其他国际流动性进行替代。这个方法并不是为了解决全球流动性短缺问题，而是通过用新的储备资产替代美元，防止发生特里芬所描述的情况危及布雷顿森林货币体系的稳定。⊖上面已经提到过，弱币国家赞同这一方案，强币国家则反对。美元既是强币又是弱币，这使问题的讨论变得复杂化了。美元是强币，因为美元仍然是主要储备货币，流动性替代品的出现可能削弱它的作用。美元是弱币，因为外国美元余额的增长，引发了人们对其可兑换性的疑虑，替代性资源的发展减缓了美国外部负债的增长，缓解了破坏美元稳定性的压力。考虑到这些纠结不清的因素，就不难明白美国在解决这些问题时为什么会颠三倒四、前后不一致了。

十国集团（Group of Ten，G-10）倡议协商创立追加储备。十国集团是工业国家俱乐部，自视为继英美代表之后布雷顿森林货币体系的主导者。1963 年成立的由高官组成的代表团，建议扩大国际货币基金的份额，并建议将份额分配给少数工业经济体，让后者负责向其他国家发放附加条件的贷款。

虽然这个提议在工业国的官员眼里言之有理，但它没有考虑到已经形

⊖ 虽然美国既有外国资产，也有外国负债，但资产与负债期限的不匹配使之暴露在类似银行挤兑的国际风险中。Emile Deprés 和 Charles Kindleberger 的观点的缺陷就在于忽视了银行挤兑问题，他们认为美国只是充当了世界的银行家，借短贷长而已。

⊖ 可想而知，市场会通过将其他国家提高到储备货币地位来自行解决这个问题。但是普遍的管制和狭窄的市场阻碍了德国马克、法郎和日元等货币储备地位的显著提升。唯有英镑拥有广泛的市场，但出于本章中解释过的原因，它已经逐渐丧失了作为储备货币的吸引力。

成的第三世界国家。[一]发展中国家充分参与了布雷顿森林货币体系：许多国家在贸易限制和资本管制的保护下，已经实行了很长时间的钉住汇率制。与金本位制条件下的遭遇一样，这些国家受到了特别严重的国际收支冲击，也进行了比工业国家更频繁的贬值。[二]由于第三世界国家数量不断增加，并形成了它们自己的组织，第三世界领导者们认为，其国际收支资金需求至少与工业国家的水准持平，并主张将追加的资源直接分配给最需要的国家（第三世界国家），还认为不宜在十国集团讨论这个问题。于是努力追加储备问题，就与追加储备的合理分配问题纠缠在一起讨论了。

1958 年年底，国际货币基金组织份额共计 92 亿美元，比最初的 88 亿美元略有增加，原因是允许那些没有出席布雷顿森林会议的国家加入基金组织（与此同时，苏联没有加入，波兰退出）。1944 年以来经济不断扩张，国际货币基金组织到 1959 年同意将份额增加 50%。[三]不过自 1944 年以来，世界贸易中的美元价值翻了一倍多，相对国际贸易而言，基金组织的资源甚至没有恢复到怀特计划的适度水平。1961 年，后来组成十国集团的 10 个工业国家，同意通过《借款总协议》向国际货币基金组织提供价值 60 亿美元的本币。但是这并没有增加基金组织的配额，只是扩大了基金组织的特殊货币的供给，而且获得这些资金需要附加条件，满足十国财政部长们提出的要求。[四]1966 年基金配额增加了，但只增加了 25%，因为比利时、法国、意大利和法国不同意增加更多。[五]

最后，人们终于找到了解决的办法，通过《协定条款第一修正案》创立了特别提款权。工业国家和发展中国家之间的冲突在于，两者都坚持认为自

[一] Gardner（1969）、Eichengreen 和 Kenen（1994）介绍了这个内容。

[二] Edwards（1993，p411）指出在 1954～1971 年，在约 50 个发展中国家共发生了 69 次大幅度贬值。

[三] 当时的强币国家美国，在最初两个 5 年评估中反对增加配额。

[四] 参见 Horsefield（1969），第一册，pp510-512。

[五] 他们提出在 1970 年，第 3 次增加 30%。

己应该分到大于自己缴纳份额的追加资源。解决这个冲突的直接办法就是，按照相同百分比增加所有的配额。但是，更为棘手的是工业国世界中的弱币国家与强币国家之间的冲突，弱币国家为了解决国际收支问题希望得到更多贷款，强币国家则担心更多贷款会导致通货膨胀。由于担心会削弱美元的主要货币地位，美国开始反对创立类似于特别提款权的工具。在1964年国际货币基金组织年会上，一直反对美元不对称地位的法国，提议创立特别提款权工具，但遭到了美国的百般阻挠。戴高乐从来都不畏惧挑衅，随即提议回归金本位制，这是仅有的另一个可以恢复国际货币体系对称性的途径，法兰西银行加快了将美元兑换成黄金的步伐。

这些潜在的威胁迫使美国政府转变了思路。距美国外部美元负债超过国家黄金储备已经有了5年之久，由于伦敦黄金价格大涨，超过了美国财政部钉住的纽约黄金平价，这意味着，交易者认为美元很有可能贬值。现实明摆着，美元的国际货币地位不再是牢不可破的。1965年美国态度大转变，支持特别提款权的分配，细节问题在国际货币基金组织1967年的里约热内卢会议上最终达成了一致。法国提出了一个合法不合理的要求，方案只有在调整过程"运行更好"时才能付诸实施，换言之，要求美国消除国际收支赤字。

到1969年美国按要求实现了国际收支盈余，允许在1970年提请首次特别提款权分配，这个问题不再构成流动性不足。20世纪60年代美国国际收支逆差导致国际储备膨胀，人们有足够理由相信1969年的紧缩政策只是暂时的。其他工业国家日渐扩张的货币政策进一步扩大了流动性规模。特别提款权的分配提供了更多的流动性，这在通胀环境里使用是非常不合时宜的。谈判不可避免地延迟了，政策制定者们逆行倒施，以不利于今天的措施去解决昨天的问题。

如果尽早更多地分配特别提款权，是否能够避免这些不稳定呢？可以肯定的是，如果通过这种方式满足了流动性需求，就完全没有必要增加政府的美元储备了。如此一来，美国为了保卫美元，将被迫严格控制赤字规模，以解决特里芬和戴高乐难题。问题在于，美国从何处着手做起？有相应的工具可以运用吗？随着美国军备支出和社会计划支出的增加，削减支出政策是不可行的。只有通过调整可调整钉住汇率的办法，才能解决外部失衡问题，而这个方法是包括美国在内的任何国家都不愿意采用的。

放松管制和增加刚性

与此同时，随着贸易限制的解除，布雷顿森林货币体系调节机制的局限性就更突出了。恢复经常账户可兑换后，不再可能实施更严格的进口许可证制度了[⊖]，剩下的就只能要求贸易伙伴降低关税了。1958 年美国贸易平衡状况恶化时就采用了这个策略，提议召开新一轮的 GATT 谈判。但是直到 4 年后的 1962 年的狄龙回合才得出结论，这个机制运行速度滞后于解决投机压力所需要的速度。

各国政府仍然试图通过操纵资本账户来纠正失衡。资本流动管制更加严格。为了抑制国内居民投资外国债券，实施了诸如**利息平准税**（interest equalization tax）之类的措施。但是，阻止资本外流只是拖延了时间而已，导致资本外流的问题并没有从根本上解决。也就是说，通过国内政策实施了权宜之计，并没有提供有效的调节机制。

资本管制有效性的测度指标是抛补利差的大小（利率根据外汇远期贴现率所做的调整）。毛里斯·奥伯斯菲尔德（Maurice Obstfeld）计算了 20 世纪 60 年代的利差，发现英国是 2 个百分点，大于德国的 1 个百分点。[⊖]利差的不同不是由于预期汇率的变化，而是资本管制的结果。理查德·马斯顿（Richard Marston）比较了欧洲英镑（离岸）利率与英国英镑（国内）利率

⊖　不过，20 世纪 50 年代的做法仍然在起作用，1951 年英国强制征收 10% 的海关附加税和消费税，1964 年加收 15% 附加税，1971 年尼克松总统征收 10% 进口附加税。

⊖　参见 Obstfeld（1993b）。Aliber（1978）、Dooley 和 Isard（1980）也做了类似的计算，得出相同结论。

之间的抛补利差（这样的优点在于排除了国家风险，国家风险是指一个国家很可能拖欠生息债务的风险）。时间跨度是 1961 年 4 月至 1971 年 4 月，在 1961 年 4 月英格兰银行首次公布欧洲英镑利率，1971 年 4 月布雷顿森林货币体系即将寿终正寝。在此期间平均利差为 0.78%。马斯顿的结论是，管制"很明显……对利差有显著影响"。[⊖]

1974 年，潘迪·柯尔利（Pentti Kouri）和迈克尔·波特（Michael Porter）研究了资本流动对国际收支的影响，研究发现澳大利亚、意大利和荷兰的国内信贷变化被国际资本流动抵消了一半，在德国为 2/3 ～ 3/4。[⊖]这项研究表明，尽管国际资本流动会对信贷状况的变化有抵消作用，但货币政策还是能够发挥一定的作用。尽管有一部分国内信贷会流出国外换取美元，中央银行还是可以改变国内货币条件。由于政府不愿意改变汇率或抑制国内需求，因而短期内可以协调内部和外部不均衡的措施就只有管制资本流动了。

可以肯定的是，随着经常账户可兑换性的恢复，资本管制实施难度会加大。通过虚开发票很容易将资金转移到国外，跨国公司的发展也为经常账户交易提供了新渠道，正如欧洲货币市场的发展一样，为资本流动提供了便利。一旦欧洲放松对银行往来业务的管制，伦敦银行就开始接受美元存款，用更高的利率将美国银行的资金吸引过来，因为美国的银行存款利率受 Q 条例规定的上限约束。当欧洲美元储户开始担心美元的稳定性时，就会将存款兑换成欧洲德国马克。尽管欧洲货币交易数量受到限制，但由于离岸美元规模越来越庞大，美国政府在边境上实施资本流动管制变得有心无力，效果不尽如人意。

有关布雷顿森林货币体系的研究文献中，最有争议的问题莫过于：为什么各国不愿意以贬值来应对外部失衡呢？事实上，由于布雷顿森林货币体系的缔造者们担心频繁调整平价可能会破坏贸易秩序，于是设法限制平价调整。各国在变动平价之前必须得到基金组织的认可，但如此一来就会事先泄露到市场上，

⊖　参见 Marston（1993），p523。

⊖　参见 Kouri 和 Porter（1974）。

引起市场动荡，因而这一规定打消了各国调整平价的念头。虽然不经基金会协商就可以频繁地小幅贬值或重估，但这可能只会导致市场的不稳定：可能被认为过小的调整幅度不足以恢复平衡，而且小幅调整可能被视作当局会进一步调整汇率的证据。德国与荷兰 1961 年重估就属于这种情况。此外，还规定只有在有证据表明一国处于基本失衡状态，并可能出现严重后果时，才允许大幅贬值货币。政府承受着巨大的压力，认为或许事态不至于发展到基本失衡，不得不打肿脸充胖子，重申维持当前汇率的承诺，以避免刺激资本外逃，致使形势进一步恶化。但这种改弦易辙的努力只会导致更坏的结局。[⊖]

"有管理的浮动"体制下，这些反常激励导致汇率缺乏弹性。日益增长的资本流动和变本加厉的资本管制激化了矛盾。外部弱势将引发资本外流大潮。政府必须做出更严正的声明，承诺采取更强硬的措施保卫本币。如果贬值就等于承认彻底的失败。[⊜]

加息或紧缩财政政策，在消除国际收支赤字方面基本上没有用武之地。战后社会契约中，要求工人降低工资要求，资本家将利润进行再投资。但是只有当这样的契约能带来高增长时，才具有吸引力。因此，肯尼迪在 1960 年竞选总统时承诺 5% 的经济增长率。1962 年英国大选时，两大政党都承诺了 4% 的增长率。[⊜]这样的承诺没有给削减支出政策留下多大余地。

在这样的情形下，布雷顿森林货币体系居然能存续到 1971 年，着实让

⊖ 正如 Akiyoshi Horiuchi（1993，p102）描写的日本，在 20 世纪 60 年代中期之前，日本一直饱受国际收支困难之苦，由于日本政府担心"贬值会被认为公共事务管理经济政策中最致命的错误"，拒绝通过日元贬值来恢复国际收支外部平衡。John Williamson（1977，p6）也认为："调整汇率被误认为是承认调整过程的失败。"Richard Cooper（1971）的研究显示，在货币贬值之后跟着就是财政大臣下台，这一窘境表明这么做的代价很大。当然对于强币国家而言，重估的结局不会那么惨。但是这将损害交易商品的生产商的利益，生产商是较为集中的利益集团，因此重估需要付出政治代价。因而不可能随随便便地采用某种方法来解决布雷顿森林货币体系的难题。

⊜ Yeager（1968，p140）认为政府之所以不愿意实行贬值，是因为害怕"挫伤公众信心和加重投机问题"。

⊜ 有关讨论参见 James（1995）。

人吃惊。据说主要的原因是各国政府和中央银行之间的国际合作。⊖这与当年危机中维持金本位制的制度保障合作十分相似。由于主要货币得到了国际支持，布雷顿森林货币体系得以苟延残喘。央行行长们和官员们每月聚集在巴塞尔的国际清算银行商议事宜，欧洲经合组织经济政策委员会三方工作组为信息与观点的交流提供了平台。⊜1961 年，为了应对德国马克在 3 月 4 日重估给英镑带来的巨大压力，主要国家中央银行同意进行**互换安排**（swap arrangement）。根据互换安排，各国央行暂时保留弱币国家货币，而不是要求其兑换成黄金。根据这些安排条款，1961 年英国获得了近 10 亿美元的支持，1964 年当英镑再次受到攻击时，纽约联邦储备银行向英国提供了一项 30 亿美元的特别信用额度。实际上，这类中央银行合作是 20 世纪 20 年代的特征，并时隔 30 年后再度复兴。

其他合作的例子还包括《借款总安排》，德国和瑞士禁止向外国存款支付利息，⊜1961 年 11 月，英国、瑞士和欧共体（EEC）成员国创建的**黄金池**（gold pool）也属于这类合作。到 1961 年，美国境外美元兑黄金的比价已经超过意愿比价每盎司 35 美元，美元的相对价格在下跌（也就是说，黄金的市场价格涨到 35 美元以上）。各国中央银行相应地从美国财政部将美元兑换成黄金的意愿不断增强。鉴于这种情况，工业国家建立了黄金池，在这一安排下，各国保证不兑换美元外汇并卖出黄金，减轻美国的压力。㉓

对提供外国援助的政府和中央银行而言，这些援助并不是没有成本的，因为无法保证能按时收回短期贷款。㉕因此除非受援国承诺进行调整，确保

⊖　即便这个主题贯穿本书，Fred Block（1977）也强调了这与布雷顿森林时期的特殊关系。

⊜　关于这些举措参见 Roosa（1965）和 Schoorl（1995）。

⊜　德国禁止向新增外国存款支付利息，瑞士实际上对外国存款征收 1% 的税收。

㉓　在实践中，这个安排通过外国中央银行和国际清算银行提供外币及美元贷款来实现。美联储通常是借款购入境外美元而不是卖出黄金。

㉕　当通过黄金池安排获得的短期贷款到期时，美国财政部打算向外国中央银行发售鲁沙债券（针对美元贬值带来资本损失进行担保而发行的政府债券），延长贷款到期日。这是短期贷款不能很快归还的一个例子。参见 Meltzer（1991）。

援助款项用在刀刃上并产生预期效果，否则其他国家是不愿意提供援助的。当美国拒绝将保卫黄金的美元平价目标置于其他经济政治目标之上时，其他伙伴国家就对支持美元兴趣了无了。英国、瑞士以及欧共体各成员国将在伦敦市场出售黄金所得的 40% 贡献了出来，由于美国明确表示拒绝调整，这些国家认为将不得不一直提供占总量更高比重的资金。一贯对此类安排持怀疑态度的法国于 1967 年 6 月退出了黄金池，迫使美国提高了缴纳的金额。英镑贬值削弱了人们对美元的信心，黄金池成员国不得不在一个月内卖出 8 亿美元黄金，凶兆毕露。次年春天，这一安排就宣告结束了。为了防止美联储的黄金耗尽，黄金的官方价格仍然不变，但允许私人交易的黄金价格上涨。当私人市场黄金交易价格飙升到 40 美元时，其他国家的中央银行就更有从美联储以 35 美元每盎司的价格换取黄金的强烈动机。其他中央银行也对支持美元的代价一目了然了。布雷顿森林国际货币体系旋即瓦解也就在情理之中了。

由于美国加强了资本管制，将瓦解的日期又延后了几年。继 1964 年 9 月开征利息平准税后，美国还限制银行和公司向境外的资金转移。1965 年，这些措施进一步强化。随后美国卷入的越南战争升级，这些举措在 1966 年和 1968 年再次被强化。

英镑保卫战

英镑和美元保卫战清楚地显示了黄金价格上涨给布雷顿森林货币体系带来的压力。正如我们在前面看到的，建立并保持英镑经常账户可兑换的努力可以追溯到 1947 年。美国将英镑视为美元的第一道防线，英镑仍然稳坐重要储备货币的第二把交椅，也是英联邦成员国的主要国际储备形式。因而英镑贬值将动摇市场对整个储备货币体系的信心。没有哪个观察家会忘记 1931 年，那年英国放弃金本位制后引起资金逃离美元，迫使美联储逐步提高了利率。

英国排除万难，竭力保住 2.80 美元的汇率。与西欧和美国相比，英国产出增长缓慢。⊖此起彼伏的英国工会运动，使谈判协商、工资控制和以抱团的欧洲国家方式投资等都变得困难重重。外部负债高筑，保持英镑储备货币地位的努力增加了金融体系的脆弱性。如果有哪个国家反对浮动汇率，那一定是英国。1952 年各国曾经充分讨论过英镑可兑换和浮动汇率的可行性（所谓 ROBOT 计划，是以其发起者的名字命名的，他们是 Rowan、Bolton 和 Otto Clark），但由于担心浮动汇率下英镑可能不稳定，而突然的贬值可能引发通货膨胀和劳动市场动荡⊜，最终被否决了。与此相反，1958 年年底，英国朝着固定汇率的可兑换制度艰难跋涉。

图 4-2 显示了预期贬值率的估计值（隐含贬值概率乘以贬值发生时预期贬值数值）⊜。1961 年贬值率期望值上升趋势明显。1959 ~ 1960 年，经济增长加速，进口的增加使原本适度的经常账户盈余变成了大量赤字。价格竞争劣势使出口乏力，难以扭转局面。无形收益增长停滞，出现了类似 1931 年的情形。高利率吸引短期资本流入，弥补了这个缺口。1961 年 1 月银行利率提高了 5 个百分点，6 月再次提高了 2 个百分点，10 月、12 月分别将利率削减至 5.5%、5% 后，又逐渐提高到次年 7 月的 7%。加息伴随着紧缩

⊖ 20 世纪 50 年代英国年平均增长率为 2.7%，而美国为 3.2%，整个西欧为 4.4%。根据 van de Wee（1986）的计算，20 世纪 60 年代的相应数据是，英国 2.8%，美国 4.3%，西欧 4.3%。

⊜ 英镑原本可以在更大幅度（2.40 ~ 3.20 美元）内浮动。不过浮动汇率违反《协定条款》，不能获得基金组织的资源。说实话，确实有几个国家，最典型的是加拿大，在 20 世纪 50 年代实行了浮动汇率，不过在整个期间加拿大都是资本流入，根本用不到基金的提款权。

⊜ 运用趋势调整法估计得出，即远期贴现率百分比减去汇率在区间内的预期贬值率（通过对连续时期汇率的实际变化与区间中的汇率位置及进行回归后计算得出）。图 4-2 就是运用回归方法得到的，在这个计算中，将 1967 年 3 季度之前的时期加入一个虚拟变量，当作额外的独立变量（尽管最终得出系数很小，但统计上不显著）。资本管制使这个方法变得复杂，因为英镑与美元之间用本国货币标价的回报率差异，不仅要考虑预期利率的变化，而且要考虑规避管制的成本。尽管使用欧洲货币差价可以避免这个问题，但又会遇到另一个问题，因为在这个时期期初欧洲市场相对薄弱。庆幸的是，用欧洲市场利差代替远期贴现率后得出的结果非常相似。

财政政策，1961 年 4 月政府预算计划全面缩减赤字，7 月财政部长宣布对进口征收 10% 附加税、征收关税并削减一系列的支出。这些措施成功地稳住了市场。

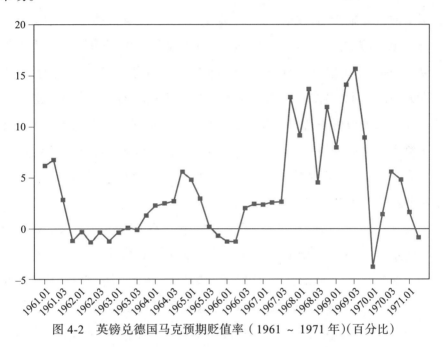

图 4-2　英镑兑德国马克预期贬值率（1961 ～ 1971 年）（百分比）

资料来源：Calculations by author. Sterling interest rates from Bank of England, *Quarterly Bulletin*, various issues. Other data from International Monetary Fund, *International Financial Statistics*, various years.

这些削减支出的措施，在布雷顿森林货币体系下，各个国家都是很抵触的。英国也不例外，1961 年的紧缩力度还不是很大。不过，财政举措往往被认为是暂时的，失业率至多允许从 1961 年的 1.6% 上升到 1962 年的 2.1%。政策调整幅度以能够维持国际共同体的运行为限。1961 年 3 月，欧洲各国中央银行为了保卫英镑实施了大量干预，英国从国际货币基金组织提款 15 亿美元，根据备用协定又追加了 5 亿美元。可以说，国外援助在稳定市场方面发挥的作用不亚于国内措施。

1962 年波澜不惊，但 1963 年却是一个世纪以来英国最难捱的严冬（失业率上升了），戴高乐否决了英国欧共体成员国的身份，而预选结果未卜。1964 年 1 月，商品贸易赤字创新高，经济再度急速扩张，保守党政府不愿意在选举前夕实施紧缩措施，10 月工党 13 年来首次赢得选举，组建了政府。

哈罗德·威尔逊（Harold Wilson）新组建的内阁反对贬值。由于经济扩张结果使社会接近充分就业水平，他们担心如果贬值会被视为"贬值"党。⊖政府唯一可以选择的是紧缩财政措施，不过政府仍然举棋不定。11 月财政部长在预算报告中透露了政府的犹疑，危机升级。为了克服危机，政府加强了资本管制，动用了国际货币基金的 10 亿美元备用信贷、来自 11 个国家的 30 亿美元最高额度贷款。美国担心投机压力会波及美元，极力要求英国抵制贬值，并带头积极筹划外国援助。

但由于调整没有到位，国外援助只能推迟不可避免的结果的降临。如图 4-2 所示，1966 年开始了新一轮熊市，但到了 1967 年上半年，由于采取了紧缩财政措施，又获得了 13 亿美元的国外贷款，市场预期没有进一步恶化。1967 年六日战争（Six-Day War）中关闭了苏伊士运河，贸易再受重挫，对威尔逊的 1968 年大选很不利。但威尔逊寄希望于美国经济很快会繁荣起来，帮助他安然度过大选年。但是，法国外交部长莫里斯·顾夫·德姆维尔（Maurice Couve de Murville）对英国政府的措施不得力大失所望，发表质疑英镑稳定性的言论，也对英国继续获得外国援助的前景表示怀疑，境况瞬间逆转变差。⊖

在这种情形下，资本纷纷外逃。国际货币基金组织提供贷款的条件是实

⊖ 参见 Cairncross 和 Eichengreen（1983），p164，作为左翼政党的代表，威尔逊理所当然地应该抵制贬值。作为比较，还可以参考第 5 章 1981 年的法国社会党政府。

⊖ 熟悉近代金融史的读者或许会发现，莫里斯·顾夫·德姆维尔的这番言论与德国央行行长赫尔莫特·施莱辛格（Helmut Schlesinger）在 1992 年的评论很相似，直到贬值前一周都还没有任何征兆，就与 1931 年和 1992 年（将在第 5 章介绍）一样。威尔逊首相的回忆录证实了我们对贬值预期估计得出的结论：直到发生前一刻，市场并没有表现出贬值的极大可能性。参见 Wilson（1971），p460。

施严格的紧缩政策，这个条件是英国政府很不愿意接受的，别无他法，只能贬值。1967 年 11 月 18 日，英镑的外部价值下挫了 17%。国际货币基金组织仅在贬值前 1 小时得知这个消息（1949 年是提前 24 小时获悉），这反映了资本市场自由化和事态发展速度大幅提高。

美元危机

1960 年 10 月，私人市场黄金价格飙升到每盎司 40 美元。约翰·肯尼迪（John F. Kennedy）在次月的大选中获胜，导致资本外流，黄金价格进一步上涨。市场似乎重蹈 1932 年罗斯福当选时反应的覆辙，人们担心这位保证"让美国不断进步"的总统会发现贬值势在必行。⊖

市场这样的反应说明，自 20 世纪 40 年代以来，虽然 35 美元每盎司的金价纹丝未动，⊜但形势已经发生了深刻的变化。布雷顿森林货币体系的储备仰仗更多的美国政府外债和美国黄金储备的下降，这使美元陷入了二战结束时英镑的境地。美国只有改善经常账户状况才有可能控制局势，观察家们的结论与 20 世纪 40 年代时对英镑所做的一样：必须贬值。美国政府也和当年的英国政府一样，试图加强资本管制来缓解贬值压力，当事态更恶化时，对进口加收了附加税。

艾森豪威尔总统在 1961 年 1 月离任前发布禁令，禁止美国人在国外持有黄金。肯尼迪随后又禁止美国公民收集金币，并向美国大使馆增派商务官员，推动出口增长。为了促进旅游收入，美国简化了签证手续，进出口银行扩大了出口信用保险业务。财政部试着发行外国货币标价的债券，美联储作为其代理人干预远期市场。⊜为了鼓励外国政府持有美元资产，1962 年国会

⊖　实际上，由于美元稳定事关威望，肯尼迪绝对不愿意这么做。

⊜　德国和荷兰在 1961 年 3 月 5 日重估本币贬值了 5% 后，再次表明有比美元更有投资吸引力的货币。这进一步证实了这则信息。

⊜　1962 年美联储自二战以来第一次用自己的账户对外汇市场进行干预。

取消了外国货币当局定期存款上限。1963 年 7 月提议对美国人购买其他工业国家发行的债券征收利率平准税，1964 年 9 月开始实行，使长期外国债券收益减少了 1 个百分点。1965 年引入了对商业银行向国外提供贷款的自愿限制措施，随后扩大到保险公司和养老基金。1968 年 1 月，对金融中介机构的一部分限制措施强制实行。

肯尼迪和约翰逊政府采取的一系列措施陷入了尴尬境地。他们意识到了美元问题的严重性，却只愿意治标而不是治本。治本要求改革国际货币体系，降低美元的国际储备货币地位，而这又是美国仍然不愿意做的。

如果没有国际合作，这种情形是无法持续的，正如我们讨论过的伦敦黄金池的例子一样。此外，1962 ~ 1963 年美联储进行了一系列互换安排的协商。根据协商，外国央行向美国提供本币贷款。美联储干预即期和远期市场，力挺美元，德国中央银行和欧洲其他央行也基于美元利益协同干预。虽然流通性受限，外国中央银行还是购买了鲁沙债券（对美元贬值带来的资本损失提供担保的美国政府债券，以财政副部长罗伯特·鲁沙的名字命名）。

美国的撒手锏是破罐子破摔：如果外国中央银行不支持美元，外国政府不鼓励从美国进口，则美国将摧毁贸易和货币体系。由于美元是布雷顿森林货币体系的支柱，也由于对这一体系如何改革、何去何从还没有定论，外国政府才出手相助。

但是，外国政府和中央银行能够提供的援助还是很有限的。在改革环境很不确定时，没有哪个国家希望布雷顿森林货币体系瓦解，但是维持体系所需的援助还是有可能超出可接受的范围，比如德国中央银行大量购入美元可能引发通货膨胀。德国通过外汇干预支持美元引发德国和美国物价在中期轮番上涨。即便如此，在德国看来美国的通货膨胀还不是很严重，但有恶化的风险，尤其是随着越南战争升级，可能迫使美国将物价与汇率稳定目标推后，屈从于其他目标。外国援助越广泛，则美国越有动机不计代价地制造通货膨胀和国际收支恶化，这就让担心通货膨胀的德国越难以接受。法国原本拒绝但转而又接受了其他国家对法国军工企业的资金支持。合作只是一时的，由于没有通过国际货币基金组织进行有效的制约，很难长久。外国政府很难相信美国政府会实施调整政策。

实际上，有证据显示美国的货币增长、过度通货膨胀和预算赤字并没有严重到失控的程度。[一]1959 ~ 1970 年，尚处于布雷顿森林货币体系可兑换时期，美国年均通货膨胀率为 2.6%，低于其他 G-7 国家。以 M1 计的货币增长率，在 1959 ~ 1971 年每年都比 G-7 国家要缓慢。[二]尽管人人都抱怨美国财政政策过于宽松，美国的预算赤字并不是特别大。[三]

那么，宽松的财政和货币政策怎么可能造成美元挤兑呢？问题的关键在于，美国仅做到保持与他国一致的通货膨胀率是远远不够的。战后重建一旦完成，由于具备技术后发优势，原本落后的欧洲和日本经济增长速度将超过美国。低收入水平的国家在高速发展过程中能够承受相对较快的通货膨胀（可以用 GNP 平减指数等经济指标衡量）。随着收入的增长，服务的相对价格上升，服务部门生产率增长幅度是最小的［这一现象被称为**巴拉萨 – 萨缪尔森效应**（Balassa-Samuelson effect）］。由于服务部门产品无法进行国际交易，这一部门价格快速上升反映在 GNP 平减指数上，但并不影响产品出口竞争力。因此，欧洲和日本经济增长速度比美国快，能够承受更高的通货膨胀率。[四]比如日本，在整个布雷顿森林货币体系期间，以国际标准来看，日本

[一]　Cooper（1993）强调了这一点。

[二]　美国调整更快的产出（和货币）增长率后，只是稍稍改变了这一结果。1961 年后，G-7 其他国家的货币增长率减去产出增长率之差高于美国，并且在 1961 年这一结果仅略低于美国。这些变量的表现并不是未来通货膨胀加速的先兆。在布雷顿森林货币体系存续的最后几年，G-7 其他国家的货币增长率都超过了美国。

[三]　关于货币增长、过度通货膨胀和预算赤字可参见 Darby、Gandolfi、Lothian、Schwartz 和 Stockman（1983），Bordo（1993）。

[四]　在讨论 1992 年欧洲货币体系危机根源时我们持有相同的观点，对那次危机的主要解释是由于西班牙、葡萄牙等国的通货膨胀。由于它们在欧共体成员中收入相对较低，经历了快速经济增长，在巴拉萨 – 萨缪尔森效应的作用下，高通货膨胀造成的出口产品竞争力的下降可能被高估了。

的通货膨胀率是很高的（见图 4-3）。

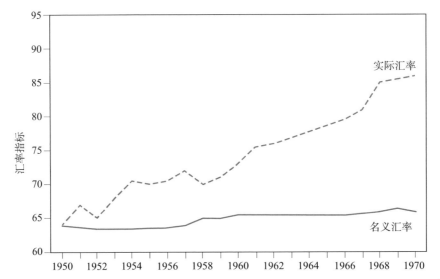

注：实际汇率指数是日本物价水平，除以 11 个欧洲经合组织国家国内美元物价水平的集合平均。

图 4-3　日元的实际汇率和名义汇率

资料来源：Penn World Tables (Mark V), described in Summers and Heston 1991.

　　吸收美元而不是迫使美元贬值，各国中央银行的做法导致国内通货膨胀更加严重。⊖但通货膨胀容忍度是有限的，比如德国就不能容忍通货膨胀率超过 3%。⊜由于缺乏美元汇率变化机制，因此美国的通货膨胀率必定大大低于这个水平。虽然德国在 1961 年和 1969 年进行了适度重估，但基于上述原因，还是对汇率变动犹疑不决。只有当美国通货膨胀率低于 G-7 其他国家

⊖　从这个角度可以理解美国通货膨胀率为何会低于国外，美国仍然是这个过程的发动机。

⊜　在布雷顿森林货币体系可兑换期间，德国 GDP 平减指数平均增长率为 3.2%，意味着 G-7 国家为 3.9%。参见 Bordo（1993）。

水平时，德国才会进行调整。⊖在市场流动性很强的世界，失之毫厘，谬以千里，政策毫厘之差都可能酿成一场危机。⊜

1971 年春，德国看到大量美元兑换成德国马克，由于担心发生通货膨胀，终止了干预，允许马克上浮。荷兰紧随其后，其他欧洲货币也进行了重估。但一旦开始抛售美元，就很难停下来。在 8 月的第 2 个星期天，有媒体报道称法国和英国计划将美元兑换成黄金。尼克松总统在 8 月 13 日的周末关闭了黄金窗口，停止向持有美元的外国政府按承诺的每盎司 35 美元或其他价格兑换黄金。美国向进口商品征收 10% 的附加税，向其他国家施压重估货币，借此摆脱必须贬值的窘境。美国并没有提前与国际货币基金组织磋商，而是先斩后奏，事后才通报相关计划。

在随后的 4 个月里，工业国家对国际货币体系改革进行了广泛的协商，最终在华盛顿的史密森尼（Smithsonian）会议上达成一致。在欧洲各国的坚持下，美元贬值幅度控制在较适中的 8%。受日元、瑞士法郎、德国马克和比荷卢货币重估影响，其余货币相对价格变化浮动区间在 1% ~ 2.25%。美国取消了进口附加税，但并没有重启黄金窗口，如果继续实行钉住汇率制，只有通过相关国家政府和中央银行干预才能实现。调整依赖于 1971 年夏欧洲货币重估的效果。

显然，并没有发生根本的改变，尽管尼克松曾不无嘲讽地回顾说，史密森尼协定是"有史以来世界上最重要的货币协定"。特里芬难题仍然没有得到解决，全球黄金储备的美元价值仅略有上升。欧洲货币重估增强了美国出

⊖　与 1992 年 EMS 危机惊人地相似。由于德国统一导致需求转向德国工业产品，因此 1992 年其他国家物价水平的上升必然低于德国。德国中央银行不支持显著加速的通货膨胀，也不愿意改变欧共体内部汇率，只能通过国外的通货紧缩才能实现调整。不过德国的 EMS 伙伴国发现很难办到这点（这与 20 世纪 60 年代的美国一样）。1991 ~ 1992 年，其他 EMS 国家如法国的通货膨胀率确实低于德国，但还是没有达到国际收支平衡和稳定汇率所需的幅度。不管从哪个方面来看，这些国家的困境与 20 世纪 60 年代的美国非常相似。在市场流动性很强的世界，失之毫厘，谬以千里，政策毫厘之差都可能酿成一场危机。

⊜　Peter Garber（1993）证明了政策微小偏差累积成 1971 年的一场美元投机性攻击。

口商品的竞争力，但由于缺乏其他政策配合调整，效果只是暂时的。美国政策依然偏向扩张，这与将美元与其他货币相挂钩政策是不相容的。1972年大选临近时，美国货币总量年增长率超过了6%。美元曾经贬值过一次，毫无疑问会再次贬值。

英国首相爱德华·希斯推行的扩张性政策，使英镑受到又一次攻击，迫使英国在1972年的货币浮动超出史密森尼协定规定的范围。这为最后行动创造了条件。1973年年初的美元抛售导致瑞士等国货币浮动。于是，美元再次贬值，经协商兑欧洲主要货币贬值10%，兑日元贬值幅度更大些，但并没有向市场保证消除当前的不平衡。美元再次遭遇抛售，这一次，德国与其EEC伙伴国家联合上浮货币。自此，布雷顿森林货币体系寿终正寝，成为历史。

布雷顿森林货币体系的教训

本章开篇复述了凯恩斯1941年的那段话，否定了"错误教条"下所谓的存在国际收支自动调节机制的观点，他不止一次地给出了非凡的预见。不可否认，确实存在过这样的机制：在战前的金本位制下，当一国出现外部赤字时，在物价–现金流动机制的作用下，赤字国家的货币和信贷总额下降，抑制进口需求，自动恢复外部账户的均衡。当然，这里进口需求下降并不是因为黄金大量外流引起的，而是较高贴现率和其他严格管制政策的结果。凯恩斯认为调节不能自发进行是对的，这一机制依赖中央银行的管理，也受政治条件的影响。

1958年年底恢复经常账户可兑换时，认为仍然存在一个自动调节机制的观点是错误的。政治环境发生了很大的变化，各国政府和中央银行很难通过紧缩政策消除国际收支赤字。20世纪50年代，调整与放松管制同步进行，使人们认为这一时期形成的替代措施是权宜之计，只是暂时的。经常账户恢复可兑换，欧洲市场及金融创新的发展，资本管制的实行难度越来越大，替代措施的效果被削弱了。

唯一可以做的就是通过调整平价消除失衡，而这恰恰是布雷顿森林协定百般阻挠的，《协定条款》不鼓励进行合理的平价调整，想方设法迫使各国政府放弃平价调整，如果不得不贬值则将遭受诘难。20 世纪 60 年代以来，国际资本流动规模扩大，矛盾激化了。考虑贬值的国家货币将面临受投机者攻击的风险，即便政府明确表态不会实行紧缩性政策，但贬值的意向会让市场预期再次发生贬值。布雷顿森林货币体系的第一条教训是：如果缺乏可以运用的调整机制，在资本高度流动的世界里，钉住汇率体系很难运行。

布雷顿森林货币体系的第二条教训是：布雷顿森林货币体系的运行需要国际合作及国际援助。与 19 世纪后期仅当国际货币体系的稳定受到威胁时才提供外国援助不同，各国政府和中央银行之间的合作是连续不间断的，这是美国、西欧和日本在冷战时期结成同盟的背景下展开的。由于美元得到其他国家的支持，作为回报，布雷顿森林货币体系赋予美国更大的防御责任。于是，布雷顿森林货币体系的第三条教训是：当合作是错综复杂的政治和经济关系网的一部分时，其对钉住货币体系的支持是最有效的。

但是欧洲与日本的合作是有限的。比之北约的承诺，日本更不喜欢美国在东南亚的军费支出。由于支持美元开始危及国内价格稳定及其他经济目标，德国和其他工业国家颇有微词。在 19 世纪时国际合作是有效的，并且当时对国际合作的要求也是有限的，因为没有理由怀疑政府会违背维持本币黄金平价的承诺，如此一来，各国政府终究会采取必要的调整措施，就无须依靠外国援助了。反之，在布雷顿森林货币体系下，有太多的理由怀疑政府是否会采取调整措施，虽然合作范围很广泛，但有很严格的限制条件。在政治化环境中，这样的限制条件必不可少、无法避免。这就是布雷顿森林货币体系的第四条教训。

第 5 章

后布雷顿森林

这是我们的货币，却是你们的麻烦。

——美国前财政部长约翰·康纳利

(John Connally)

1973 年布雷顿森林国际货币体系解体，改变了国际货币格局，其意义甚至超越了 1925 年金本位制的重建，抑或 1958 年可兑换性的恢复。自从各国政府和中央银行开始了解一个被称为"货币政策"的工具，稳定汇率成为货币政策追求的主要目标。除了战争、战后重建和衰退等的特殊有限的期间，货币政策都被用来维护钉住汇率制。但是在 1973 年，货币政策摆脱了稳定汇率的束缚，允许汇率浮动。

这个转变是国际货币流动增加的结果。在整个布雷顿森林货币体系期间，资本管制能减轻国际收支压力，政府觉得有必要运用货币政策实现其他目标。管制为有序地调整可调整钉住汇率制创造了条件，政策制定者们在调整钉住汇率时不必担心激起国际资本不稳定流动的浪潮。但是经过多年以后，管制的效果逐渐减弱。虽然走出战争和萧条颓废的国际金融市场以及交易的复苏被推迟了，但到了 20 世纪 60 年代，复苏之路走得很顺利。经常账户可兑换制度恢复后，要区别和区分外汇买卖是与经常项目有关还是与资本项目有关变得非常困难。市场参与者发现了绕过国际资本流动壁垒的灵活的新途径。

隔离机制失效后，各国政府和中央银行发现运行可调整钉住汇率制难度越来越大。一国考虑平价调整的风声哪怕透露一丝半点，都会引起资本大量外流，进而打消政府做出改变的念头。保持平价不变无法控制国际收支给钉住汇率制带来的不断加码的压力，当然更无法消除市场对钉住汇率制的可持续性的怀疑。在资本高度流动的世界里，若要维持平价不变，需要前所未有的强大的外汇市场干预和国际支持。当一国政府从根源上治理国际收支失衡的意愿和能力受到质疑时，其他国家就会踌躇再三，犹豫是否值得为这个国家提供大量的援助。

可调整钉住汇率制于是出现了两个极端的变体：浮动汇率制或一劳永逸地钉住固定货币汇率制。美国、日本这样的大国对国际贸易的依赖很有限，选择了浮动，对这类国家而言，汇率波动的不确定性固然令人不快，但还可以忍受。对较小的国家而言，经济更加开放，尤其是那些金融市场很不完备的发展中国家，浮动汇率波动更剧烈，破坏性也更大，这类国家选择了另一种，试图建立一种钉住固定货币的汇率制度。发展中国家执行严格的资本管制，努力钉住主要贸易伙伴国家的货币。[⊖]欧洲各国之间的交易具有特别重要的地位，汇率波动会严重破坏**共同农业政策**（common agricultural policy，CAP），因此也试图通过管制钉住相互之间的汇率，建立新制度，构建支持集体钉住汇率所需的国际合作。

但是时移世易，借助通信与信息处理系统的发展，粉碎了任何阻碍国际

⊖　许多这类国家在 20 世纪七八十年代加强了资本管制，以应对资本流动的增加。Edwards 和 Losada（1994）指出，大多拉丁美洲国家就是这么做的，很长时期将货币钉住美元。

资金流动的企图，国际金融市场日新月异，发展神速。若要限制国际资金流动不仅很困难，而且代价不菲：随着竞争性金融市场的形成，国家实施严厉管制不啻将金融业务拱手让给离岸市场。无法完成自由化的发展中国家将失去投资者的光顾。自由化是大势所趋，钉住汇率制的实施难度越来越大，促使越来越多的发展中国家转而实行浮动汇率制。

欧洲显然也呈现出相同的发展趋势，不过转变形式有所不同。西欧各经济体相互依存度很高，反复尝试实行集体货币钉住汇率制度。20 世纪 70 年代，西欧各国试图维持史密森尼协定规定的 1% ~ 2.25% 的波动区间，即**欧洲蛇形浮动体系**（European Snake）。20 世纪 80 年代，欧洲创建**欧洲货币体系**（European Monetary System，EMS），试图限制汇率波动。但是到了 20 世纪 80 年代末，随着资本管制的解除，欧洲货币体系的运作难度加大，根本无法有序地调整平价。强币国家不再愿意帮助弱币国家，因为在一个资本高度流动的世界里，任何援助都是杯水车薪，于事无补。随后发生的一系列危机迫使 EC 成员国将欧洲货币体系的浮动上限从原来的 2.25% 扩大到 1993 年的 15%。

还有一种选择是进一步加强钉住汇率制。一些国家（地区），比如中国香港、百慕大、开曼群岛，以及阿根廷、爱沙尼亚、立陶宛和保加利亚就是这么做的，成立了货币局，通过议会法令或宪法修正案，要求政府或中央银行将货币钉住某个贸易伙伴的货币。货币当局根据法定要求钉住汇率，就不会受制于政治压力，获得了市场的信任。但货币局的问题是对货币当局的约束过强，甚至比 19 世纪金本位制下充当最后贷款人的干预还要强。成立货币局仅适用于有特殊情形的国家：国家很小，银行与海外机构联系密切因而容易获得国际援助，金融市场特别落后或经历过惨痛的通货膨胀。

另一种加强钉住汇率制的方法是建立货币联盟。尽管道路曲折，但依然是 EC 成员国孜孜不倦的追求。1991 年欧洲实施了建立欧洲中央银行的计划，负责管理各国货币政策，不可撤销地钉住汇率，用统一的欧洲货币取代各国

货币。其他区域能否迎头赶上，仍须拭目以待。无论如何有一点已经很清楚
了，非正式钉住或可调整钉住汇率制已经不可行了，货币联盟的唯一选择就
是更自由的浮动汇率制。

20 世纪 70 年代的浮动汇率

布雷顿森林货币体系崩溃后向浮动汇率制的转变，是黑暗中的跳跃。各
国政府尤其是国际货币基金这样的组织仍然痴迷于旧体制，并不愿意实现这
一跳跃，而是迫不得已而为之。1972 年 7 月，国际货币基金管理者建立了
20 人委员会（C-20），即由 20 国集团各推举一名代表组成国际货币基金组织
执行董事会，负责筹备改革平价体系。⊖其"伟大设计"天方夜谭般地设想维
持可调整钉住汇率制、集中提供国际储备和制定措施鼓励调整。甚至在 1973
年汇率波动超出了史密森尼协定规定的区间，废除可调整钉住汇率制后，依
然我行我素。

虽然欧洲和日本希望恢复平价，但美国在美元遭受数次攻击后，倾向于
继续实行浮动汇率，特别是当乔治·舒尔茨（George Shultz）取代约翰·康
纳利出任财政部长后。美国人认为问题在于欧洲国家刻意追求盈余，解决办
法是设定一套"储备指标"（凯恩斯计划的细化），迫使欧洲各国政府实施修
正措施。盈余国家政府（尤其是德国）不愿意遵从美国的意见实施扩张性政
策，反对利用国际货币基金组织的资源购买超量美元。由于这些问题悬而未
决，1974 年，20 人委员会不得不放弃实施"伟大设计"。

国际货币基金组织成员接着开始商谈《协定条款第二修正案》，使浮动
汇率制合法化。在历时 30 年的布雷顿森林阶段的初期，少数国家掌握着货

⊖　美国日渐感到自己在 10 国集团里被孤立了，意识到修正国际货币基金组织《协定条款》
和建立管理新体系应该征求 10 国集团以外的国家的同意。因此，美国支持在国际货币基
金组织框架内与更大的国家集团的代表进行协商的提议。

币体系的命运。这种情形再次发生了：20 人委员会进展失利后，曾经负责命运多舛的史密森尼谈判的 10 国集团东山再起。令人啼笑皆非的是，国际货币基金组织建立了一个名为临时委员会的机构（之所以令人啼笑皆非，是因为这个所谓的临时委员会一直存在了 30 年）。最重要的论坛是 5 国论坛，由来自美国、日本、法国、德国和英国的财政部长，外加特邀嘉宾组成。

法国倡议建立钉住汇率制，建立一套制度防止储备货币国家透支，并试图限制美国为外部美元债务融资的特权。美国财政部长舒尔茨和副部长保罗·沃尔克（Paul Volcker）认为，只有当浮动区间够大，且美国政策不会受到严格限制，并且遵从储备指标的国家迫使盈余国家重估货币或承担调整成本时，美国才会设法稳定美元。很明显，美国和欧洲在布雷顿森林货币体系中地位的逆转，反映了各经济体国际收支状况的变化。

法国一直被认为强烈反对美国，为顾全面子，在 1975 年朗布依埃峰会上同意汇率"稳定体系"，而不是"稳定汇率体系"。这个让步为《协定条款第二修正案》的出台开了绿灯，并于 1978 年生效。《协定条款第二修正案》使浮动利率合法化，废除了黄金的特殊地位，规定各国负有支持有序经济环境的义务，授权基金组织监管成员国的政策，促进汇率的稳定。

人们对新体系的运行进行了全方位的预测。雅克·鲁弗（Jacques Rueff），法国布雷顿森林货币体系的批判者，预言平价体系的崩溃会引发各国纷纷变现储备外汇，引发的通货紧缩和黄金之争正是当年加重大萧条的罪魁祸首。[一]但是这个预言忽略了一点，即人们能够从历史中吸取教训。从 20 世纪 30 年代的经验中，各国政府和中央银行知道了，当放松汇率管制时，是政策制定者而不是市场，能够控制货币供给。实际上，他们太明白这个道理了；他们开动印钞机弥补预算赤字，支付进口石油账单。20 世纪 70 年代的问题是通货膨胀，不是鲁弗担心的通货紧缩。

对浮动汇率制的预测仁者见仁，智者见智，有多种说法。有人认为取消

㊀　参见 Rueff（1972）第 5 章和其他章节。

平价克服了单向赌注问题，结束了长期的汇率失当现象。浮动汇率会使汇率趋向均衡水平，而不是偏离均衡。而持有不同观点者则认为，世界将步入一个金融混乱和动荡的危险时代。

现在我们知道，这两种看法都有点夸大其词了。事实证明，在浮动汇率制下，无论名义汇率还是实际汇率，波动幅度都比钉住货币汇率制下要大得多，也比赞成浮动汇率制的学者们所估计的要大得多。名义汇率月波动幅度通常为 2% 或 3%，变动率远远超过相关货币供给或其他基本面指标。⊖实际汇率的波动也很大（见图 5-1 和图 5-2）。并且，没有发生浮动汇率制反对者们所预言的金融混乱。

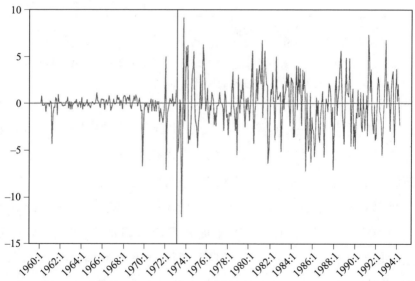

图 5-1　德国马克 - 美元实际汇率月变动比率（1960 年 2 月 ~ 1994 年 3 月），每月相关批发价格变动百分比

资料来源：International Monetary Fund, International Financial Statistics various years.

⊖　对这个规律的阐释最为著名的是 Rose（1994）。

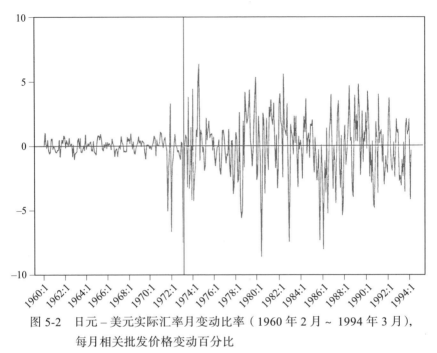

图 5-2　日元－美元实际汇率月变动比率（1960 年 2 月 ~ 1994 年 3 月），
　　　　每月相关批发价格变动百分比

资料来源：International Monetary Fund, International Financial Statistics various years.

　　起初，似乎悲观主义者言之有理。在实行浮动汇率制的最初 6 个月里，美元兑德国马克贬值了 30%，不过此后就稳定下来了。美元贬值很大程度上是挤出了之前的高估部分。汇率偏差，尽管屡遭诟病，但并没有像浮动汇率制度反对者们所担心的那么严重［见术语表汇率偏差（misalignments）］。1976 年英镑可能被低估了，1978 年美元可能被高估了。1977 ~ 1979 年，被低估的日元可能又反弹过度了。但是，所有这些汇率偏差中，最严重的是美元在 20 世纪 80 年代中期发生的偏差。鉴于美国经济在 20 世纪 70 年代遭受了两次石油冲击和其他商品价格波动的影响，这个表现还不算太差。

　　20 世纪 70 年代没有出现 80 年代那样的汇率偏差，反映了两个事实：首先，政府干预了货币市场；其次，与 20 世纪 80 年代的政策不同，政府愿意根据汇率调整货币政策和财政政策。加拿大元、法国法郎、瑞士法郎、里拉、日元和英镑都受到主动管理。政府在市场上的干预双管齐下：支持弱币，限制强币升值。比如日本就是这么做的，1973 ~ 1974 年支持日元升值，而在 1975 ~ 1977 年又阻止日元升值。

对美元／德国马克的管理较少，1977 年的干预是温和的。在实行浮动汇率制的头两年，美联储只是平滑每天的汇率波动，并没有试图改变其变动趋势。但是 1975 年 3 月底，时隔 6 个月，美元兑德国马克的汇率跌幅超过 11%。美联储与不情愿提供支持的德国国家银行和瑞士国民银行一道实施了联合干预。干预曾一度使美元止跌。但是在 1977 年，卡特政府的刺激需求政策引起市场对加速通货膨胀的预期，美元再度贬值。

这一次德国国家银行同意向美国财政部的外汇稳定基金提供特别信贷。德国国家银行与美联储之间的互换额度增加了一倍，1977 年前 3 季度干预金额为 20 亿德国马克，在随后的半年时间里增加到 170 多亿德国马克。美元再度企稳。⊖ 1978 年下半年美元又贬值时，两家中央银行又实施了 170 亿德国马克的干预。⊖

尽管效果有限，但是关键还在于国内政策的调整。可以肯定的是，国内政策并没有持续地以汇率目标为导向。1977 年年初，卡特总统入主白宫并实施宏观经济刺激政策时，很清楚地知道所引发的通货膨胀会削弱美元的价值。卡特政府寄希望于其他国家政府也会实行更扩张的政策，限制汇率波动。尽管意识到货币问题会恶化，但由于害怕通货膨胀，日本和欧洲拒绝实行更扩张的政策。

但是当汇率波动趋于失控时，各方达成了妥协，在 1978 年 7 月波恩峰会上敲定了细节。卡特政府宣布了一揽子反通胀计划，削减工资和公共支出，同意将国内石油价格提高到世界水平，消除价格差。这个价格差被欧洲和日本视为导致外部赤字、造成美元下跌的罪魁祸首。相应地，欧洲和日本同意实行扩张性政策。1978 年，日本首相福田赳夫提交了一份将政府支出

⊖　德国国家银行 1977 年、1978 年和 1979 年的报告引自 Tew（1988），p220。

⊖　美国和其他国家政府也对瑞士法郎和日元进行了市场干预。

增加至国民生产总值 1.5% 的预算报告。1978 年 3 月，日本当局将贴现率降到历史低点 3.5%。1979 年，波恩同意提高联邦政府支出和削减税收，额度足以增加近 1% 的德国国内需求。法国政府做了类似的承诺。"显然，波恩峰会的承诺几乎全部得到了实施。"帕特曼（Putnam）和亨宁（Henning）认为。㊀虽然这些合作调整政策力度不足以稳定汇率，但防止了主要货币汇率发生更大的偏差。㊁

政府如何调和国内政策目标与稳定汇率的要求呢？实际上，这两者之间并不总是冲突的。参加波恩峰会的所有国家都是实力派，都能基于国内实际调整政策，并稳定汇率。如果两者之间存在冲突，政府就会通过资本管制缓解国内政策自主性与稳定汇率之间的矛盾。1977 ~ 1978 年，作为对更扩张性政策的替代，德国政府撤销了关于允许非居民购买某类德国债券的规定，提高德国商业银行非居民存款准备金比率，阻止资本流入和马克的进一步升值。为了支持日元，日本政府在 1973 ~ 1974 年修改资本管制规定，鼓励资本流入，阻止资本流出。㊂1977 年对大多数非居民存款规定了 50% 的准备金要求，1978 年进一步提高到 100%，禁止外国人在场外市场购买绝大多数国内证券。

读者们不应该忽略的一点是，20 世纪 70 年代的进展非常顺利。由于实行了浮动汇率，实际汇率和名义汇率的波幅都比以前更大了。日元 / 美元、德国马克 / 美元汇率的前后对比充分说明了这一点（见图 5-1 和图 5-2），不仅实际汇率的月度变化大于之前，而且持久地单向变化。尽管存在这些较为严重的问题，但并没有 20 世纪 80 年代美国的汇率偏差那么厉害。之所以有这么大的差别，是因为 20 世纪 70 年代的干预更协调，资本管制更普遍，政

㊀　参见 Putnam 和 Henning（1989），p97。但美国将放松石油价格管制事宜推迟到 1978 年大选之后，令欧洲各国很恼火。

㊁　参见 Henning（1994），p129；Gros 和 Thygesen（1991），p37；Sachs 和 Wyplosz（1986），p270。

㊂　参见 Horiuchi（1993），pp110-113。

府更愿意根据外汇市场需要调整国内政策。

20世纪80年代的浮动汇率制

20世纪70年代末，3个事件改变了国际货币体系的环境。第一是欧洲货币体系的建立，这个事件将在后面讨论。另外两个事件是美国和日本政策立场的转变。

没有哪个国家比日本更愿意实施外汇市场干预了。与德国一样，二战后日本经历了一段高通货膨胀时期，对名义锚进行估值。由于经济严重依赖出口，强大的利益集团反对币值重估，证据是即使在尼克松总统于1971年8月关闭黄金窗口后，日本银行仍然试图继续将日元/美元汇率钉住在1949年4月的360水平。[⊖]不过两周后，日本银行被迫允许日元/美元汇率上浮到308，并根据史密森尼协定再次将汇率固定在这个水平。1973年2月史密森尼协定解体后，允许日元浮动。起先，通过干预将货币限制在一个较窄的浮动区间内进行交易。不过从第一次石油冲击开始，美国和日本允许汇率更大幅度的波动（见图5-3）。

日本向更有弹性政策的转变对国际货币体系的发展具有重大意义。到20世纪70年代，日本经济获得了长足的发展，日元汇率水平越来越关乎其他国家的利益。虽然日本政府继续有选择地干预外汇市场，但美元/日元变化与美元/德国马克变化趋同：人们逐渐认为汇率最终由市场决定，应该允许更大的波动区间。

美国也更倾向于富有弹性的汇率。如果人们对美国政策的优先目标依然心存芥蒂的话，那么沃尔克于1979年被任命为美联储主席、里根在1980年当选总统，就让这些疑虑烟消云散了。沃尔克准备加息、减少货币供给直至将通货膨胀率从两位数降到一位数。著名的多恩布什汇率决定模型，曾在

⊖ 参见 Volcker 和 Gyohten（1992），pp93-94。

20 世纪 70 年代扬名立万，表明如果通货膨胀率和货币供给发生变化，则汇率将极大地偏离长期均衡水平。已经发生过以下事实：德国和日本放弃汇率目标政策后，1980 ~ 1982 年美元名义汇率升值了 29%，实际汇率升值了 28%。

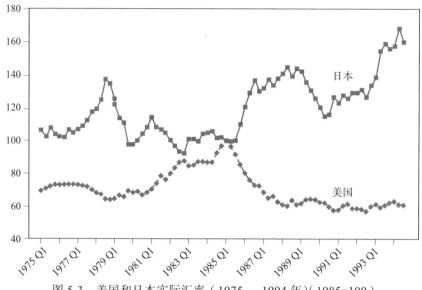

图 5-3　美国和日本实际汇率（1975 ~ 1994 年）（1985=100）

注：图中 Q1 表示第一季度。

资料来源：International Monetary Fund, International Financial Statistics various years.

里根政府接着削减了个人所得税，设立了基于通货膨胀的税基指数，增加了军费支出。由于预算赤字扩大，美国利率上升：1983 ~ 1984 年高于国外相关利率 1 个百分点，远远超过了 1981 ~ 1982 年的水平。"教科书不费吹灰之力就解释了这次利率上升的原因。"杰弗里·弗兰克尔（Jeffrey Frankel）如是说。同样可以解释美元升值的原因：高利率吸引资本流入，

⊖　参见 Dornbusch（1976），虽然多恩布什模型表明美国货币政策一旦发生变化，美元将立即升值。但实际上，美元在 1980 ~ 1982 年是逐渐走强的。Michael Mussa（1994）认为，这是由于公众逐渐认为政策变化是可信且持久的。

⊜　参见 Frankel（1994），p296。

推动美元继续升值。

起初，美元的大幅升值并没有引起政策上的任何变动。美国政府非常不愿意增加税收、削减政府支出，或让美联储降息以减少美元对外国投资者的吸引力。沃尔克主政的美联储仍然优先考虑控制通货膨胀，而当时的财政部长里根则信奉市场决定汇率的信条。

1983 ~ 1985 年的美元升值充分说明，为了纠正汇率偏差，相应的宏观经济政策配合调整是非常有必要的。但是在 20 世纪 80 年代，与之前的情形一样，认知上的分歧使合作化为泡影。美国的政策制定者们，如财政部副部长贝利尔·斯普林克尔（Beryl Sprinkel），仍然坚信货币主义主张，认为稳定的货币供应增长率可以带来稳定的通货膨胀率和稳定的汇率。⊖他们否认美元的强势是赤字支出与高利率的挤出效应的体现，反而认为是因为政府成功遏制了通货膨胀。⊜根据这样的观点，汇率干预不仅是不妥的，而且完全没有必要，因为根据设想，市场将会使汇率到达效率最大化的水平。

欧洲和日本继续强调汇率稳定的重要性，由于历史原因，这些国家对干预与合作更有信心，借助经济模型证明了预算赤字和高利率是汇率偏差的根源。但是尽管非常需要政策协调，若要达成合作必须要求美国观念的转变。⊜于是欧洲退出，转而建立欧洲货币体系，而日本则竭尽所能增强出口产品的竞争力。

⊖　这是弗里德曼在其 1953 年关于浮动汇率的著名文章中所阐述的汇率决定观点（1953）。

⊜　实际上，美国更加紧缩的反通货膨胀的货币政策，可以解释美国 1980 ~ 1981 年的美元实际汇率升值（多恩布什模型也揭示了这一点），但是无法解释随后几年里美元实际汇率的进一步升值。参见后面的讨论。

⊜　这是美国财政部和美联储都不愿意考虑的事情。1983 年在弗吉尼亚威廉姆斯堡召开的 G-7 峰会上，欧洲要求美国削减赤字，停止美元升值。美国的答复是，美元强势并不是赤字和高利率引起的。参见 Putnam 和 Bayne（1987），p179 及其他章节。到 1983 年年底，美国贸易产品生产商开始抱怨美元升值带来了损失。于是财政部长里根向日本施压，迫使日元升值。里根迫使日本资本市场向国际资本开放，具有讽刺意义的是，结果资本从日本流出，日元进一步走弱。这种政策调整并没有给美国带来什么好处。参见 Frankel（1994），pp299-300。

图 5-4 显示，1984 年上半年，美国利率与国外汇率的差异的变动，与美元升值几乎同步。但 6 月以后，美元继续升值，其幅度超出了利率和宏观经济基本面变化能够解释的程度。到 1985 年 2 月，美元又升值了 20%，而在此期间利率溢价已经开始回落。

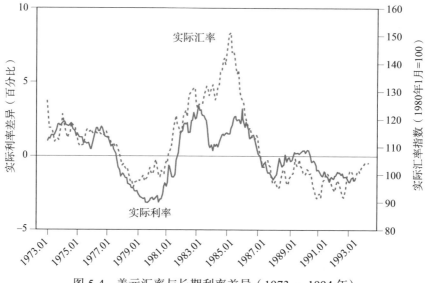

图 5-4　美元汇率与长期利率差异（1973 ~ 1994 年）

注：实际汇率是美国消费者价格指数相对 G-7 其他国家贸易加权平均消费者价格指数计算得出。实际利率是政府长期债券收益率减去通货膨胀率的 24 个月移动加权平均。利率差异是美国实际利率减去 G-7 其他国家实际利率的加权平均。

资料来源：International Monetary Fund, International Financial Statistics various years.

这个变动，较多地被解释为投资泡沫，动摇了里根政府不干预外汇市场的信念[⊖]。1985 年 9 月，G-5 财政部长和央行行长在纽约广场饭店举行了一次秘密会谈，同意推动美元贬值。他们联合起来，试图阻止美国保护主义者通过国会立法，补偿美国贸易产品生产商的损失。对里根政府而言，国会保护主义威胁美国放松管制和经济自由化的进程；对欧洲和日本而言，保护主

⊖　Paul Krugman（1985）和 Stephen Marris（1985）分析了 1984 ~ 1985 年升值泡沫说的依据。

义会阻止他们进入美国市场。于是 G-5 政府发表了联合公报，声明愿意"有序地推进非美元货币升值（典型的政治家语言，即指美元贬值）"，并愿意为此展开合作。

在广场公报发表当天，美元／日元和美元／德国马克就下跌了 4 个百分点，随后美元再续跌势。但是，广场会议并没有讨论货币政策和财政政策变动的问题，实务中也绝少变动。鉴于美元早在 6 个月前就开始贬值，有人就因此认为谈判并未取得进展，美元的下跌只不过是美元升值见顶后的回落而已。也有相反的观点认为，广场公报和**冲销干预**（sterilized intervention）措施传达了政策转变信号：各国政府愿意采取政策措施稳定汇率。⊖美元在广场会议前就开始下跌的事实，实际上支持了这一观点。更务实的干预主义者詹姆斯·贝克尔（James Baker）和理查德·达曼（Richard Darman），在 1984 年大选后取代了里根和斯普林克尔进入财政部，意味着会出台新政策。1985 年 1 月的 G-5 会议上达成干预的共识后，德意志联邦银行随后就进行了大手笔的干预（见图 5-5）。所有这些都说明了，干预与合作确实在阻止美元升值上发挥了重要作用。

一开始下跌，美元就飞快地贬值了。20 世纪 80 年代初，美国外部赤字导致国外净资产大幅下降，需要较低汇率冲销疲软的无形账户。⊜即便如此，到了 1986 年下半年，欧洲和日本开始抱怨美元贬得有点过分了，与一年前的峰值相比，美元／日元贬值了 40%，使日本生产厂商失去了成本优势。日本政府为了支持美元进行了广泛的干预。9 月，美国和日本达成了双边协议，日本采取扩张性财政政策，美国则采取措施让美元止跌，试图稳定汇率。但由于欧洲和美国都没有意愿调整宏观经济政策，收效甚微。

⊖ 参见 Feldstein（1986）和 Frankel（1994）相互对立的观点。

⊜ 有人认为，20 世纪 80 年代初的汇率偏差，使更多的美国出口商失去了国际市场，也使外国生产商在美国市场上获得了永久的优势。因此，美国需要低汇率对此进行冲销。

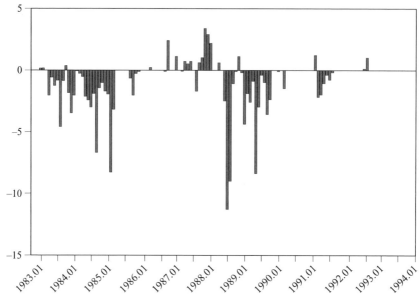

注：正数表示德意志联邦银行为支持美元进行的干预。

图 5-5　德意志联邦银行在德国马克 – 美国美元市场上的运作（1983 ～ 1994 年）
　　　　（10 亿德国马克）

资料来源：Deutsche Bundesbank, Annual Reports, various years.

认清了这一现实，促使 G-7 集团 1987 年 2 月在卢浮宫召开 G-7 财政部长会议，讨论更基本的政策调整问题。财政部长们同意将美元稳定在当时的水平，甚至有观察家认为财政部长们设立了 5% 的"参考波动区间"。[⊖]各国央行采取了干预措施，日本同意实施更多的刺激政策，德国限制税收削减，美国则笼统地答应实施更多的调整国内政策。实际上，美国允许美元利率上升（扭转了 1984 年以来的跌势），虽然还不清楚动因是美元下跌，还是通货膨胀露出了苗头。

在这个进程中，国际货币基金组织的作用出人意料的微乎其微。《协定

⊖　参见 Fundabashi（1988），pp183-186。德国央行行长波尔称，G-7 的部长们所达成的协议依然有含糊不清之处，就波尔的理解虽然没有正式确立"目标区域"（target zone），但实际上已经往这一方向迈出了实质性的一步。但其他人，尤其是小国家的财政部长们，可能将这种讨论视为正式承诺。参见 PÖhl（1995），p95。

条款第二修正案》建议国际货币基金组织应鼓励成员国之间的政策协调，取消基金组织对平价体系的监管责任，但仍然有权对国家政策"严格监督"。但是，主要工业国家对这个若干小国对自己的决定说长道短的论坛了无兴趣。结果，政府很少依赖财政政策和货币政策变化，而更多地依赖外汇干预，背离了国际货币基金组织的基本意图。学术文献中描述的国际货币基金组织，是奖罚并鼓励各国达成合作协议的机构。○但实践中，基金组织是个毫无吸引力的谈判场所，没有哪个国家会提取基金资源用于外汇市场干预，因而基金组织难以发挥应有的作用。

1988 年年中和 1989 年年中，美元两度东山再起。但是尽管发布了广场公报、1986 年签署了美日双边协定，美国丝毫也不愿意通过改变国内政策（尤其是财政政策）来履行诺言。冲销干预缺乏国内政策调整措施的支持，仅仅一时管用。○而且美国、德国和日本没有签订必要的环环相扣的协定来锁定政策调整。

1989 年下半年美元又开始贬值。美国放弃了卡特政府的汇率优先的政策目标，只采取了温和的政策。布什政府和克林顿政府不愿意为了阻止美元贬值而调整政策。布什对美元下跌质疑的典型回应是："我认为这些事情只是偶尔发生的，并不常见。"○这样的认知，说明布什是在迎合政治潮流。当货币高估时，如 20 世纪 80 年代中期的美元，高估给集中度高的利益集团带来了高昂的成本（贸易产品生产商发现难以在国际竞争中立足了），他们会表示强烈的反对；反之，低估的货币，如 20 世纪 90 年代的美元，仅仅给分散的利益集团（承受较高通货膨胀和进口商品价格的消费者）带来了较小的损失，很难联合起来表示抗议。因此，美元贬值在美国国内几乎听不到反对的

○ 以术语来表达，国际货币基金组织是"承诺技术"，参见 Dominguez（1993），pp371-372。

○ 这是杰根森（Jurgensen）委员会的研究结论，这是一个受命研究外汇干预的政府间工作组。参见《外汇市场干预工作组，1983》。

○ 引自 Henning（1994），p290。

声音。美元的贬值是国内因素驱动的，比如 1991 年美联储降息应对美国经济衰退，又如 1994 年第二轮降息也是为了挽救走弱的经济。

其他国家的情形正好相反，美元高估意味着本国货币的低估。1992 年美元汇率贬值给日本造成了很大的困难，日本贸易商品生产商的利润受到挤压。而欧洲则主张通过建立相互制约的承诺网络支持维护钉住汇率制。

蛇形浮动体系

欧洲国家选择了另外一条道路，寻求建立一个稳定相互间汇率的制度框架。欧洲国家的贸易开放程度比美国更高，因而对利率波动也就更加敏感。⊖是欧洲，而不是美国或日本，在 20 世纪 20 年代浮动汇率时发生了恶性通货膨胀；还是欧洲，而不是美国或日本，在 20 世纪 30 年代货币贬值中，良好的经济关系毁于一旦。

仍然是欧洲，在石油价格飙升、布雷顿森林货币体系解体、战后最严重经济周期波动时期雷打不动地坚持钉住汇率制，成为这个时期最令人震撼的特征之一。欧洲各国之所以这么做，一定与**欧洲经济共同体**（European Economic Community, EEC）的发展有关。欧洲经济共同体的创立者与其美国盟友，将欧洲经济共同体视作将德国和法国紧密联系起来的机制，通过提高德国和法国之间经济的相互依存度，使两国永久休战。同时，欧洲经济共同体也有助于防止德国、法国和其他欧洲国家背信弃义，不履行经济领域合作的承诺。欧洲经济共同体建立了相互制约的协定和单向支付网络体系，只要有一个国家实行了非合作的货币政策，就会危及整个网络体系。由于成功地建立了欧洲经济共同体，到 20 世纪 70 年代，欧洲内部贸易自由化取得了很大的进展，扩大了成员国之间的总贸易额度。扩大贸易需要稳定的汇率（有限证据支持的一种假设），欧洲内部贸易自由化，使通过稳定欧洲各国间

　　⊖　Giavazzi 和 Giovannini（1989）分析了这个观点。

汇率实现扩大贸易目标成为可能。因此，欧洲的经验支持这样的观点，即稳定和广泛的贸易关系是国际货币体系顺利运行的前提条件。

欧洲经济共同体于 20 世纪 60 年代末提前完成了海关联盟。顺理成章地，下一步就是货币一体化，尤其是那些视共同体为新生政治实体的人更是这么推断的。1969 年**欧洲理事会**（European Council）再次重申朝着经济和货币联盟（EMU）迈进的意图，背后的原因是美元在初期的不稳定以及担心欧洲货币的无序重估危及欧洲经济共同体。[⊖]为此于 1970 年成立了由高官组成的研究小组，卢森堡首相皮埃尔·维尔纳（Pierre Werner）任组长。[⊜]

《维尔纳报告》描绘了到 1980 年建立货币联盟的进程，主张建立中央机构指导和协调国家经济政策，将财政功能集中到欧共体层面，加快要素和商品市场的一体化。不过，报告并没有主张建立单一欧洲货币或欧洲中央银行，反而认为欧洲货币兑换的责任可以落实到欧洲国家中央银行体系。这个转变可以通过逐步硬化汇率承诺（收窄波动区间）、紧密协调的宏观经济政策完成。维尔纳小组的主张获得了政治家们的认可，一切按照所设计的路径前行。

现在看来，1980 年建成欧洲货币联盟的设想很天真，如果没有支持货币联盟运行的相应制度，要实现这个目标是不可能的。确实，欧洲共同体建立了关税同盟，制定了共同农业政策，发挥了很大的作用。共同农业政策的管理会因为频繁而大幅度的汇率波动变得错综复杂，为避免受到汇率不稳定的损害，就应该支持《维尔纳报告》的主张。但是欧共体并没有将政治功能转移给欧洲国会或**欧洲委员会**（European Commission）。相互制约的协定网络需要将各国政府与货币联盟绑定，防止政府违背欧共体的宏观经济政策指

⊖ 这是 Harry Johnson（1973）的解释。

⊜ 参见 Werner 等（1970）。EEC 第一次讨论货币一体化还不是在《维尔纳报告》中，早在制定《罗马条约》时已经认识到成员国之间的汇率对"共同利益"至关重要。1961 年荷兰盾和德国马克重估，引发了关税同盟延伸到货币领域的讨论，促成了中央银行行长委员会（Committee of Central Bank Governors）的成立。

导，欧共体在这个方面进展很慢。1973 年，欧共体吸收了丹麦、爱尔兰和英国，更多国家的加入使一体化进程更加复杂了。

不说别的，围绕《维尔纳报告》的讨论，至少为布雷顿森林货币体系解体奠定了基础。1971 年的史密森尼协定将对美元的汇率波动区间扩大了 2 倍，允许欧洲内汇率波幅为 9%。这么大的汇率波幅令欧共体成员国感到前景黯淡，于是它们达成了蛇形浮动体系协议，将双边汇率波幅限制在 4.5%。即使 1973 年史密森尼"隧道"崩溃后，蛇形浮动体系仍被保留着。⊖蛇形浮动体系建立不到一周，尚未成为欧共体成员的丹麦、爱尔兰和英国同意加入这一体系。一个月后，挪威也加入了。蛇形浮动体系成员国建立了为弱币国家提供短期和超短期融资渠道。由各国**中央银行行长委员会**（Committee of Central Bank Governors）组成的**欧洲货币合作基金**（European Monetary Cooperation Fund）建立起来了，负责监督欧洲货币政策和信贷发放，并负责货币重估。其对世界的作用与国际货币基金组织相仿，允许各国在欧洲内实施资本流动管制，同时也与《协定条款》规定一致，放松了对货币交易的管制。显然，这个举措的灵感来自布雷顿森林货币体系的可调整钉住汇率制。

蛇形浮动体系很快就遇到了困难（见表 5-1）。由于受到 1973 年以来美元下跌、OPEC 首次石油价格冲击的影响，欧洲各国竞争力受挫，弱币国家受到不同程度的打击。⊜无论是外国援助，还是国内政策调整都仍然很有限，难以抗衡外汇市场压力。1974 年 1 月法国被迫实行浮动汇率，1975 年 7 月加入蛇形浮动体系。德国中央银行实行钉住货币总量策略，缓解石油价格上涨带来的通货膨胀压力。与此不同的是，法国雅克·希拉克（Jacques Chirac）政府采取了扩张性财政政策，被迫于 1976 年再一次脱离蛇形浮动体系。

⊖ 史密森尼协定崩溃后，蛇形浮动体系并没有很正式地被称为"湖中的蛇"，以区别之前的"洞中的蛇"。

⊜ 为了本国利益，德国央行被迫实行干预。这是首个人们熟悉的样板，在欧洲内将弱势美元与强势德国马克联系起来。1992 年欧洲货币体系也遇到了同样的难题，后面我们将会讨论到。

表 5-1　蛇形浮动体系年鉴

1972 年
4 月 24 日,《巴塞尔协定》开始生效,参与国家有比利时、法国、德国、意大利、卢森堡和荷兰
5 月 1 日,英国和丹麦加入
5 月 23 日,挪威加入
6 月 23 日,英国退出
6 月 27 日,丹麦退出
10 月 10 日,丹麦回归
1973 年
2 月 13 日,意大利退出
3 月 19 日,变为联合浮动:终止相对美元固定保证金("隧道")的干预
3 月 19 日,瑞典加入
3 月 19 日,德国马克重估了 3%
4 月 3 日,获准成立欧洲货币合作基金
6 月 29 日,德国马克重估了 5.5%
9 月 17 日,荷兰盾重估了 5%
11 月 16 日,挪威克朗重估了 5%
1974 年
1 月 19 日,法国退出
1975 年
7 月 10 日,法国回归
1976 年
3 月 15 日,法国再次退出
10 月 17 日,《汇率变动协定》(法兰克福币值重定):丹麦克朗贬值了 6%,荷兰盾和比利时法郎贬值了 2%,挪威克朗和瑞典克朗贬值了 3%
1977 年
4 月 1 日,瑞典克朗贬值了 6%,丹麦克朗和挪威克朗贬值了 5%
1978 年
2 月 13 日,挪威克朗贬值了 8%
10 月 17 日,德国马克重估了 4%,荷兰盾和比利时法郎重估了 2%
12 月 12 日,挪威宣布决定退出

资料来源:Gros and Thygesen 1991,p17.

　　一直以来,德国都通过干预支持北欧众小国的货币。但是德国中央银行和当政者所依赖的自由民主党越来越担心通货膨胀后果。用德国马克购买外国货币，如果不进行冲销，给德国带来的通货膨胀将升至与德国贷款援助国家相当水平。[⊖] 1976 年 10 月，法兰克福币值重定缓解了这一紧张局势，通过这个安排，荷兰、比利时、卢森堡和斯堪的纳维亚国家货币对德国马克进行了贬值，开创了更频繁平价调整新时期。虽然法兰克福币值重定的具体细节还未为人所知，但是德国官方为了继续合作，显然需要作为货币价格的汇率更富有弹性。那些认为实行不变区间内钉住汇率制可以达成货币联盟的设想，至此被彻底颠覆。

　　结果，蛇形浮动体系并不能实现区域汇率稳定，欧洲内汇率稳定时期很短暂，并且将波动限定在窄幅内的尝试失败了。不仅有些国家进行了一连串的币值重定，而且有几个国家被迫彻底退出了蛇形浮动体系。图 5-6 ~ 图 5-8 区分了 4 个时期：第一个时期是黄金窗口关闭前；第二个时期是一直到史密森尼协定崩溃；第三个时期是蛇形浮动体系时期；第四个时期是欧洲货币体系时期。很显然，主要货币法国法郎 / 德国马克在蛇形浮动体系下的稳定性，要比布雷顿森林货币体系时期要差。[⊖]

　　为什么蛇形浮动体系命运如此不济？首先是经济环境的恶化，以石油冲击和商品市场崩溃为具体表现，使钉住汇率制难以为继。1973 年蛇形浮动体系刚刚从史密森尼"隧道"中解脱出来，恰好撞上 OPEC 第一次石油冲击和 1974 年的商品价格飙升。由于欧洲各国对石油和原料进口的依存度不同，所受到的影响也各不相同。一些国家面临更高的失业率，还有一些国家则迫于压力实施更多的扩张性政策。经济环境的恶化终止了法国、德国欧洲内贸易上升趋势，冷却了两国的一体化热情。同样，货币联盟到 20 世纪末的目标维系于 20 世纪 90 年代初欧洲内汇率，欧盟《马斯特里赫特条约》能否获准的疑虑，动摇了主要汇率的稳定性。鼓励市场支持欧洲窄幅波动的蛇形浮

⊖　换言之，如果德国央行的干预得以冲销，那么所需要担心的是其效果会打折扣，参见前面的相关注释。

⊖　注意德国马克 / 比利时法郎的汇率波动则相反，在蛇形浮动体系下较为稳定，也解释了何以比利时成功地留在了体系里。

动体系，使蛇形浮动体系成为到 1980 年实现货币联盟目标的基石的希望也破灭了，因为 20 世纪 70 年代的冲击使《维尔纳报告》过时了。⊖

　　而且，各国政府在如何应对冲击的问题上存在分歧，货币政策应以稳定物价为导向也没有达成共识。有些欧洲的政策制定者，由于在布雷顿森林货币体系时期不允许实行扩张性政策，缺乏实施扩张性政策的经验，无法理解扩张性货币政策何以会引发通货膨胀，而不会刺激产出和就业，尤其是在预算失衡的情况下更甚。由于德国反对通货膨胀，最终各国政策无法形成合力。⊖

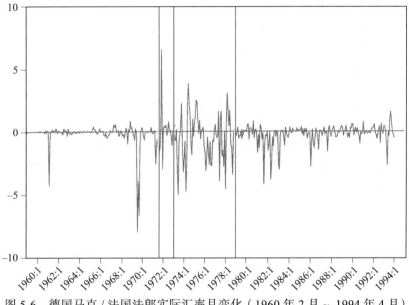

图 5-6　德国马克 / 法国法郎实际汇率月变化（1960 年 2 月～ 1994 年 4 月）

资料来源：International Monetary Fund, International Financial Statistics, various years.

⊖ 关于 1992 年《马斯特里赫特条约》和获准困难的内容，后面将讨论。
⊖ 注意 20 世纪 30 年代应对大萧条采取的相应紧缩政策也没有奏效，当时不同国家各执己见，国际合作难以顺利开展。

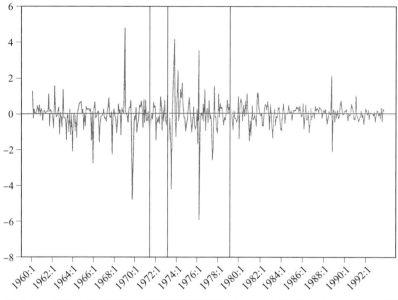

图 5-7 德国马克 / 荷兰盾实际汇率月变化（1960 年 2 月 ~ 1992 年 12 月）
（相关批发价格月变化百分比）

资料来源：International Monetary Fund, International Financial Statistics, various years.

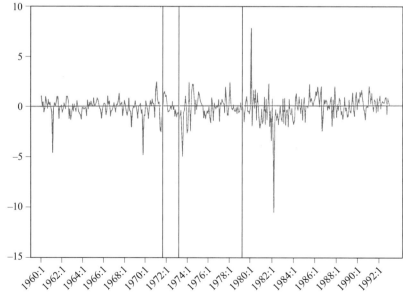

图 5-8 德国马克 / 比利时法郎实际汇率月变化（1960 年 2 月 ~ 1992 年 12 月）

资料来源：International Monetary Fund, International Financial Statistics, various years.

最终，20 世纪 70 年代中期的冲击极大地破坏了蛇形浮动体系，因为当时货币政策和财政政策协调运行的政治与制度前提仍然不具备。《维尔纳报告》或许帮助弱币国家依附于蛇形浮动体系，但财政联邦主义和集中化的设想还是完全脱离了现实。在布鲁塞尔并没有负责财政选区的国家层面实体，而各国政府却不愿意放弃对选区的财政责任。于是，为维持蛇形浮动汇率所需的各国财政政策调整并没有进行。

货币政策也遭遇了类似的困扰。欧洲货币基金合作组织几乎没有任何权威，中央银行行长们也没有被授予任何特权。央行行长委员会的会谈分散进行，原先设想的对各国货币政策进行指导落空，仅对协调外汇市场进行了干预。⊖最后，并没有发挥类似于国际货币基金组织的监督政策与强制调整作用。由于缺乏监督政策和强制调整制度，强币国家无法确定弱币国家会调整政策，因而所愿意提供的对外援助也就非常有限了。

法国反对布雷顿森林货币体系下美国的不对称作用，为此蛇形浮动体系建立了对称的体系。但一旦蛇形浮动体系挣脱了史密森尼"隧道"，德国马克就成了欧洲参照货币和反通货膨胀锚。德国中央银行为全欧洲大陆各国货币政策定调。不过，没有一个机制可以使其他国家对德国中央银行政策施加影响，其他国家除非退出蛇形浮动体系，不能自行决定本国货币政策目标。这种"问责缺失"成为蛇形浮动汇率制前行的最大障碍。

欧洲货币体系

1979 年，法国为了解决这些无效性问题，试图创立欧洲货币体系；为了创立一个各国货币政策制定者都应向其负责的欧共体机构，试图加强欧共体货币委员会的监督权力。此外，还在《欧洲货币体系创立法案》中新增了一个条款，授权政府通过超短期融资渠道提取无限贷款，似乎规定了强币国

⊖　参见 Gros 和 Thygesen（1991），pp22-23。

家对弱币伙伴国无限援助的责任。但是在实践中，新条款并没有按照法国以及依赖德国政策的欧共体小国们设想的那样执行。

法国从未动摇过对钉住汇率制的支持，当在朗布依埃被迫放弃建立这样的全球体系的努力时，瓦勒里·季斯卡·德斯坦（Valéry Giscard d' Estaing）便转而致力于稳定主要货币法郎／德国马克比率。法国不能够继续留在蛇形浮动体系说明蛇形浮动设想很美好，落实很困难。这段经历启发了法国政府，转而致力于构建更坚实的结构，确保欧洲内汇率波动可控。法国的努力得以成功离不开德国政府的鼎力支持。季斯卡的老对手德国总理赫尔穆特·施密特（Helmut Schmidt）认为创立欧洲货币联盟是迈向联邦欧洲的合乎逻辑的步骤，也是挽回《维尔纳报告》前景和"让法国回归"的有效途径。⊖将法郎和其他欧洲货币与德国马克联系起来，可以防止德国经济受美元贬值的影响。正如英国统治者与美国代表们意见一致简化了布雷顿森林谈判一样，欧洲货币体系的成立也是德国和法国领导心意相通的产物。这一事实非常生动地说明了搭便车与协作等问题。1978 年 7 月，施密特与季斯卡的双边协定得到了欧洲理事会的批准，1979 年，欧洲货币体系创立。⊜

《欧洲货币体系创立法案》的谈判仍然要求协调法国与德国对蛇形浮动体系失败的认识。德国政府认为，在那些将其他目标从属于必要的价格和货币稳定目标的国家，蛇形浮动运行情况很好。其对手法国则抱怨，蛇形浮动体系是德国主导的体系，致使其他国家的政策投入不足。施密特与季斯卡双边协定试图建立一种新制度，能够兼顾法国对称性诉求和对德国的约束规范。欧洲货币体系将取代即将消亡的欧洲货币合作基金，管理参与国缴纳的外汇储备，干预货币市场，并创造**埃居**（ecu）作为欧洲**特别提款权**（SDR）。欧洲货币体系的一个特征是"触发机制"，当国内政策危及货币钉住制度时就会启动。即

⊖ 施密特在其回忆录中写道："我一直认为欧洲货币体系不仅仅是协调欧共体成员国经济政策的工具，也是欧洲更广泛的自主政治策略的一部分。"引自 Fratianni 和 von Hagen（1992），pp17-18。

⊜ 关于欧洲货币体系规则的主要事件介绍，参见 Ludlow（1982）。

若有国家背离了一致认可的指标，强币国家必须扩张，而弱币国家必须紧缩。

凯恩斯早在布雷顿森林货币体系时代提出的高见，即盈余国家必须重估或扩张，以免所有调整压力都落到赤字国家的论断，再次得到重视。但是在布雷顿森林货币时期和 20 世纪 70 年代，美国为了挽救可调整钉住汇率体系，附加了一整套"储备指标"，迫使盈余国家进行调整，强币国家的支持对任何改革而言都是必不可少的。德国央行意识到，如果触发机制失效，就需要用马克购入欧洲货币体系中的弱币，则追求价格稳定的法定目标就要做出让步。如果欧洲货币基金创造的无支持埃居储备用来满足赤字国家融资需求，则通货膨胀威胁就会加重。㊀因此德国中央银行理事会反对这个协定。㊁

接着就是紧张的谈判。㊂法国和德国政府搁置了可能要求德国中央银行政策变化的触发机制的讨论，也没有讨论将国家外汇储备转移到欧洲货币基金的提议。虽然《欧洲货币体系创立法案》仍然倡议外国援助"数额不限"，也仍然没有设置超短期融资渠道提款限额，但是德国财政部长和央行行长的往来书信表明，如果必要时政府不能履行与欧洲伙伴国币值重估协定，则央行有权决定不履行干预义务；㊃如果证明不可能重建合适的中心汇率，加重

㊀ 仍然不清楚欧洲货币基金得到了多大的权限创造埃居。1978 年 12 月 5 日的布鲁塞尔决议只允许埃居与黄金或美元之间互换，意味着并没有创造净流动性。但不来梅定论（1978 年年初欧洲理事会在不来梅会议上达成）的附录意味深长地指出，为各国货币认购而创造的埃居"数额相当大"。参见 Polak（1980）。

㊁ 德国其他部门、丹麦和荷兰都有过反对实施"触发机制"和政策调整的抵制行为。

㊂ 根据施密特所言，他曾威胁说，如果没有进展，则修改中央银行法，降低中央银行的独立性。他的说法依然没有得到证实，不过有作者认为他真的会将威胁付诸实施。参见 Kennedy（1991），p81。

㊃ 参见 Emminger（1986）。引自 Eichengreen 和 Wyplosz（1993）的通信。这些通信是保密的，直到 1992 年欧洲货币体系危机时才充分认识到这些文字的重要性。这封信的神秘性体现在段落中的这类表述："但是，欧洲货币体系的单一特征仍然未被意识到，除非市场能够提供比政府所能动员到的更多的资金，自我实现的投机危机才不会发生。市场必须能够消化投机者的储备。投机危机不会在欧洲货币体系发生，因为在这个体系下，政府通过互惠信贷渠道可以动员无限的货币。"Kenen（1988），p55。在后面，我的推断是，由于外国援助不是无限的，实际上欧洲货币体系发生自我实现的攻击不是不可能的。

了人们对价格稳定承诺的疑虑，则央行可以停止干预。

因此，不仅德国向外国提供援助的义务有严格限制，而且还取决于其他国家的币值重定意愿。德国扮演着美国在布雷顿森林货币体系下的那种强币国家角色，而且德国中央银行委员会与布雷顿森林会议的美国代表一样，试图限制盈余国家干预义务和弱币国家可得到的国际收支融资额度。

不过与1944年时的美国不同的是，德国从30多年的经验中得出的结论是，赤字国家不愿意调整。因此，德国意识到应该允许赤字国家货币贬值（用欧洲货币体系文雅的用语，即币值重定）。蛇形浮动体系的历史可分为两个时期：第一个时期是法兰克福币值重定之前，由于币值重定失败体系陷入紧张状态；第二个时期是运行良好的汇率富有弹性的阶段。德国与其欧洲货币体系的伙伴国得出了这个显而易见的结论。⊖

与布雷顿森林货币体系一样，欧洲货币体系并没有实行预想的有管理的浮动汇率制。那些同意遵守汇率机制（ERM）的国家货币汇率浮动区间为2.25%，与布雷顿森林货币体系后期的一样。⊜允许实行资本管制，这属于政府政策自主性范围，给各国协商有序币值重定提供了缓冲。显然，战后国际货币体系协定影响深远。

一开始，欧共体9个国家中有8个加入了汇率机制（英国除外）。意大利由于通货膨胀久治不见成效，在过渡期内允许更大的6%的波幅。⊜最早加入汇率机制的国家在20世纪80年代没有一个国家退出（虽然法国在20世纪80年代初曾打过退堂鼓）。这与蛇形浮动汇率体系形成了鲜明的对比。

欧洲货币体系最初的4年中，中心汇率每8个月变更一次（见表5-2）。在接下来的4年里，也就是到1987年1月，调整频率下降到每12个月1

⊖ 而且，与蛇形浮动体系早期所不同的是，当时人们希望《维尔纳报告》的到1980年完成货币联盟的承诺，能够让汇率稳定下来。《欧洲货币体系创立法案》并没有做出这样的承诺，意味着汇率需要更大的弹性。

⊜ 金融较脆弱的国家在加入后的过渡期允许更大的6%的汇率波动幅度。

⊜ 这个过渡期延迟到1990年。

次。这种变化反映了资本管制在逐步放松，加大了有序币值重定实施难度。此外，这还反映了全球经济环境的变迁，欧洲货币体系最初 4 年遭遇数次经济衰退，如 1973 年以来的衰退促成蛇形浮动体系的诞生一样，经济衰退加速了欧洲政策分化。一些欧洲货币体系成员国承受着失业压力，对新体系倍感紧张。

表 5-2　德国马克兑其他 EMS 货币的重估（双边中心汇率，%）

	比利时/卢森堡法郎	丹麦克朗	法国法郎	荷兰盾	爱尔兰镑	意大利里拉	总计 EMS[①]
权重[②]（按 %）	16.6	4.0	32.0	17.4	1.8	27.5	100
重估生效日期：							
1979 年 9 月 24 日	+2.0	+5.0	+2.0	+2.0	+2.0	+2.0	+2.1
1979 年 11 月 30 日	—	—	—	—	—	—	+0.2
1981 年 3 月 23 日						+6.4	+1.7
1981 年 10 月 5 日	+5.5	+5.5	+8.8		+5.5	+8.8	+6.5
1982 年 2 月 22 日	+9.3	+3.1					+1.6
1982 年 6 月 14 日	+4.3	+4.3	+10.6		+4.3	+7.2	+6.3
1983 年 3 月 21 日	+3.9	+2.9	+8.2	+1.9	+9.3	+8.2	+6.7
1983 年 7 月 22 日						+8.5	+2.3
1986 年 4 月 7 日	+2.0	+2.0	+6.2		+3.0	+3.0	+3.8
1986 年 8 月 4 日	—	—	—		+8.7	—	+0.2
1987 年 1 月 12 日	+1.0	+3.0	+3.0		+3.0	+3.0	+2.6
1990 年 1 月 8 日	—	—	—	—	—	+3.7	+1.0
自 1979 年 3 月 13 日 EMS 开始以来累计	+31.2	+35.2	+45.2	+4.0	+41.4	+63.5	+41.8

①德国马克兑其他欧洲货币体系货币的平均权重（几何加权），不含西班牙。
②EMS 货币权重取自 1984 ~ 1986 年国际贸易份额，考虑了第三市场效应，以德国马克计加权价值。
资料来源：Gros and Thygesen 1991，p68。

1981 年紧张状态更加明显，法国新政府在密特朗总统的领导下实施扩张性政策，允许预算赤字超过 GDP 的 1%，M2 年增长率可以超过政府目标10%。市场预期这样的政策会促使政府利用财政和货币加速器，法郎应声贬值。即将就任的官员们在经济部长雅克·德洛尔（Jacques Delors）的带领下，建议立即进行货币重定，以崭新的方式开始政府的运营。不过由于担心执政党被视作贬值党，这个建议被否决了。

密特朗新政府上任的前 4 个月里，德国和法国央行进行了广泛干预支持法郎。到了 9 月，贬值在所难免，这种对所有欧洲货币体系内的货币进行重估的大背景下的贬值，让法国挽回了一点面子。⊖

由于没有实行紧缩的财政和货币政策，法国的国际收支状况必定进一步恶化。市场根据预期采取了行动，抛售法郎，迫使法兰西银行实施干预，很快就弹尽粮绝，耗光了储备。加强资本管制只能延缓但无法逃脱被清算的命运。⊜ 1982 年 6 月，法郎对德国马克再次贬值，1983 年 3 月第三次贬值，⊜ 这迫使法国考虑退出欧洲货币体系，甚至退出欧洲经济共同体。⊗

最终，人们认为退出的做法太激进，毕竟法国在欧洲一体化上投入很大。密特朗中翼政府在德洛尔和财政部长卡德苏斯的带领下，取消了需求刺激政策。并非扩张性财政和货币政策没有发挥刺激经济的作用，相反产生了很好的效果：法国 GDP 的增长，一反其他国家的状况，即便在欧洲陷入严重衰退时，依然没有出现负增长。法国政策制定者没有预料到的是，外部约束的限制会在什么时候发生。

由于缺乏法国和德国之间的政策协调，法国社会主义党政府的刺激需求政策造成储备严重流失。当法国开始实行扩张性政策时，德国央行采取措施抑制通货膨胀压力。1982 年 10 月，当德国社会主义者解放同盟党政府被更保守的赫尔穆特·科尔政府取代时，德国中央银行不会降息就已成定局。

⊖ 这与 1936 年《三方协定》类似，将币值重定扩展到更大范围协议下进行，挽回了社会主义党政府的声誉。1936 年贝拉姆新政府也采取了扩张性政策，减少工作时间，刺激需求，曾经考虑正式贬值，但最后否决了。4 个月以后，不得不允许法郎贬值。

⊜ 法国资本管制的变化参见 Neme（1986）。

⊜ 法郎 / 德国马克的两次贬值都是在其他货币重定掩护下进行的。

⊗ 法国政府认为这个最后的选择是难以置信的，但正如前面所注意到的，法国退出欧洲货币体系会威胁 CAP 和欧共体的中心计划，意味着法国退出欧洲货币体系会削弱欧洲一体化的基础。参见 Sachs 和 Wyplosa（1986）。

因为与施密特政府不同，科尔及其同僚们根本不会让德国央行降低利率⊖。显然欧洲经济不可能如法国所预告的速度那样走出衰退。欧洲需求更低了，加之法国和德国之间通货膨胀差距拉大，意味着法国丧失了很大程度的竞争力⊖。对欧洲货币体系而言，所幸的是法国社会主义者最终还是向现实低头了。

欧洲货币体系的第二个四年比第一个四年要平稳多了。欧洲经济开始复苏，紧缩政策得到了更多的认可，紧缩政策实施阻力消退了。20 世纪 80 年代上半期，美元升值使欧洲更容易接受对马克的强汇率。密特朗政府的下台是个警告，有效地协调了德国最重要的欧洲货币体系伙伴——法国的稳定货币政策。

各个国家通货膨胀的离差以标准差来衡量，1983 ~ 1987 年比 1979 ~ 1983 年下降了一半。虽然资本管制得到了部分放松，但重要管制依然保留着，为政府币值重定谈判争取更多的时间。1983 ~ 1987 年的 4 次币值重定，没有一次超出累积的通货膨胀离差。因而，这 4 次币值重定并没有哪次对实施贬值国家的竞争力给予支持，否则这些国家将继续实施比德国更具扩张性的政策，而不必担心遭受竞争力损失。因此，这个政策传递了欧洲货币体系国家应恪守缩小名义汇率波动承诺的信号。欧洲的"局部布雷顿森林货币体系"显然开始重振雄风。

一体化新动力

欧共体似乎较为顺利地解决着汇率问题，而其他更基本的问题依然存

⊖ 参见 Henning（1994），pp194-195。

⊖ 此外，法国还苦于供给刚性，即需求刺激政策会引发高于政府预期的通货膨胀率，低于预期的产出增加。附加社会保障税、最低工资的增加、缩短的工作时间使雇主不愿意多雇用工人。总供给曲线内移的同时总需求曲线外移，结果没有带来增长，只带来了通货膨胀。

在。失业率经常处在两位数，高得令人发怵，而政策制定者感到对钉住汇率制的承诺束缚了手脚，难以有所作为⊖。各国政府担心欧洲厂商的竞争力不敌美国和日本的厂商。所有这些激励欧洲各国考虑激进地加速一体化进程，提振欧洲经济竞争力，帮助厂商更好地利用范围经济和规模经济。这一措施被证明对欧洲货币体系的演进产生了深刻的、始料未及的影响。

接下来的变化是复杂的。下面以最简要的形式，揭示货币联盟与一体化进程之间的相互作用关系。

- 就欧共体成员国而言，对钉住汇率的重新承诺、德国成为欧洲货币体系低通货膨胀锚，限制了欧洲各国运用独立宏观经济政策追求国家目标的自由。

- 政府因此在追求分配目标和社会目标时，就转而运用微观经济政策，比如削减工资、增加工作保障、大幅提高失业救济等社会福利措施。但这降低了劳动力市场的弹性与效率，导致了不断攀升的高失业率。⊖

- "欧洲硬化症"为欧洲一体化进程注入了更大动力。1986 年的《单一欧洲法案》包含了《单一市场计划》，试图通过简化管制结构，加强欧共体成员国之间的竞争，为欧洲厂商实现规模经济和范围经济提供便利与降低失业率，终结欧洲衰落局面。

- 建立商品和要素单一欧洲市场的努力推动了货币一体化的进程。消除货币转换成本，清除内部经济交流隐形障碍的途径，是打造真正一体化市场的唯一途径。剥夺各国操纵汇率机会可以安抚反对贸易自由化

⊖　我在后面将提到，20 世纪 80 年代失业率问题实际上与欧洲货币体系的出现有关，而不是当时政策制定者强调的以及大多数历史记录中的那些原因。

⊖　我的观点是，对欧洲高失业的两种流行的解释：对强汇率的承诺，导致劳动力市场刚性的微观经济社会政策。这两者是互不相容的，甚至无法进行严格区分。削减工资以及增加雇用和解雇成本的措施，是对欧洲货币体系制约宏观经济政策自主实施的反应。

的保护主义者。有两个意见都认为单一货币与单一市场如影随形，是必要的：1989 年《**德洛尔报告**》(Delors Report) 就卓有远见地有过这个见解；1991 年 12 月欧洲《**马斯特里赫特条约**》(Maastricht Treaty on European Union) 采纳了单一货币的建议。

- 创建单一市场需要解除资本管制。但是如果解除资本管制，就失去了缓解压力的定期货币重定工具，同时还增加了欧洲货币体系恢复国际收支平衡的难度。自 1987 年年初以来，就没有 ERM 货币进行过币值重定。鉴于种种显而易见的原因，这一时期就是久为人知的"EMS 困难期"。[⊖]

- 因此，增强了稳定货币愿望的因素，也同时拆除了能够让 ERM 成员运行相对稳定汇率体系的安全阀。与此同时，自 1990 年以来遭受了一系列的冲击：全球经济衰退提高了欧洲失业率；美元贬值进一步削弱了欧洲竞争力；德国统一提高了整个欧共体的利率。

- 就在此刻，国家政治领导人开始怀疑马斯特里赫特的货币联盟蓝图的可行性。于是市场也开始怀疑政府领导人能否信守 EMS 钉住汇率的承诺。最终，欧洲货币体系内部的压力增加到难以承受的地步，整个体系处于风雨飘摇之中。

在这个进程中有两个里程碑式的事件，那就是 1989 年的《德洛尔报告》和 1991 年的《马斯特里赫特条约》。自蛇形浮动汇率体系建立以来，法国政府就对欧洲共同货币政策的投入不足感到不满。到 20 世纪 80 年代，显然欧洲货币体系依然没有解决这个问题。1987 年 ECOFIN 理事会（即欧洲共同体成员国经济与财政部长理事会）备忘录里有记录说，法国财政部长爱德华·巴拉迪尔（Edouard Balladur）提议建立新体系。"当约束对象的经济和

⊖ 1990 年里拉波幅调整，意大利的汇率波幅从 6% 调整到 2.25%，但并没有涉及里拉更低下限的变动。

货币政策缺乏活力时，"他写道，"汇率机制的约束会产生较好的效果。但是，如果这些效果会妨碍政策过于严格的国家进行必要的调整，就会产生不正常的结果。"⊖解决这个问题的唯一方法是：单一中央银行管理单一货币，每个成员国对政策都有发言权。

欧洲委员会主席由法国经济事务部前部长雅克·德洛尔担任。巴拉迪尔的呼吁在布鲁塞尔得到了高度的认同，令人惊讶的是德国政府的热烈响应。显然重要的不仅仅是德国财政部长的反应，更关键的是外交部长汉斯－迪特里希·根舍（Hans-Dietrich Genscher）表达了用货币联盟取代欧洲货币体系、加速欧洲一体化进程的意愿。德国不仅希望欧洲市场一体化，便于有效利用规模经济和范围经济，而且还希望深化政治一体化，在政治一体化的背景下，德国可以在外交中发挥更大的作用，货币联盟是政治一体化的前奏。

德洛尔委员会由欧共体成员国央行行长、欧共体委员会1位代表和3位独立专家组成。在1988年和1989年开了8次会议，所出具的报告与之前的《维尔纳报告》一样，支持货币联盟在10年内完成。尽管没有为这个进程设定明确的最后期限，也与其前身一样，德洛尔委员会设想了一个渐进转变过程。但与《维尔纳报告》建议在进程结束时取消资本管制所不同的是，《德洛尔报告》主张一开始就取消，表明货币联盟与单一市场之间的联系。《德洛尔报告》向政治现实妥协，没有建议将财政功能让渡给欧共体，与此相反，建议设立预算赤字上限、禁止政府向中央银行直接贷款或货币融资。⊜

最引人注目的是，德洛尔委员会建议货币权利彻底集中化。《维尔纳报告》描绘了一个各国中央银行联合加入的货币联邦体系，而《德洛尔报告》则建议建立新机构——欧洲中央银行（ECB），负责实施共同货币政策和发行单一欧洲货币。各国中央银行则类似于美国的地区储备银行，成为中央银行的左膀右臂。

⊖ 引自 Gros 和 Thygesen（1991），p312。
⊜ 《委员会关于经济与货币协会报告》（1989），p30。

1989 年 6 月，欧洲理事会接受了《德洛尔报告》，为了顺利实施《德洛尔报告》，同意召开一次政府间的会议商讨《罗马条约》修正案。会议 1990 年 12 月开始召开，一年后在马斯特里赫特结束，又一次将欧洲汇率机制和政治联盟作为主要议题。

根据《德洛尔报告》，《马斯特里赫特条约》（以下简称《条约》）描述了分步完成转轨的过程：第一步，从 1990 年开始，解除资本管制。⊖成员国加强中央银行独立性，或者使国内法律与《条约》一致。第二步，从 1994 年开始，其特征是进一步集中国家政策，建立临时机构——**欧洲货币机构**（European Monetary Institute, EMI），鼓励宏观经济政策协作，逐步向货币联盟过渡。⊜如果理事会的部长们认为在第二个步骤中大多数国家具备了前提条件，可以建议进入第三个步骤，即完成货币联盟。但是，为了防止第二个步骤无限延期，条约要求欧盟主要国家政府在 1996 年年底之前开会，确定是否大多数成员国家满足货币联盟条件，并决定是否规定货币联盟开始的具体日期。如果在 1997 年年底之前还没有确定日期，即使只有少数成员国符合要求，第三个步骤就从 1999 年 1 月开始。第三步开始时，参与国的汇率就应该不可撤销地固定，欧洲货币机构将由欧洲中央银行取代，欧洲中央银行实施共同货币政策。

德国不愿意同意这些最后期限，除非货币联盟限于有货币稳定记录国家参加才会同意。⊜为了满足这一点，《条约》规定了 4 条 "集中标准"，如果

⊖　一些国家，包括希腊、爱尔兰、葡萄牙和西班牙在内，可以在最后期限之前保留管制。此外，其他国家则允许在第一个步骤时应对金融紧急状况实施不超过 6 个月的管制。我们将在下一节中了解到，1992 ~ 1993 年欧洲货币体系危机中就有国家运用了这项条款。

⊜　创立临时机构——欧洲货币机构，执行过渡期第二个阶段的职能是对《德洛尔报告》的倒退。《德洛尔报告》建议在第二个步骤而不只是在第三个步骤开始建立欧洲中央银行和货币联盟。这一让步是为了尊重德国的不同意见，德国反对在彻底实现货币联盟之前限定重要国家货币自主权的任何安排。

⊜　德国中央银行特别不愿意，其强烈反对设定严格最后期限的转轨方案。参见 Bini-Smaghi，Padoa-Schioppa 和 Papadia（1994），p14。

没有严重的紧张局势，要求合格国家在加入前（不少于 2 年）将货币维持在欧洲汇率机制要求的波动区间内；加入前 12 个月的通货膨胀率，不得超过通货膨胀率最低的 3 个国家平均数 1.5 个百分点；公共债务和赤字分别降至 GDP 的 60% 和 3% 参考值⊖；在前一年将长期名义利率控制在不超过表现最好的 3 个价格稳定成员国物价上涨率 2 个百分点。

1991 年 12 月，当条约谈判结束时，大多数国家似乎都能满足这些条件。几乎没有观察家意识到局势竟会瞬时急转直下。

欧洲危机

政府间会议在 1991 年 12 月前胜利闭幕，欧洲货币体系踌躇满志地步入 1992 年。自从上次欧洲汇率机制货币币值重定以来，时间又过去了 5 年。除了希腊和葡萄牙，欧共体的其他国家都加入了欧洲货币体系，葡萄牙也即将加入。

欧洲货币体系顺利地战胜了一系列的冲击，管理者们欢欣鼓舞，乐观非凡。苏联的解体沉重打击了依赖向东方出口的经济体（如芬兰）；冷战结束后，东欧国家转轨需要援助，减少了结构基金和欧共体其他整合计划的资源；1990 年德国经济与货币统一，产生的大量预算赤字、资本输入和支出猛增迫使整个欧洲大陆的利率上涨；美元对德国马克等欧洲汇率机制货币的贬值，进一步降低了欧洲的国际竞争力。欧洲大陆陷入了战后以来最严重的衰退期。随着马斯特里赫特协商的结束，人们对货币联盟的争论也进一步升级。尽管纷扰不断，欧洲汇率机制的成员国还是顶住了调整汇率的压力，没有加入欧共体的奥地利、挪威和瑞典，跟随欧洲汇率制国家，也顶住了调整

⊖ 大量符合资格的国家弱化了这些最后条件。例如如果基于各种特殊的或临时的原因，必须这么做；或者按照合适的节奏逐步降低至参考值，则债务与赤字可能超过参考值。

汇率的压力。⊖

丹麦在 6 月 2 日举行了对《马斯特里赫特条约》全民公决，这是一个转折点。丹麦对《马斯特里赫特条约》有效性没有提出怀疑。如果条约被否决，则削弱各国将汇率维持在欧洲汇率机制规定的幅度内的积极性，像意大利这样的高债务国家就没有可能削减赤字了。自 1990 年以来一直波动很小的里拉，突然跌至波动区间的下限；波幅较大的三种货币（英镑、比塞塔和埃库多）贬值得更厉害。随着 9 月 20 日法国对条约全民公决的临近，贬值压力更大了。8 月 26 日，英镑跌破欧洲汇率机制底线，两天后里拉跌破底线，其他欧洲汇率机制国家为了支持本国货币不得不出手干预，德国中央银行为了欧洲汇率机制国家的利益进行了广泛干预（见图 5-9）。

9 月 8 日，芬兰放弃了芬兰马克对埃居的单边挂钩汇率制。货币交易者（据说其中有些人不能区分瑞典与芬兰）将注意力转移到了克朗。过了一星期，瑞典中央银行被迫将保证金贷款利率提高到 3 位数。里拉自始至终都位于波幅下限以下。9 月 13 日召开了一次应对危机的会议，决定里拉贬值 3.5%，欧洲汇率机制其他货币法定升值 3.5%。

欧洲货币官员们希望危机能够很快结束，但这仅仅是个开始。5 年来首次进行的非常规的币值重定，提醒观察家们欧洲货币体系汇率还会发生变化。英国、西班牙、葡萄牙和意大利承受了很大的压力（有观察家认为这些国家币值重定幅度太小），尽管一再加息，并在欧洲货币体系规定波幅内实施干预，储备流失还是很严重。9 月 16 日，英国退出了欧洲汇率机制，同日，将提高过两次的利率调低。当天晚上，意大利通知货币委员会，因储备

⊖ 芬兰受到与苏联贸易崩溃和银行危机的冲击，是个例外。1991 年 11 月，芬兰还不是欧洲货币体系的成员国，芬兰银行将芬兰马克钉住埃居，但没有获得欧洲汇率机制国家的超短期融资渠道的支持，芬兰马克贬值了 12%。尽管如此，英镑依然坚决地维持在规定的波幅内。4 月，葡萄牙埃库多扩大了波幅。随着法郎从底限回升，德国马克、比利时法郎和荷兰盾汇率下跌了，欧洲汇率机制货币的汇率差异实际上缩小了。

不足以应对投机压力，不得不允许里拉实行浮动汇率制。⊖

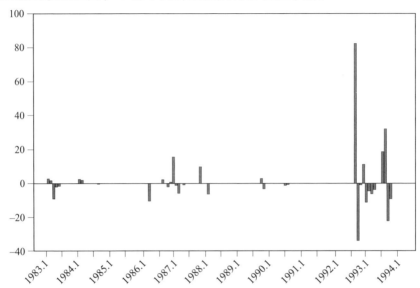

图 5-9　德国央行在欧洲货币体系的操作（1983 ～ 1994 年）（10 亿德国马克）

注：正数表明德国央行支持其他 EMS 货币进行的干预。

资料来源：Deutsche Bundesbank, *Annual Reports*, various years.

意大利和英国退出了欧洲汇率机制，紧接着，法国法郎、丹麦克朗和爱尔兰镑就感到了压力。法国的全民公决险过，但未能驱散压力。法郎在底线上方徘徊，需要法兰西银行和德国联邦银行进行广泛干预。⊜迫于压力，西班牙、葡萄牙和爱尔兰政府加强了资本管制。

11 月，瑞典政府的紧缩措施没有获得全党派一致支持，于是放弃瑞典克朗对埃居的单边钉住，再次引发了持续 6 个月之久的动荡。在保卫克朗的过程中，瑞典中央银行流失了大量储备，令人难以置信地给每个瑞典居民派发了 3500 美元。⊜西班牙被迫再次贬值了 6%，其邻国和贸易伙伴葡萄牙也

⊖　委员会还允许比塞塔贬值 5%。

⊜　据称在 9 月 23 日后一周时间里，共投入 1600 亿法郎（折合约 320 亿美元）用于保卫货币。参见《国际清算银行 1993》，p188。

⊜　据报道，在贬值前的 6 天里，储备流失了 260 亿美元，超过瑞典 GNP 的 10%。参见《国际清算银行 1993》，p188。

贬值了。12 月 10 日，挪威放弃钉住埃居，压力蔓延至法国和爱尔兰。尽管保卫法郎获得了成功，但爱尔兰镑沦陷了。1993 年 1 月爱尔兰取消管制时，爱尔兰市场利率提高到 3 位数水平还没有停下的迹象。⊖ 1 月 30 日，爱尔兰镑贬值了 10%。5 月，西班牙的春季大选充满不确定性，迫使比塞塔和埃库多再次贬值。

又一次，有许多理由让人相信动荡的岁月很快会过去。或许是因为上一次的否决导致了严重后果，丹麦在 5 月第二次全民公决中通过了《马斯特里赫特条约》。德国中央银行降低了贴现率和伦巴德利率，减轻了欧洲汇率机制伙伴国的压力。法国法郎和欧洲汇率机制其他弱币开始走强。

随着法国通货膨胀率降至德国通货膨胀率以下，法国政府谨慎地表示法郎担当着欧洲汇率机制货币锚的角色。但法国政府疏忽了局势依然严峻的现实，为降低失业率鼓励法兰西银行降息。法兰西银行降低了贴现率并希望德国央行也跟着降低贴现率。不过德国在 7 月 1 日的降息幅度非常小。于是法国经济部长拟召集德国和法国开一次协调降息的会议。但是，德国取消了参会计划，使市场猜测德国不赞同法国可能导致通货膨胀的政策。于是法郎迅速跌至欧洲汇率机制波幅下限，再次需要法兰西银行和德国央行的干预。比利时法郎和丹麦克朗也紧接着下跌。此时欧洲危机四伏，一触即发。

7 月最后的那个周末是协商联手攻克危机的最后机会。据说会上提出了一系列不同方案进行讨论，包括法郎贬值（法国反对），欧洲汇率机制货币全面币值重定（其他国家反对），让德国马克在欧洲汇率机制外实行浮动（德国反对），对银行开立的外币存款头寸收取保证金（比利时提议，其他国家反对）。方案各异，众说纷纭，意味着各国没有就这个问题达成一致意见。到了周日晚，聚集在一起的部长们和央行行长们要面对即将开张的东京金融市场。由于没有一个一致同意的方案，他们选择将欧洲汇率机制的波动幅度从

⊖ 爱尔兰镑的贬值（英国进一步降息引起的）使爱尔兰雪上加霜，自 9 月 16 日至农历年底，爱尔兰镑兑德国马克贬值了 13%。

2.25% 扩大到 15%。此时，欧洲货币的浮动自由度比蛇形浮动时期和中心汇率时期都要大。

洞悉欧洲危机

对这次危机产生的原因有三种不同的解释：过去政策协调不充分；未来政策缺乏协调；投机压力。

第一种解释认为有些国家，特别是意大利、西班牙和英国，通货膨胀率并没有降至欧洲汇率机制国家同等水平，过高通胀累积造成币值高估，增大了经常账户赤字，美元、日元走弱更恶化了这些问题。就货币交易者而言，很清楚高额经常账户赤字无法获得足够的融资。有鉴于此，1987 年并不是转向硬欧洲货币体系的最佳时机，各国应继续通过调整中心汇率保持竞争力均衡。⊖

但是，这种解释显然得不到数据支持。⊖表 5-3 显示了欧共体中央银行管理委员会自己估算的 1992 年危机前累积竞争力的变化。⊜1987 年以后加入欧洲货币体系的国家中，只有意大利的竞争力变弱了。意大利的单位劳动力成本相对其他欧共体国家高出 7 个百分点，相对于工业国家高出 10 个百分

⊖　Branson（1994）和 von Hagen（1994）对这种观点进行了清楚的分析。可以理解，它发现了官方解释方法。参见《国际清算银行 1993》《欧洲团体使命 1993》《欧共体成员国央行委员会》（1993a，1993b）。

⊖　这些数据未能很清楚地说明问题的原因是，欧洲经历了一次严重的不对称冲击：德国统一。德国统一导致消费和投资增加，扩大了对德国产品的需求。相对于其他欧洲汇率机制国家，这在短期内推高了德国产品的价格。即欧洲其他国家的通货膨胀不仅要与德国保持一致，还必须有一个滞后。遗憾的是，无法精确地知道其他国家相对于德国通货膨胀率应该降低多少。解决问题的方法之一是，观察"有竞争力产出"相对于投入品的价格。Eichengreen 和 Wyplosz（1993）将国际收支经常账户和制造业部门的盈利能力作为两个变量，如果对竞争环境变化调整不充分，则这两个变量的值会异常。在危机前，只有意大利的这两个变量是异常的，西班牙的经常账户异常，但制造业部门的盈利能力正常；英国的这两个变量没有发生变化。其他货币受到攻击的国家，如丹麦、法国和爱尔兰在危机之前这两个变量都没有出现异常。

⊜　区分了两个指标：生产者价格和单位劳动力成本；两个比较组：其他欧共体国家和所有工业国家。后者受美元和日元贬值的影响。

点。⊖在改组中，还有一个劳动力成本上升幅度相当大的国家是统一后的德国，但德国没有受到投机攻击。也就是说，表 5-3 中没有任何一点能够证明法国法郎、比利时法郎、丹麦克朗和爱尔兰镑遭到投机攻击。⊜

表 5-3 竞争力累积变化指标（1987 ~ 1992 年 8 月）　　（%）

国家	相对其他 EC 国家[1]		相对工业国家	
	生产者价格	单位劳动力成本[2]	生产者价格	单位劳动力成本[2]
比利时	4.0	5.6	1.3	2.7
丹麦	3.6	6.4	−0.5	3.8
德国（西部）	1.7	0.5	−3.8	−5.5
希腊	n.a.[4]	n.a.[4]	−10.2	−15.6
法国	7.9	13.3	3.3	7.2
爱尔兰	6.4	35.7	1.3	27.9
意大利	−3.0	−7.0	−6.4	−9.8
荷兰	1.5	5.2	−1.4	1.9
自加入 ERM[3]——1992 年 8 月				
西班牙	−2.1	−7.5	−8.1	−13.8
葡萄牙	n.a.[4]	−4.6	n.a.[4]	−6.9
英国	−1.7	−0.4	−4.0	8.3

① 不包括希腊。
② 制造业部门。
③ 西班牙，1989.6；葡萄牙，1992.4；英国，1990.10。
④ n.a. 无数据。
资料来源：Eichengreen 1994b.

仅根据表 5-3 的单位劳动力成本和生产者价格数据无法确定英镑有无高估。或许有人会反对说，这个问题早在 1990 年 10 月英国加入欧洲汇率机制

⊖ 虽然希腊的第二个数值更高，但希腊尚未加入欧洲汇率机制。

⊜ 1989 年与 1992 年加入 ERM 的西班牙、葡萄牙和英国的证据并不明显。西班牙和葡萄牙经历了比其他 ERM 富裕国家更高的通货膨胀。但这是高速增长国家向更高附加值产品生产国转变时的现象。参见第 4 章倒数第二节对巴拉萨－萨缪尔森效应的讨论。尽管西班牙这样的国家比其他工业化程度更高的 ERM 伙伴国通货膨胀承受力更高，但还是被认为西班牙政府做得有点过火。

之前就已经存在了。[一]但是，我们不清楚市场有无对此做出反应：因为直到危机前数周，英镑一年后远期汇率依然保持在欧洲汇率机制规定的波幅内。实际上，将危机归咎于过高的通货膨胀率和汇率高估，存在着这样的最基本漏洞：如果是过高的通货膨胀率和经常账户赤字累积效应导致的攻击，那么市场的疑虑应该反映在远期汇率和利差变化中。由于通货膨胀和赤字是渐变的变量，其影响应该反映在远期汇率逐渐接近欧洲汇率机制变动区间边界，利差逐步扩大。不过，这些变量并没有明显地呈现这样的变化，直到危机前才突然上升。[二]直到那时，这些指标依然让预期远期汇率保持在欧洲汇率机制变动区间之内。直至危机发生前夕，这些指标没有一个表明欧洲国家货币有极大可能贬值。[三]

未来政策变化缺乏协调的解释，显然是对过去政策失衡说法的补充。为了恢复外部平衡而实施紧缩性政策的国家，经历了很高的失业率（表 5-4 列出了这些国家在危机前数年间的失业率）。德国统一的冲击导致德国价格相对其他欧洲国家价格上涨，只要保持钉住汇率，则相对价格变化只会伴随着德国更高的通货膨胀率，或者国外更低的通货膨胀率。可以预见，德国央行会选择后者，决定加息以确保调整不是通过德国的高通货膨胀率实现的。因此，调整只能通过国外的反通货膨胀来实现。由于欧洲劳动力市场调整缓慢，反通货膨胀意味着失业。

[一] 参见 Williamson（1993）。

[二] Rose 和 Svensson（1994）对这个证据进行了细致研究。

[三] 这个怀疑不应该被夸大。即便数据无法清楚地说明问题，即使理由并不充分，但仍然说明欧洲汇率机制货币并非无缘无故地受到攻击。意大利就是这样的一个国家，证据清楚地表明其丧失了竞争力，里拉是首个被赶出欧洲汇率机制的货币。有些指标说明英国、西班牙和葡萄牙也存在类似的问题，这些国家的货币也随后受到了攻击、进行了币值重定或离开了该体系。国家竞争力丧失还不是最重要的原因，其他国家货币也受到攻击说明事实并没有那么简单。

表 5-4　失业率（1987 ~ 1992 年①）

国家	占国内劳动力百分比（%）			
	1987 ~ 1989 年平均	1990 年	1991 年	1992 年②
比利时	10.0	7.6	7.5	8.2
丹麦	6.6	8.1	8.9	9.5
德国③	6.1	4.8	4.2	4.5
希腊	7.5	7.0	7.7	7.7
西班牙	19.1	16.3	16.3	18.4
法国	9.9	9.0	9.5	10.0
爱尔兰	17.0	14.5	16.2	17.8
意大利	10.9	10.0	10.0	10.1
卢森堡	2.1	1.7	1.6	1.9
荷兰	9.2	7.5	7.0	6.7
葡萄牙	5.9	4.6	4.1	4.8
英国	8.7	7.0	9.1	10.8
EEC				
平均	9.7	8.3	8.7	9.5
离差④	2.7	2.6	3.3	3.7
ERM 初始窄幅				
平均	8.1	7.2	7.1	7.4
离差④	2.2	2.2	2.8	2.9
美国⑤	5.7	5.5	6.7	7.3
日本	2.5	2.1	2.1	2.2

① 标准定义。

② 估计值。

③ 1992 年失业率（国家定义）：联邦德国为 14.3%，整个德国为 7.7%。

④ 加权标准差。

⑤ 总劳动力的百分比。

资料来源：Eurostat。

接着，失业率上升会引起对维持 ERM 钉住汇率的紧缩政策支持率下降。如果政府一意推行紧缩政策，则迟早会被对此不满的选民轰下台。为了避免这种情况发生，政府不得不放弃紧缩性政策。基于这样的认识，市场会攻击失业率最高且政府最弱的国家的货币。⊖于是毫不意外地，危机的发生与失业最严重的国家之间存在显著相关性。

这种解释也将市场行为与对《马斯特里赫特条约》的反对联系起来。如果条约得不到认可（在丹麦和法国公决的间歇期中，这是很有可能发生的），汇率也会大幅波动，因为承受失业是加入货币联盟需要面对的情形。6 月，丹麦否决了条约后，汇率就出现了紧张局面；法国在 9 月 20 日全民公决前汇率极度紧张。这些绝非巧合。

不过，这第二种解释与观察到的远期汇率变化轨迹也有不太吻合之处。如果观察家们认为实施扩张性政策的可能性很大，那么在 9 月第 2 周遭受攻击的欧洲汇率机制货币，其一年后远期汇率为什么没有在 7 月或 8 月突破区间界限呢？除了意大利里拉以外，在 9 月前远期汇率跌破区间下限的欧洲汇率机制货币只有丹麦克朗。这毫不奇怪，因为丹麦否决了条约。⊜

接着我们再来看看可能在 1992 ~ 1993 年肇事的第三种原因：自我实现的攻击。⊝现在用一个例子来清楚地说明这个作用机理。假定预算是平衡的，外部账户处于均衡状态，则不会出现国际收支危机的预兆。政府当然很乐意保持政策不变来维持现状。如果没有受到攻击，这些政策将支持汇率。现在，假如投机者攻击货币，则政府必须允许国内利率上升才能稳定汇率。投机者是利用本币定值资产（其回报是国内利率）与外汇定值资产（其回报是外国利率加上预期贬值比率）之间的差额获利的。但是，必要的加息，可能会改变政府对加息的成本与保卫汇率的收益之间的权衡。因为保卫汇率要求更高的利率，高利率会压低需求、加剧失业，还会加重现行政策带来的痛

⊖ Ozkan 和 Sutherland（1994）对这个过程进行了正式描述。

⊜ 还是不能过分夸大对这个观点的怀疑。衰退增加了欧洲的失业率，政府的日子肯定更难过了。毫无疑问这会降低人们对维持欧洲汇率机制钉住汇率的紧缩性政策的支持。而且，仍然无法明确地知道，政府境况恶化是否由于打算放弃之前的政策而引起的，还是因为市场情绪导致的。根据远期汇率指标来看，后一种可能性很大。

⊝ Flood 和 Garber（1984）、Obstfeld（1986）对这一分析有开创性贡献。下面的例子取自 Eichengreen（1994b）。读者不难发现，这与第 3 章英镑危机的解释很相似。

苦。加息会增加抵押贷款负担，特别是英国这样的抵押贷款利率进行市场利率指数化的国家，更是如此；还可能导致贷款违约，动摇脆弱的银行体系的稳定性；增加政府债务成本，导致开征更多扭曲性的税收。尽管忍耐紧缩性政策能够赢得捍卫汇率的好名声，但是如果投机攻击提高了初始政策组合的成本，那么这样的政策组合往后会失去吸引力。即便政府在没有攻击时进行利弊权衡，还是有可能会在投机压力下选择放弃紧缩性政策组合。

在这种情形下，即便能够并且确实保卫了货币钉住汇率制，投机冲击一样会获得成功。这与标准国际收支危机模型相反，在标准国际收支危机模型中，投资者的行为受不一致且不可持续的政策影响，只预测必然因素、在必定会以各种形式出现贬值前采取行动。[⊖] 在我们所讨论的例子中，贬值肯定不会发生，攻击导致了在其他情况下不会发生的结果，预言就自我实现了。

有理由认为自我实现危机模型适用于 20 世纪 90 年代的欧洲汇率机制。[⊜] 不妨回顾一下欧盟成员国在试图满足欧洲货币联盟资格时所面临的各种选择。《马斯特里赫特条约》规定加入货币联盟的条件是：在加入前的两年内汇率稳定。即使一国国内金融秩序正常，其政府也愿意以紧缩换取之后加入货币联盟的资格。因为外汇市场危机也会迫使政府贬值，或放弃欧洲汇率机制的钉住汇率，使其无法达到加入货币联盟的要求。一旦不能满足加入欧洲货币联盟资格的要求，政府就没有积极性继续实施为获取资格的各种政策了。于是，该国会倾向于实行更加温和的货币和财政政策。即使当前或未来不会遭受攻击，基本面也没有问题，一旦出现攻击的苗头，政府就有激励调整政策，更温和的政策使投机者的预期落空。可以这么说，《马斯特里赫特条约》为自我实现的攻击提供了丰沃的土壤。

⊖　参见克鲁格曼（1979）。

⊜　Eichengreen 和 Wyplosa（1993）、Rose 和 Svensson（1994）和 Obstfeld（1996）讨论过这个问题。

发展中国家经验

布雷顿森林货币体系建立后的 20 余年中的一个显著变化是，工业化国家的汇率越来越有弹性。无论是美元 / 日元、美元 / 德国马克，还是 1992 年欧洲货币危机后的欧洲内汇率都是这样。这一趋势是对国际资本流动加速带来的压力的反应。

发展中国家也呈现了相同的趋势。浮动汇率制，对那些金融市场落后的国家没有吸引力，因为资本流动会带来剧烈的汇率波动；对很小的、开放度很高的国家也没有吸引力，因为汇率波动会严重扭曲资源配置。因此，大多数发展中国家实行资本管制，钉住主要货币。

与此同时，钉住汇率制被证明越来越难以与金融自由化的努力相协调。二战以来，发展中国家依靠进口替代和金融市场抑制来维持钉住汇率制。比如拉丁美洲国家吸取了 20 世纪 30 年代遭受巨大损失的教训，将国内经济与国际市场动荡隔离开来，为此拉丁美洲国家广泛实施了关税与资本管制。同时为了指导国内发展，这些国家实施了价格管制、成立了购销管理局并实行金融管制。⊖战后这种模式的效果立竿见影，其成功的原因是当时国际贸易和国际借贷尚未恢复，也没有什么外延式增长的机会可资利用。但是，干预主义政策逐渐被特殊利益集团玩弄于股掌之间，与此同时，贸易与借贷业务蒸蒸日上，粗放式增长机会已被耗尽，迫切要求增加价格体系的弹性。20世纪 60 年代早期，发展中国家由进口替代和金融抑制向出口导向和市场自由化转轨。

后来的结局与工业化国家经历过的不同：随着国内市场自由化程度的提高，国际资本的流动越来越难以控制。继续实行资本管制费力且不讨好，并具有很大的破坏性。随着越来越多的商业银行向发展中国家发放贷款，国际

⊖　联合国拉丁美洲经济委员会的出版物中介绍过这个策略，对这个文献的重要分析可参见 Fishlow（1997）和 Ground（1988）。

资本流动规模迅速扩大，使资本管制越发困难。如果资本大量流入，则货币升值的压力将更加难以承受；如果资本大举流出，也更难以扭转货币贬值的趋势了。

较大的发展中国家最倾向于不钉住汇率，1982 年年底还有 73% 的发展中大国实行钉住汇率，到 1991 年这一比例就下降到了 50%。⊖而在较小的发展中国家，这一时期从 97% 下降到 84%。即便在发展中国家也发生了令人瞩目的转变，比如危地马拉的货币 60 年来钉住美元，洪都拉斯的货币钉住美元的时间超过 70 年，分别于 1986 年和 1990 年打破了与美元的联系。但是实行浮动汇率的国家依然很少，这些国家由于担心不发达的金融市场导致汇率波动剧烈，实行了严格的汇率管制。

发展中国家经验的多样性引发了对不同政策效果的讨论。仍然实行钉住汇率制的国家在整个时期中的通货膨胀率都很低，这与那些实行浮动汇率制或者向浮动汇率制转轨的国家不同。⊜钉住汇率制约束了政府，迫使政府压制通货膨胀。这种观点明显的问题在于，可能是其他原因导致了低通货膨胀率：不是钉住汇率制施加了反通货膨胀约束，而是政府能够独立地追求稳定价格政策，为钉住汇率创造了最优条件。

塞巴斯蒂安·爱德华仔细地研究了这个问题。除了汇率，他还加入了更多的控制变量，对发展中国家通货膨胀因素进行了横截面数据分析。⊜得出的结论是，即便加入了通货膨胀其他潜在影响因素，钉住汇率还是提供了反通货膨胀约束。

这一证据表明，钉住汇率制对那些试图控制高通货膨胀率的国家的政府特别有吸引力。钉住汇率能够阻断输入价格膨胀的通道，大幅度降低通货膨胀率，有利于恢复税收秩序，便于政府实施有效的财政和货币政策。那么，

⊖ 越来越多实行钉住汇率制的国家开始钉住一揽子货币，而不是单一货币。参见 Kenen（1994），p528。

⊜ 参见 Kenen 的文章及进一步讨论。

⊜ 参见 Edwards（1993）。

在拉丁美洲、东欧和其他发展中国家，钉住汇率制是"非常规"稳定计划的有机组成部分就不足为奇了。

但是将钉住汇率作为稳定计划的名义锚，并非没有代价。由于降低国内通货膨胀率需要一段时间，所以可能导致实际汇率高估。随着经常账户赤字的扩大，钉住汇率乃至稳定计划本身都可能在混乱中功亏一篑。只有当政府对维持钉住汇率做出重要承诺时，才能够有效增强反通货膨胀的可信度。因此，如果仅仅为了稳定价格实行钉住汇率制，那么钉住汇率制会变得僵化，加剧金融的脆弱性，使国家遭到投机攻击。与此相反，那些宣称放弃钉住汇率制只是暂时之举的国家，则往后不可能具备反通货膨胀的可信度。

应对这种两难状况的极端举措是设立**货币管理局**（currency board）。一个国家采取议会法令或者宪法修正法案的方式，法令要求中央银行或者政府将其货币钉住某个贸易伙伴国货币；只要授权货币当局仅当获得等量的外汇时才能发行货币，就实现了这个目标。由于修改法律或宪法是一件耗时耗力的政治任务，因此放弃钉住汇率的可能性极小。认清这一现实，会使生产者和消费者迅速地调整以适应新的价格稳定机制，有效阻止通货膨胀，使高估问题（币值高估是新建钉住汇率制的大敌）最小化。

在较小的、开放度高的经济体中，如中国香港、百慕大和开曼群岛等，都设立了货币管理局。1928 ~ 1943 年的爱尔兰、1927 ~ 1964 年的约旦也设立过货币管理局。⊖ 1991 年的阿根廷、1992 年的爱沙尼亚、1994 年的立陶宛为了控制通货膨胀，也建立过类似货币管理局的机构。

货币管理局制度与金本位有着惊人的相似之处。在金本位制下，只要中央银行获得了黄金，或者有些情况下有可兑换的外汇，法令就允许中央银行发行更多的货币。在货币管理局制度下，除了没有原来的关于黄金的条款外，其余规定如出一辙。在金本位制下，维持国内固定黄金价格就能固定汇率。在货币管理局制度下，本币直接钉住外国货币。

⊖　Hanke、Jonung 和 Schuler（1993）附录 C 列举了货币管理局清单。

货币管理局制度的不足也与金本位制一样：最后贷款人干预范围有限。货币当局必须支持并监督银行破产，最坏的情形是监督银行体系崩溃。除非拥有超额储备，不得向国内金融体系注入流动性。即使中央银行拥有足够的超额准备，可以进行最后贷款人干预，实施结果也有可能适得其反。投资者如果看到货币管理局在没有获得外汇的情形下发行货币，就会揣测政府相比钉住汇率，更看重银行系统的稳定，对此的反应是，赶在贬值和放弃货币管理局制度前，将资金转移到国外，导致金融体系流出的流动性多于当局补充的流动性。与金本位制下一样，实行货币管理局制度的国家也可能对金融危机束手无策。

当然从某种意义上而言，货币管理局正是为了应对金融危机而设立的，反映了为获得可信度牺牲灵活性的决心。但是，成也萧何，败也萧何。僵化既是货币管理局的长处，也是短处。如果金融危机摧毁银行系统，则会激起人们反对货币管理局本身。正是因为这点，出于对银行系统和经济活动稳定的担心，政府可能会放弃货币管理局。[⊖]

在有些国家（或地区），这一问题更为严重。在金融机构数量有限、银行体系集中的小国，可能会安排较强的银行救助较弱银行的救生艇操作。国内银行附属于外国金融机构的国家（地区），能够请求外国援助。这可以解释为什么货币管理局在百慕大、开曼群岛和中国香港可以成功运行相当长时期。不过阿根廷就不具备这所有条件了，1995 年当金融危机中断了墨西哥向其他拉丁美洲国家的资本输出时，阿根廷金融系统濒临崩溃，国际货币基金组织只筹集了 80 亿美元的国际贷款，其中一部分用于存款保险计划和银行系统资本结构调整，阿根廷才得以渡过难关。

另一种应对之策是多个国家集体钉住汇率，而不是单边钉住汇率。最著名的例子是 CFA 法郎区。[⊖] 13 个成员国共享 2 家中央银行，其中 7 个国家使用西非国家中央银行，另外 6 个国家使用中非国家中央银行。这两家中央

⊖　Zaragaza（1995）分析了这个观点。

⊖　CFA 代表法国西非共同体，对 CFA 法郎区经济的基本研究文献是 Boughton（1993）。

银行发行等值货币，叫作 CFA 法郎。1994 年 CFA 法郎区货币对法国法郎贬值，在此之前钉住法郎已经持续了 60 年。因此不仅这些货币联盟成员国受益于相互之间的稳定汇率，而且维持了长时期的对前殖民地国家的汇率稳定。

20 世纪 80 年代后半期，可可与棉花价格下跌，法郎区国家贸易条件急剧恶化。但与实行独立浮动汇率的邻国（赞比亚、加纳、尼日利亚、塞尔维亚和扎伊尔等），以及实行有管理的浮动汇率的邻近国家（几内亚比绍和毛里塔利亚）相比，通货膨胀率一直低很多，而且与此同时 CFA 法郎区的产出效率也毫不逊色。

有两个特殊因素在稳定 CFA 法郎与法国法郎汇率方面扮演了重要的角色。首先，所有成员国都对资本账户交易的支付进行限制，有几个国家对经常账户交易的支付也做了限制。CFA 法郎区与世界上任何地方一样，资本管制与货币钉住汇率制的存亡息息相关，这些限制措施保卫着货币钉住汇率制。其次，CFA 法郎区国家得到了法国政府的广泛支持。除了外国援助（法国成为对其前殖民地进行双边捐赠数额最大的国家），还获得了实质性的无限制国际收支融资。通过允许这两家中央银行不受限制地从其在法国财政部的账户上透支，法国政府就保证了 CFA 法郎按固定平价兑换。

有必要对 CFA 法郎区和欧洲货币体系进行比较。欧洲内货币汇率每隔几年就必须调整一次，但法国法郎与 CFA 法郎的汇率几乎半个世纪保持不变。根据《欧洲货币体系创立法案》，名义上不受限制的援助，事实上，几乎从未动用过，但法国财政部真金白银地向 CFA 法郎区提供过援助。所不同的是，法郎区国家的调整承诺是可信的，法国的提供融资义务最终是有限的。当两家中央银行需要透支时，就不得不按照要求实施紧缩货币政策。法国相信两家中央银行会调整政策，因而提供了大量双边外国援助，受援国不可能言而无信。

20 世纪 90 年代，国际资本流动管制难度越来越大，政府政策的自相矛盾成为常态，这导致许多国家的钉住汇率制度处于风雨飘摇的动荡之中。这些因素也同样迫使 CFA 法郎贬值了。尽管持续发生赤字，两家非洲中央银行都不愿意将货币政策紧缩到所要求的程度。商品价格的崩溃恶化了信贷环境，从紧的信贷威胁到银行系统的稳定。银行系统不稳定对政府而言政治代价昂贵，因而不愿意进行紧缩。残酷的工资削减导致喀麦隆和其他法语区国家爆发了全面的罢工，当局只好做出了让步，又变得温和了。法国政府明确表示，如果不进行必要的调整，那么能得到的金融援助就会受到限制。作为继续提供援助的条件，法国政府要求 CFA 法郎区部分地通过贬值来实现调整。于是 1994 年年初，CFA 法郎兑法国法郎贬值了 50%。

结论

自布雷顿森林货币体系崩溃以来的 25 年中，国际货币体系的雄心壮志频繁受挫，无奈妥协成为常态。重建可调整钉住汇率制的尝试屡战屡败。失败的根源在于，由于势不可当的国际资本流动的增加，货币钉住变得脆弱，周期性调整更加困难。资本流动增加了弱币国家保卫钉住汇率的压力。由于干预规模过于庞大，强币国家也怯于施加援手。越来越多的政府意识到，浮动汇率不可避免。

这种情形并非个案。金融市场发展落后的发展中国家发现，很难承受汇率大幅震荡带来的后果。汇率波动使欧共体成员国一体化欧洲市场的努力付诸东流。即使是美国、德国和日本等国家，也认为需要通过外汇市场干预才能使双边汇率达到一个适度的水平。

由于政府不喜欢自由浮动汇率，于是就出台了大量过激措施进行限制。不过，如果说从舒尔茨 – 沃尔克（Schultz-Volcker）的储备指标体系强化了的布雷顿森林货币体系、20 世纪 70 年代的欧洲蛇形浮动体系、欧洲货币体系、到广场 – 卢浮宫（Plaza-Louvre）协议的协调干预，从中能得到一个教训的话，那就是，在无限的资本流动世界里，没有什么限制措施能够得偿所愿。

第 6 章

国际货币体系新格局：美丽的新货币世界

不识历史真面目，只缘置身在其中。

——沃尔特·雷利爵士（Sir Walter Raleigh）

人们似乎每隔 10 年就会经历特大动荡与频发的重大事件。如果真是如此，那些受到自 1997 年以来 10 年国际货币体系运行深刻影响的人一定深有同感，最有理由发出这样的感叹。这 10 年来，以亚洲危机为开端，这场危机对稳定祥和的亚洲而言不啻晴天霹雳，其中汇率起着很大的作用。随之又爆发了巴西危机、土耳其危机和阿根廷危机等。所传达的信息似乎是，新兴市场国家无法驾驭暴涨的国际资本流动和风起云涌的政治民主运动。

不过，观察家们刚得出这个不太令人愉快的结论，和平就冒出头来了。2002 年年底到 2008 年，新兴市场国家并没有继续爆发危机。这或许一定程度上得益于良好的外部环境。美联储为了避免通货紧缩大幅降息，低利率和充沛的流动性降低了人们的偿债成本。世界经济强劲扩张，不仅仅因为更便利的信用条件，更因为作为增长极的中国和印度的崛起。水涨则船高，全球经济强劲扩张导致的商品价格上涨，使商品出口国的国际收支实现大量盈余。

全球性的繁荣并不能持续到永远，一旦增长减速，那么不稳定将卷土重来。新兴市场国家不可能一夜之间就能具备高收入国家制度优势，⊖这些国家的银行管理疏松、金融体系缺乏流动性和透明度、公司治理水平低下。在亚洲危机后的 10 年里，新兴市场国家与高收入国家之间的标准开始趋同，不过令人忐忑不安的是，发达国家自身在这些领域也暴露出许多薄弱环节。⊜在这样的信息不完全、合约不完备的环境里，金融波动不可避免。当波动升级时，汇率稳定性将受到严重冲击。

不过，当美国于 2003 年入侵伊拉克时，还有 2007 年欧洲抵押贷款支持证券市场实行政策改革、致使美国爆发流动性危机时，新兴市场并没有出现重大问题。这些改革中最重要的举措是增加汇率弹性。自 20 世纪 90 年代末以来，越来越多的新兴市场，主要有拉丁美洲国家，还包括亚洲和欧洲的新兴国家都实施了更大的汇率弹性。随着资本流动性的增加，要在保持货币政策独立性的同时维持汇率的稳定就变得很困难。当迫于政治压力，政府的货币政策不能服从稳定汇率目标时，就只能接受更大的汇率弹性。可以肯定地说，这种接受是很勉强的。不过还是有很多重要的国家，包括巴西、墨西哥、印度和韩国，大幅减少了对外汇市场的干预。

但由于货币当局不再将汇率作为政策目标，则需要其他机制稳定预期。为此，中央银行确定了通货膨胀率目标，宣布通货膨胀率目标值，发布通货膨胀预测报告，解释货币政策与实现通货膨胀率目标的一致性，发行《通货膨

⊖　毕竟，这是指"新兴"的市场，而不是"已兴起"的。

⊜　美国的安然和世通的会计丑闻就是明证。安然是美国的一家大型能源贸易公司，因在会计方面大量经常性造假而于 2001 年年底倒闭。世通是美国的一家电信公司，在 2001 年和 2002 年上半年隐瞒了 40 亿美元的支出，虚增利润，事情败露后，世通被迫遣散了 1.7 万名员工。

胀报告》说明个中差池。⊖这为投资者的预期形成和资产配置决策提供了重要依据。

浮动汇率并不是自由的。国家资产负债表上有大量外债的国家会实行干预，防止货币贬值。这些国家担心贬值会大幅增加偿债成本，这是亚洲金融危机的一个教训。⊜依赖出口实现经济增长的国家，会干预汇率降低本币升值速度。这些国家担心升值会减缓出口增长，使行之有效的发展模式毁于一旦。⊜表6-1显示了汇率制度的演进过程。⊛实行软钉住的国家所占比重锐减（从56.91%下降到45.60%），相应地，实行硬钉住和浮动汇率制的国家所占比重增加了。很显然，主要欧洲发达国家转向了硬钉住，主要新兴市场国家则转向了某种形式的浮动汇率（新兴市场国家实行软钉住的比重从78.13%下降到了40.63%，实行浮动汇率制的国家所占比重从12.50%上升到了46.88%）。因此，显然许多（虽然不是全部）中等收入国家实行了更富有弹性的汇率制度。

表 6-1　汇率制度的演进（每一类成员所占百分比）　　　　　　（%）

所占百分比			
	1990 年	1996 年	2006 年
全部国家			
硬钉住[①]	16.88	18.23	26.92
软钉住[②]	67.53	56.91	45.60

⊖　货币政策目标由稳定汇率变为通货膨胀率目标，是新西兰在 20 世纪 80 年代首创的，随后，这在于 1992 年被逐出欧洲汇率机制的英国和瑞典得到了很好的发展（瑞典实际上只是影随欧洲汇率机制，不过还是被逐出了影子）。其他国家并没有实施纯粹、完全的通货膨胀率目标政策。特别值得注意的是，汇率水平和汇率变动仍然在这些通货膨胀率目标制国家发挥着重要作用，因为汇率变动会对当期和预期的通货膨胀率产生影响。所不同的是，汇率不再是政策目标。Mishkin（2004）对新兴市场的通货膨胀率目标制有很好的介绍。

⊜　这就是自 Calvo 和 Reinhart（2002）后变得众所周知的"浮动恐惧"现象。

⊜　自 Sturzenegger 和 Levy-Yeyaty（2007）后有时被称作"升值恐惧"。

⊛　文献中区分了法律上的汇率体制（即政府向国际货币基金组织上报的正式体制）和根据汇率变动及政策态度而判定的实际汇率体制。表 6-1 列出了实际汇率体制数量。Reinhart 和 Rogoff（2004）及时进行了更新。由于四舍五入的关系，合计数并不绝对等于 100。

（续）

	所占百分比		
	1990 年	1996 年	2006 年
浮动③	15.58	24.86	27.47
合计	100	100	100
成员数	154	181	182
发达国家			
硬钉住	4.35	8.33	54.17
软钉住	69.57	58.33	4.17
浮动	26.09	33.33	41.67
合计	100	100	100
成员数	23	24	24
新兴市场国家			
硬钉住	6.67	9.38	12.50
软钉住	76.67	78.13	40.63
浮动	16.67	12.50	46.88
合计	100	100	100
成员数	30	32	32
其他发展中国家			
硬钉住	22.77	22.40	25.40
软钉住	64.36	51.20	54.76
浮动	12.87	26.40	19.84
合计	100	100	100
成员数	101	125	126

① 包括以其他国家货币作为法偿的安排、货币联盟、货币管理局和货币同盟/货币协会。

② 包括传统的固定钉住单一货币、传统的固定钉住一揽子货币、钉住一个水平区间、前瞻性爬行钉住、前瞻性爬行钉住区间、后顾性爬行钉住、后顾性爬行钉住区间和其他严格管理浮动。

③ 包括没有事前确定汇率的有管理浮动和独立浮动。

资料来源：Reinhart-Rogoff 2004, Eichengreen-Razo Garcia 2006 databases。

亚洲实行更富弹性汇率制的国家最少，因为亚洲国家长期依赖出口实现经济增长。国际货币基金组织和世界银行强调促进经济更平衡的必要性（更平衡，具体而言就是出口与国内市场生产之间的平衡），倡导将更富弹性的汇率作为平衡机制，并指出 1997 ～ 1998 年亚洲金融危机突出了实施更富弹性的汇率的迫切性。但是亚洲各国政府眼睁睁地看着本币在危机中溃不成军，一时难以相信市场，并担心放弃行之有效的发展模式会带来不良后果。

亚洲国家也对本币对中国人民币的升值感到忧虑。中国经济发展在这一时期异军突起，没有哪个国家像中国那样深受亚洲邻国的影响。其他亚洲国家依赖中国的需求，在第三市场相互竞争。但是中国并没有像其他国家那样面临日益严峻的增加汇率弹性的压力。中国仍然实施资本管制，在一定程度上实施独立货币政策。⊖由于体制不同，中国货币政策导向稳定汇率以外的目标所承受的压力也很小。⊜

可以确定的是，中国的政策制定者仍然感受到了压力。由于劳动生产率年增长 6%，汇率却基本不动，中国的外部盈余爆炸式增长。随着金融市场的发展，有更多可资利用的渠道可以绕开资本账户管制，于是要防止国际收支盈余影响国内货币条件就变得愈加困难了。中国还面临着美国贸易制裁的威胁，美国对中国双边贸易赤字最大。2005 年 7 月，中国政府对这些压力做出了反应，扩大人民币浮动区间，允许人民币升值稍快于美元。但是变化依然很缓慢，对中国出口产品竞争力的影响几乎可以忽略不计。由于没有更剧烈的调整，其他亚洲国家也迟迟没有行动。

这种情形下最大受益国当属美国了。为了防止巨额出口创汇引起国内通货膨胀，中国央行不得不买下出口商的全部外汇并加以对冲。⊜外汇最明智的去处就是购买美国国债了，因为美国国债市场交投活跃，有充沛的流动性。这是双赢的买卖。实际上，美国的相对优势是生产和出口流动性金融资

⊖　正是这些管制才使这些国家安然度过 1997 ～ 1998 年危机，并没有进行汇率调整（见下文）。

⊜　另一个亚洲国家印度，有着动荡的民主。印度试图克服这一缺陷，方法是货币汇率弹性大于中国的汇率弹性（达到了其产生的后果让人不安的程度），还试图通过资本管制限制货币升值。

⊜　如果没有这些措施，出口商将用外汇购买人民币，中国政府面临着增加货币供给或货币升值的两难选择。解决大量新增人民币供给的办法就是卖出债券，进行所谓的对冲。

产，中国的相对优势是生产和出口制造业产品。⊖美国乐于消费多于自己生产的产品。中国的高储蓄，对美国国债和房地美、房利美之类债券的渴求，有利于 2001 年布什政府减税后为预算赤字进行融资，也便于美国房产所有者对抵押贷款进行再融资，并将存款利息用于消费。⊖这种特征有时候，或许并不是很恰当，被称为"金融共同依赖症"。

如果中国能够在保持低汇率条件下实现两位数的经济增长，那么其他国家就会认为这种策略值得一试；类似地，如果中国通过积累大量美元储备使经济免受外部冲击的影响，那么其他国家也会乐意效仿。在这个 10 年中，几乎所有新兴市场国家经常账户有好几年都实现了盈余，美国则吸收了绝大部分过量储蓄（见图 6-1），于是出现了怪现象：穷国的储蓄为富国的消费提供融资。

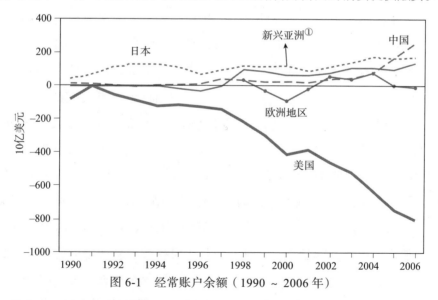

图 6-1　经常账户余额（1990 ~ 2006 年）

① 新兴亚洲包括亚洲**东盟（ASEAN）**四国（印度尼西亚、马来西亚、菲律宾和泰国）和亚洲"四小龙"（韩国、新加坡、中国香港和中国台湾）。
资料来源：IFS and Asian Development Bank。

⊖　参见 Caballero、Farhi 和 Gourinchas（2006）对美国巨额赤字和中国巨额盈余之间关系的分析。
⊖　Warnock（2005）描述了这个时期中国政策对美国利率的重大影响。

问题是这个怪现象能够持续多久？结果，持续的时间长到获得了自己的名称："全球失衡"问题。但是中国和其他新兴市场国家美元资产储备迟早会过剩，迟早会希望消费与储蓄、贸易品和非贸易品的生产能够实现更好的平衡。为了实现这个目标，就意味着这些国家将拉动国内需求和允许货币升值。对美国居民而言，则不可能再随心所欲地消费，随着房价回落和利息上升，迟早会进行储蓄。如果这些调整是渐进的，则美元兑其他货币的汇率会逐步下降，美国减少的需求将被世界其他地方增加的需求抵消。不过，如果美国的需求急剧下降，其他国家的需求又没有同步上升，就会危及全球经济增长。如果这些事件又伴随着美元的大幅贬值，投资者就会乱了阵脚，金融稳定就危在旦夕。

美元的大幅贬值，会使那些过去大量投资于美国国债的新兴市场国家蒙受极大的损失。这不免会引人发问：何以会大量投资无法保值的货币呢？这是什么智商！有了这样的教训，这些新兴市场国家就会设法寻求其他持有外汇储备的形式以及国际金融交易、贸易计价和石油定价中更稳定的定值单位。

近一个世纪以来，首次出现可以替代美元的储备货币：欧元。1999年，欧洲11个国家做出了不可撤销的锁定汇率决定，将共同货币政策授权新成立的欧洲中央银行（ECB）负责制定与实施，这是同一时期的另一个重要货币事件。◯有证据表明，缓解资本流动、钉住汇率制和政治民主之间的紧张关系还有其他可供选择的策略，即通过取消汇率自身来摆脱管理汇率的两难困境。但是仍然需要解答的问题是，这种办法是否可持续？新建立的欧洲货币联盟能否一直存在下去？还有一个问题是，这种办法能否推而广之？即世界其他国家是否可以采取类似的货币联盟？抑或是否货币联盟只适用于欧洲？

一体化市场和单一货币，取代了10个甚至更多个分割的不同国家市场和10种甚至更多种货币，极大地刺激了欧洲债券市场的发展。债券市场具有

◯ 虽然欧元区有11个创始成员国，但只有10种货币。比利时和卢森堡已经结成货币联盟，2002年开始发行有形欧元。

规模经济：随着市场规模的扩大，交易成本下降，发行债券变得更有吸引力。因此欧元一诞生就刺激了欧洲债券市场的发展。几年时间里欧元就取代美元一跃成为国际债券定值的主要货币。欧洲金融市场规模的扩大和流动性的提高，使欧元成为对中央银行最有吸引力的储备货币之一。若干年来，储备管理者们第一次对美元不再只能抱怨别无他法了，而是可以采取相应的措施了。

亚洲危机

亚洲长期以来都没有经历过汇率的剧烈波动。强势政府能够有效抵制其他地区通货膨胀引发的转移支付，资本管制依然盛行。毕竟，亚洲经济出口拉动的高速增长，是建立在投资者对汇率保持稳定的信心之上的。

亚洲危机之所以令人瞠目结舌，是因为危机恰恰在经济和金融环境都十分向好的背景下发生。1992 ~ 1995 年，中国经济增长率达到了两位数，印度尼西亚、马来西亚、新加坡、韩国和泰国的年增长率超过 7%。1994 ~ 1995 年，马来西亚、菲律宾和泰国的年出口增长率超过了 30%。

同样令人惊讶的是，亚洲的资本流入在墨西哥危机后很快就恢复了。到 1996 年，净私人资本流入占 GDP 的比例，韩国为 5%，印度尼西亚为 6%，泰国为 9%，菲律宾为 10%。由于亚洲各国致力于保护国内产业不被外国人收购，因而大部分资本流入都是从国外银行获得的短期贷款。

亚洲举世瞩目的经济成就吸引了大量的外国投资者。但是资本大举进入陷入困境中的国家（如菲律宾），就表明还有其他因素在起作用。最主要的因素是主要金融中心的低利率驱使资本为了追逐高收益而向外流动。在经济不景气的日本，日元借贷成本降到了前所未有的低点；由于股市飙涨，美国投资收益受到抑制。国际投资者转向新兴市场寻找机会，他们借入日元和美元，投资于高收益的亚洲证券，这种策略被称作**套利交易**（carry trade）。亚洲货币钉住美元，使投资利润的汇率波动风险降到了最小。亚洲政府长期以来将银行当作发展经济的工具，通过银行将资金引导到政府支持的产业，而政府将支持银行安然渡过难关。外国投资者向亚洲银行发放大量贷款，因为他们坚信亚洲银行绝不会倒闭。

全球环境不止一次给新兴市场国家带来麻烦。固然全球因素难辞其咎，但更根本的问题是这些国家自身的资本账户政策、汇率政策和政治环境的不一致性。稳定的汇率让外国投资者确信，这些国家的货币是没有风险的，结果导致了大量的、最终无法控制的资本流入。那些实施了资本账户自由化的国家，比如韩国在 1996 年加入 OECD 后被迫放松了资本管制，这个问题尤其突出。更糟糕的是，这个国家放松了对离岸银行贷款的管制，但没有放松对外投资的管制，使经济面临大幅波动且无约束的国际资本流动。这个策略有许多弊端，政府在转向更富弹性汇率制度之前就开放资本账户，经济理论和经济常识都告诉我们，这是万万使不得的。但是亚洲政府为了保持经济的快速增长势头，不愿意打击外国投资。因为这一地区的增长模式是出口导向型的，出口需要稳定的汇率，则自然不愿意调整货币的汇率。

正是在这样的背景下，亚洲遭到了一系列冲击。出口增长放缓，反映了中国竞争力增强和全球电子产品产业的库存调整的影响。美元对日元升值削弱了亚洲经济体的竞争力，因为亚洲国家货币是钉住美元的。接着日本长期利率上升，鼓励日本机构投资国内，而不是像过去那样投资到其他亚洲国家。

1996 年中期，曼谷商业银行倒闭，预示着危机已经近在眼前。在所有亚洲货币中，泰铢高估是最明显的。资本流入促进了泰国的投资繁荣，推动国内价格上涨，而且大多数投资质量都不尽如人意。在未对商业前景做充分评估的情况下，就在曼谷建造了一幢幢摩天大楼。投资者不禁对开发这些项目的企业的管理能力表示怀疑，而且不确定性在加大，外部越来越难以行使权利。一旦意识到这些问题的严重性，外国银行和居民就纷纷从泰国撤出投资。自 1996 年年中开始，曼谷经济不断下滑，泰铢承受着巨大压力。

国际货币基金组织不止一次地警告过泰国政府，泰铢被高估并且难以持久。但泰国政府依然我行我素，期待着能够侥幸过关。由于担心经济增长放缓迟迟没有限制投资；由于害怕打击信心拒绝调整汇率；为了推迟清算日期，通过优惠政策和放松监管，鼓励泰国银行从离岸市场借入资金。但是，清算的日子终究还是要到来的。1997 年夏，泰国中央银行耗尽了国际储备后，危机就爆发了。同年 7 月 2 日，泰国政府被迫允许泰铢贬值并实行浮动汇率。

虽然泰国危机被充分地预见到了，但始料未及的是这场危机会蔓延到其他国家。菲律宾立刻感受到了压力。因为菲律宾严重依赖外来资本，而且比较僵化地钉住美元。当菲律宾允许比索浮动后（在泰铢浮动后 10 天），压力又转移到了印度尼西亚和马来西亚，因为投资者担心这两个国家存在类似的隐患。雅加达和吉隆坡起初拒绝浮动汇率，但不久就被迫允许货币跟随泰铢贬值。虽然对港币的攻击铩羽而归，但是在 10 月时，中国台湾人为地让新台币贬值的举动，提醒投资者世界上没有哪种货币钉住是万无一失的。于是，对韩元、印度尼西亚卢比的投机强度相应增大了（见图 6-2）。

其时韩国大选在即，新政府布局充满变数，加剧了投资者的不安。汉城[⊖]当局迫于投机压力，于 11 月将韩元的波动区间从 4.5% 扩大到了 20%。韩元的大幅贬值加重了投资者对其他货币的疑虑。韩国是世界第 11 大经济体，如果这样一个国家的金融安全都不能做到固若金汤，那么其他亚洲国家要保全金融安全又谈何容易呢？因此，韩国的市场压力引发了对亚洲整个地区的高度担忧。12 月选出的新政府上任后，韩国准备采纳国际货币基金组织的建议，清算银行和关闭一部分企业，并且 G-7 政府说服向韩国提供短期贷款的国际银行重新安排这些贷款，对贷款展期。韩国政府争取到了推进改革的时机，至此韩国危机得到了缓解。

印度尼西亚则完全是另一番景象，由于政府没有明确表达解决问题的决心，于是人心惶惶，资本继续外逃。这些问题很快累积到银行：居民没命地尽快从银行取出存款，快到即便让印钞机满负荷运转也无法满足人们的提款

⊖　汉城，韩国首都，2005 年改为首尔。

需求。1998 年 1 月 27 日，印尼政府宣布延期偿债令正式生效。接着银行系统和金融体系崩溃、生产停顿，衰退更加严重。

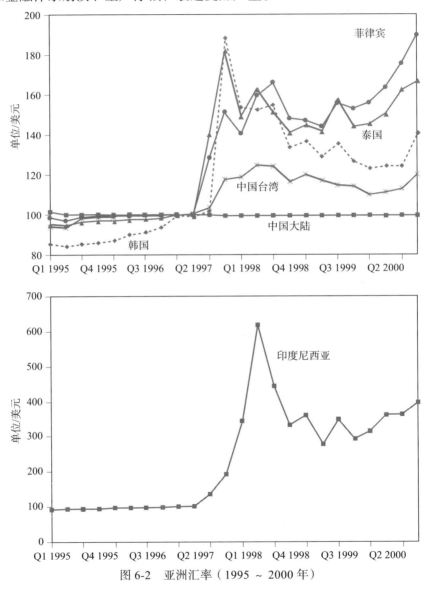

图 6-2　亚洲汇率（1995 ~ 2000 年）

注：1997 年第 1 季度 =100 单位 / 美元。

资料来源：IFS and Global Finance Database。

金融危机几乎重挫了整个亚洲的生产，中国却一枝独秀。好在不到一年的时间里，亚洲经济就恢复了元气。货币贬值增强了出口产品竞争力；没有清偿能力的银行被注资或重组，信贷业务重启；公司治理和谨慎性监管加强了；放松了对外直接投资管制，正式建立更富有弹性的汇率体制。

问题是到底发生了多大的变化？有些人看到经济增长迅速恢复，就认为没有必要进行基本调整。[一]这样的理念鼓励零敲碎打，而不是彻底改革。虽然银行和企业被要求披露详尽的财务信息并鼓励采用国际会计准则，但投资与出口拉动增长的基本模式没有任何变化。根据长期实践经验，各国政府依然不愿意看到本币过度波动，尤其反对大幅升值。

不过恢复固定钉住也是不可能的，危机已经充分揭示了固定钉住的高风险性。一些国家，比如韩国，金融市场交投活跃、流动性充足，就愿意实行更富有弹性的汇率制度。有时候，这意味着货币过于坚挺，难以适从。不过，为什么韩国经济自 1997 年以来放缓了呢？是由于实际汇率升值，还是因为经济更发达了因而增长率相应放缓了呢？依然不得而知。总的来看，自 1997 年以来，亚洲整体增长率也已经放缓了，[二]除了中国内地，投资率也低于危机前（见图 6-3）。政府更能容忍较低的投资增长，运用税收和管制政策尽最大可能提高投资质量，而不再只追求投资数量。鼓励高质量投资的代价是资本形成的稍许减少和增长率的略微放缓，而获得的好处是降低了风险。

随着投资相对于储蓄的下降，这个地区的经常账户开始出现盈余。[三]亚洲中央银行积累了大量国际储备，得以重拾信心和据以应对金融动荡。高额储备一定程度上增强了政府和投资者对维护汇率稳定的信心。

[一] 参见 Radalet 和 Sachs（1998）等文献。

[二] 亚洲开发银行（2007）描述了这个向下变化的趋势。中国是个例外。

[三] 再次重申，中国没有发生投资短缺和增长下滑。但是在中国，并不是投资相对储蓄下降，而是储蓄相对投资上升，类似地也产生了经常账户盈余。

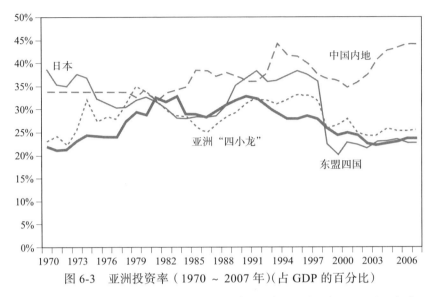

图 6-3　亚洲投资率（1970～2007 年）（占 GDP 的百分比）

注：亚洲"四小龙"是指中国香港、新加坡、韩国和中国台湾。东盟四国是指印度尼西亚、
　　马来西亚、菲律宾和泰国。
资料来源：IMF World Economic Outlook Database。

　　促进货币稳定的另一项举措是构建区域性互换与信用网络，即**清迈倡**
议（Chiang Mai Initiative）或 CMI（2000 年春在泰国清迈宣布了这一倡议，
由此得名）。亚洲各国中央银行借鉴欧洲货币体系的短期和超短期融资渠道，
同意向邻国提供金融支持。因此，如果日后有国家遭遇了资本异动，货币面
临投机攻击时，政府资金将取代私人资金发挥稳定作用。

　　清迈倡议不仅借鉴了欧洲货币体系的做法，也受到了日本在亚洲金融危
机期间提议的建立亚洲货币基金的启发。国际货币基金组织提供的援助附有
苛刻的条件，使高傲的亚洲政府感到有辱斯文。它们很痛恨国际货币基金组
织在提供援助时附加的攻击性条件，并且援助也并没有迅速缓解危机。1998
年这个地区遭遇了政治上的内外交困，需要尽快建立亚洲稳定基金。⊖但是

　⊖　在亚洲内部，各国政府担心日本统治了亚洲货币基金，因为只有日本在危机最严重的时
　　　候提供了大量资金。在外部，美国财政部和国际货币基金组织担心亚洲货币基金会成为
　　　竞争对手，削弱自身的影响力。

到 2000 年，事实证明建立了一个缩小版的基金。

　　清迈倡议被设想为互助性机制，同时没有国际货币基金式的攻击性附加条件。在设想中，要求亚洲货币联合浮动，而不是单独浮动。问题在于，即便是政府，也与私人贷款者一样，只有在保证安全的条件下才愿意提供贷款。因此，如果"亚洲式"的不干预其他主权国家事务就意味着最少附加条件的话，那么也就意味着最少的贷款额度。2005 年夏，在石油价格补贴和高油价交互作用下，印度尼西亚卢比大幅贬值，清迈倡议并没有施加援手；2006 年年底，政治动荡加上资本账户管理不力，泰铢大跌，清迈倡议依然无动于衷。显然，清迈倡议只是个有名无实的空壳而已。

　　当然，亚洲还有一些积极的进展。亚洲各国中央银行和政府更频繁地进行政策协商。到 2005 年，包括中国、印度和马来西亚在内的许多国家，采取了贸易加权一揽子为基础的货币管理机制。其他国家，比如韩国、菲律宾和泰国则采取了类似于通货膨胀率目标的货币管理体制。由于货币政策行为趋于一致，货币汇率变动相关性增强了。除了日元和新台币以外，亚洲货币与美元、欧元之间的汇率，与 2000 ～ 2004 年相比，2005 ～ 2007 年的变动更趋一致。

　　与欧洲 1999 年建立的货币联盟类似，亚洲甚至也在讨论建立亚洲货币联盟。但是，由于亚洲各国政府心存芥蒂，每一步都格外谨慎。在欧洲，建立区域性货币稳定机制的尝试经过了长期的磨合，欧洲货币联盟是区域一体化进程的一部分。亚洲则不同，区域一体化是受经济（区域生产链条的拓展和金融联系的增加）而不是政治驱动的。由于亚洲各国的政治体制、文化传统都不尽相同，有人不禁会问，有没有具备深化一体化的政治前提？建立跨国货币管理机构（区域性中央银行）的政治意愿是否存在？

新兴市场的不稳定性

　　汇率制度显然在亚洲金融危机中发挥了重要作用，加上对放松资本管制的错误认识，受高收益亚洲证券的吸引并且错误地认为亚洲货币没有汇率风险，鼓励了外国投资者的贷款。此外，由于以为政府担保下能够消除银行破产风险，也鼓励了亚洲银行从国外借款。当问题显露出来后，资本流动逆转，这些外国投资者和银行，以及这些国家的绝大多数居民也拜它们所赐，承担了严重的后果。

在新兴市场的其他危机中，虽然各国具体情况不尽相同，但汇率都发挥了很大的作用。阿根廷、巴西和土耳其经历了大量预算赤字引发的高通货膨胀，结构性问题又使通货膨胀进一步恶化。20 世纪 80 年代，资本输入减少引发了债务危机，债务危机又进一步加剧了分配矛盾。虽然逃税盛行减少了政府收入，但政府还是顶着巨大的压力扩大转移支付。结构性问题阻碍了经济增长，包括公共部门冗员增多、居民消费品价格控制等，也都反映了政府铺张浪费带来的压力。

20 世纪 90 年代早期，在**布雷迪计划**（Brady Plan）的帮助下，新兴市场国家开始重新获得国际借贷。布雷迪计划把不良资产从银行剥离，证券化后卖掉了，因而这一时期有利于推进稳定化进程。为了降低通货膨胀率，阿根廷、巴西和土耳其实行钉住汇率。阿根廷设定了其货币兑美元 1∶1 的平价，其他国家设定的汇率只允许其货币在一段时期内缓慢贬值。

人们熟知的**汇率稳定计划**（exchange-rate-based stabilization）能够行之有效地降低通货膨胀水平，自 1923 年德国率先使用以后，又有许多国家也采用过这个方法。钉住汇率传达了一种信号，告诉人们一种新体制建立起来了，为了防止货币贬值和通货膨胀卷土重来，政府当局将采取紧缩政策。投资者只要查看一下外汇报价，就可以确认政府有没有信守承诺。这也给政府施加了更严格的约束，并意味着如果政府背信弃义，就会在声望和政治资本方面付出惨痛的代价。这种方法也有利于修正预期：供应商至少能够知道原材料进口价格稳定，才会愿意降低价格，只有供应商降价了，生产厂商才会停止涨价行为。预期到进口价格稳定，能鼓励供应商和生产商一致开展降价行动。

　　汇率稳定计划的局限性是治标不治本，只能缓解通胀压力，没有消除通货膨胀根源。对于预算赤字引发的通货膨胀，这个方法并不能确保财政健全。还有一个问题，那就是汇率稳定计划本身是脆弱的，只有在一切正常的情况下这个策略才会发挥作用，否则，钉住汇率就难以为继（钉住汇率众所周知是脆弱的），于是乎皮之不存，毛将焉附？汇率不稳定，计划就无从谈起了。最后一点，就是汇率稳定计划没有退出策略。即便汇率稳定计划非常有效地降低了通货膨胀率，也没有造成老问题卷土重来的担忧，政府是否会放松钉住汇率是不确定的。历史证明，各国政府之所以对钉住汇率制不离不弃，并非钉住汇率有独到的优点，而是由于实在找不到更好的办法。

　　阿根廷、巴西和土耳其的危机都从不同的角度证明了这一点。1994 年 7 月，巴西政府推出了**里尔计划**（Real Plan），巴西政府为了解决问题，将新货币里尔按照 1∶1 的平价钉住美元。由于实施了汇率稳定策略，巴西的高通货膨胀率成功回落了（见图 6-4）。在短暂的升值后，外逃资本回流，虽然汇率水平及波幅会定期调整，但兑换美元的比率变动很小。1994 年 7 月至 1998 年 12 月，允许兑美元贬值的幅度共计 20%，同期贸易品价格上升了 27%[⊖]。

　　问题在于，非贸易品价格并没有下降这么大。1994 年中期至 1998 年年底，非贸易品价格上涨了 120%，而不是 27%。由于出口产品和进口产品的价格是由世界市场和汇率共同决定的，而家庭和政府服务价格是根据工资加成定价确定的。工资大幅上升，于是货币出现了过分高估，竞争力优势消失殆尽。

　　随着出口增速下降，巴西经济停滞了。缓慢增长激起人们对稳定计划的反对，于是人们开始对政府能否坚持实施稳定计划心存疑虑。

　　这种挑战是汇率稳定计划内在固有的。这个策略迅速降低了贸易品上涨

⊖　27% 等于 20% 的贬值幅度加上巴西进出口产品外国价格上涨的 7%。参见 Ferreira 和 Tullio（2002），p143。

幅度，只有钉住汇率才可能取得这样的效果。但是非贸易品价格的调整要缓慢得多，只有当工资和价格决定者确信处于低通货膨胀环境中时，非贸易品价格涨幅才会下降。这样一来，不可避免地在计划实施中期经受竞争力丧失和失业率上升的考验。○实施这种策略，政府实际上是在赌博，坚信自己能够坚持到工资和价格得到充分调整、竞争力得到恢复的那一刻。

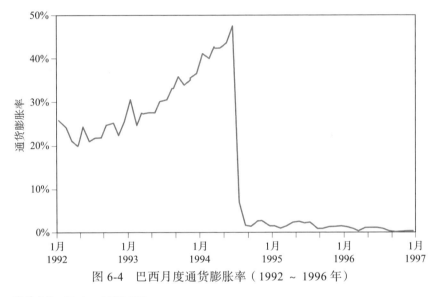

图 6-4　巴西月度通货膨胀率（1992 ～ 1996 年）

资料来源：National CPI, IFS。

但是要做到这点需要克服三个障碍。第一，工资和价格的上涨是累积性的，如果汇率不变，要恢复竞争力，则工资和价格下降幅度不仅是与世界市场持平，而且要求更低，才能抵消以往过多的上涨。但是，如果工资和价格上涨幅度显著低于世界其他国家，会遭到工会和行业协会的反对。第二，财政约束必须很严格。投资者少了任何一点刺激，就会从国内抽逃资金，于是利率上升，引起财政状况恶化。显然，紧缩财政需要谨慎实施。第三，外部环境必须是有利的，否则增长会进一步放缓，导致政治反对派顺利推翻政府既有政策。

○　在很短的时期内，宏观经济稳定效果可能是积极的，因为更低的利率会刺激消费的繁荣。

巴西面临了所有这三个障碍：巴西工资和价格的弹性有限，市场管制很严格；1997 年亚洲金融危机爆发，全球经济增速放缓；1998 年俄罗斯机会主义者的债务违约，引发了投资者对新兴市场国家的悲观情绪。

而且，巴西财政约束松弛，在稳定化初期，国会批准减少联邦政府对州政府的转移支付，为增加收入提高了所得税税率。但是公共支出压力依然很大。1995 ~ 1998 年，实际 GDP 增长率约为 10%，但联邦政府的实际支出却增加了 31%。政策制定者们或许会抱怨经济环境太差，受亚洲金融危机和俄国债务违约的影响，同期债务利息支出上升了 108%。但是投资者依然指责政策制定者没有削减其他支出。1998 年总统竞选期间，在政治动机驱使下公共支出大幅增加，严重损害了公众的信心。随着投资者纷纷撤离，巴西央行不得不提高利息保卫本币，加重了财政负担。

这年秋天，费尔南多·恩里克·卡多佐（Fernando Henrique Cardoso）再次当选总统，提出了一项 230 亿美元的预算，并与国际货币基金组织商谈 415 亿美元的支持信贷。但是推动稳定汇率目标的预算计划、其他社会目标延后，这在民主制下存在很大难度。1998 年 12 月，国会否决了卡多佐的预算削减清单，大部分反对声来自党内。过了一个月后，米纳斯·吉拉斯州州长艾特玛·弗兰克（Itmar Franco）宣布暂停偿还对联邦政府的债务，优先用于援助贫困人口和失业人员。投资者闻风而逃，纷纷撤离了资金，一周内中央银行就耗尽了储备。中央银行行长古斯塔夫·弗兰克（Gustavo Franco）辞职。汇率贬值了 10%，但这太迟也太少了，资本再次外逃，贬值后的新汇率持续不到两天就撑不住了。不管政策制定者们愿意与否，里拉已经在浮动了。

接下来发生的事情让人大开眼界。仅仅在 61 个交易日后，汇率很快就稳定下来了，远比其他遭受危机的墨西哥、印度尼西亚、韩国和泰国等国家都要快。通货膨胀率也迅速降至个位数。工业生产也仅仅下滑了一个月，随后就开始稳定增长。这也与墨西哥、印度尼西亚、韩国和泰国形成鲜明对比，这些国家的工业生产下滑持续了一年甚至更长的时间。

这不得不归功于新央行行长亚美尼奥·弗拉加的魔力了。弗拉加是受过普林斯顿大学训练的经济学家，曾任乔治·索罗斯（George Soros）对冲基金经理。他办事理性、能力卓绝，且与金融界联系密切，这些品质特征为他增色不少。更难能可贵的是，他毅然采取了比钉住汇率更有效的方法，即转向通货膨胀率目标制。他将中央银行要控制通货膨胀率的承诺广而告之，在公众监督下实现诺言。不过，他并没有因此而将巴西经济拖入停滞的泥沼。

还有一个积极的成功因素是银行体系环境的变革。与墨西哥、印度尼西亚、韩国和泰国不同，巴西银行系统并没有因贬值而陷入混乱之中，这是好运气与好政策共同作用的结果。1994 年，巴西政府就规定了资本充足率要求；1997 年将资本充足率要求提高到了国际标准⊖；巴西央行被授权强制要求金融机构实施严格内部控制；公有银行实行私有化，也允许外国银行进入。以上的所有举措都鼓励银行改善资产负债表状况。此外，巴西金融长期以来处于不稳定状态，银行信贷资产已经大大缩水，结果导致超低的贷款 / 资本比率；巴西汇率长期以来的不稳定促使银行和公司对冲外汇风险敞口，结果促进了对冲市场的发展。1998 年年底，私人部门 950 亿美元的外债余额中，有 710 亿美元通过购买指数化证券和外汇衍生合约进行了对冲。

于是，央行就可以一方面提高利率，阻止货币贬值和通货膨胀，另一方面又不必担心墨西哥 4 年前的银行体系崩溃事件重演。人们没有任何理由认为巴西会放弃稳定化措施，因为银行承受得了较高的利率水平。因而增强了人们对巴西政府计划的信心。银行依然能够继续放贷，促进经济增长速度的回升。经济增长的恢复使巴西中央银行稳定化举措得到了更多的支持。

土耳其与巴西一样，也遭受了长达 20 年的通货膨胀之苦。土耳其分配矛盾激发了逃税行为，加大了政府再分配支出的压力，结构性扭曲更加严重。到了 1999 年，忍无可忍的公众选举了一个承诺实施稳定化措施的政府。

⊖　《巴塞尔协议》要求风险资本充足率至少达到 8%。但是巴西在金融危机爆发后将最低资本充足率提高到了 10%，韩国出现危机后再次提高到 11%。

政府很快就从国际货币基金组织得到了 40 亿美元的援助。土耳其的策略也是紧缩财政、结构改革和宣布汇率改革路径。政府应该实现盈余，满足利息偿付，同时增加税收和削减支出。土耳其电信原来是一家国有企业，享有得天独厚的垄断利益，现在也被私有化了。能源、旅游和金融行业的国有企业也被私有化了。国有企业私有化进一步保证了国家财政收入的增加。农业价格支持体系、社会保障体系和税收管理体系进行了改革。最后，还有很重要的一点是，银行体系也随后进行了改革。这一系列改革日程安排显得格外雄心勃勃。

土耳其计划的创新之处在于吸取了以往汇率改革经验。在短期内，土耳其汇率波动区间限定在窄小的幅度内，允许一年内不超过 20% 的贬值幅度，这与巴西初期策略极度相似。但是，18 个月以后，土耳其的汇率波动区间就增大了，允许更加自由的波动。随后每年允许汇率波幅扩大 15%，直至汇率实现有效波动。这个方案显然考虑到了退出机制缺失问题，并试图加以解决。

不过，这仍然意味着在最初的 18 个月中，汇率弹性受到了限制，还是存在类似于汇率稳定计划的缺陷，即货币高估问题越来越严重。货币高估削弱了出口竞争力，经常项目出现赤字，被迫依靠资本流入弥补资金缺口。增长乏力导致失业上升，刺激人们反对紧缩政策。在国有企业解决大部分就业问题的国家，实施私有化上有很大分歧。这又一次证明了：若要汇率稳定政策得以顺利实施，必须万事俱备才行。很遗憾的是，不只是土耳其，世界上没几个国家能够有幸具备这个条件。

危机火花首先在银行部门闪现。土耳其并没有像巴西那样成功地对银行加强了监管。无论是银行私有化，还是引入外国银行竞争，都没有巴西彻底。在其他方面，土耳其允许甚至鼓励银行将其资产组合的相当大部分配置

○　之前的很多稳定化努力都失败了。最近一次是在 1994 年，由于没有获得国际货币基金组织的贷款计划支持而失败了。

○　这个复杂状况的归纳与描述，参见 Özatay 和 Sak（2003）。

到政府债券上，这样做的风险是很大的。经济增长放缓削弱了人们对政府经济政策策略的信心，债券价格随之下跌。2000 年 11 月，购买了大量政府债券的德米尔（Demir）银行存在严重财务困难，抛售所持有的政府债券。与此同时，一级交易商接到蜂拥而至的卖单，不得不中止报价，引发了恐慌。土耳其中央银行面临着两难选择：是提高利率吸引外逃资本回流，同时拒绝向银行间市场提供流动性，听任银行破产，还是放弃汇率目标呢？最后在国际货币基金组织同意加大援助力度后，土耳其政府才得以稳住阵脚，而没有放弃汇率目标。

直到 2001 年 2 月土耳其政府才开始修正汇率目标，政治家们的内讧使金融体系再次受挫。隔夜利率飙升至 6200% 的天价，迫使土耳其政府允许汇率浮动。土耳其中央银行在国际货币基金组织的鼓励下，宣布一旦波动稳定下来，将实施通货膨胀率目标制。

钉住汇率的崩溃给土耳其造成了比巴西严重得多的衰退。工业生产连续 13 个月下滑，而不是 1 个月，土耳其银行系统的问题更能说明两国之间的差距。到 2002 年 3 月，增长开始恢复，工业生产强劲复苏。CPI 在 2002 年 2 月上升到 70% 以上后，到 2003 年回落至 45%，到 2004 年就下降到了 25%，再往后就降至个位数。其间，良好的外部环境起了很重要的作用⊖。更重要的是，土耳其的选民们对这个让自己经受金融风险的政府失去了耐心，准备支持能够稳定投资环境的政府。虽然希望不是很大，土耳其还有加入欧盟的意愿，并且经济和金融稳定有助于为土耳其加入欧盟创造有利条件。最后，土耳其也实施了通货膨胀率目标制，较好地稳定了预期。

阿根廷的经验大体相同，不过更为极端（就如阿根廷的许多事情一样）。在劳尔·阿方辛（Raúl Alfonsín）总统的统治下，阿根廷遭遇了每个月价格上涨 2 倍的恶性通货膨胀。1989 年卡洛斯·梅内姆（Carlos Menem）当选新总统，8 个月后，携手自信满满的、受过哈佛教育的经济部长多明戈·卡瓦

⊖　在其他方面，美国 10 年衰退接近结束了，世界步入强劲增长期。

罗（Domingo Cavallo）实施激进的休克疗法。旧币阿斯特拉尔被新币比索取代，新货币与美元之间的平价被固定在 1∶1 ⊖。在这个类似于货币管理局的安排下，阿根廷中央银行只有在得到更多的美元储备时，才能够发行更多的比索⊜。这个限制被写进了法律，撤销了阿根廷中央银行为财政赤字融资的空间。阿根廷政府以法律的形式明确规定，可用外币订立合同，可以将美元作为支付手段，以此表明政府实施这一计划的决心。

具备了这些基本条件后，通货膨胀率跌至美国水平。阿根廷还进行了财政改革：即便扣除出售股权所得，1992 年的中央预算也已基本平衡了。1993 年，在支付了债务利息之后，联邦政府实际上实现的盈余占 GDP 的 1%。虽然阿根廷 20 世纪 80 年代经济绝对值缩水 10%，现在，即使在紧缩政策下，经济也还是有所扩张。1991 ~ 1997 年，阿根廷实际 GDP 年增长率超过了 6.5%，1993 年以来逐步放缓。

问题是，阿根廷经济反弹能否持续下去。为了鼓励投资，阿根廷政府借鉴了那些成功摆脱墨西哥危机影响的国家的经验，即便是国际货币基金组织起初就声称建立在缺乏弹性汇率基础上的货币管理局制度，也成了其效仿对象。经济增长和稳定价格为私有化、放松管制、削减关税和银行体系改革创造了有利条件。尤其是银行体系的改革受到了广泛好评，这得益于允许外国银行进入和高质量的监管。⊜有了这一系列的成就，梅内姆政府就可以将这些成功归功于"可兑换性"制度，即比索 / 美元的 1∶1 平价。㉕

⊖ 作为更早的稳定化尝试（未成功）的一部分，1985 年，阿斯特拉尔取代了比索。

⊜ 实际上，只有 2/3 的基础货币是由国际储备支持的，另外 1/3 则由美元定值的阿根廷中央银行证券支持（不过这部分的年增长率不得超过 10%）。诸如此类的例外条款，成为纯粹论者拒绝称之为货币管理局的原因。

⊜ 到 20 世纪 90 年代末，外国银行资产占整个银行系统总资产的 70%。而且在 1998 年世界银行金融部对阿根廷的评估认为，其银行监管在新兴市场国家中仅次于新加坡。参见 Perry 和 Servèn（2003）。阿根廷没有使用审慎性原则禁止在金融合约中使用美元，其根本原因是要强化美元与比索之间钉住平价的可信度。当钉住汇率制崩溃后，这会成为它们挥之不去的阴影。

㉕ 这一术语借鉴了金本位制的经验。在金本位制下，货币制度的可信度依赖于国内货币与黄金之间按照需求以固定价格的相互"可兑换性"。

其间，也出现了一些不稳定因素。虽然进口商品价格的上涨幅度很快就降到了美国水平，工资涨幅也下降了，但是在 1991 ~ 1994 年，通货膨胀率仍然徘徊在 10% 左右，虽然 1990 年以来阿根廷的通货膨胀程度有了很大的改善，但仍然远远高于美国的通货膨胀率。与其他依赖汇率稳定的国家一样，阿根廷也面临货币高估问题，导致经常账户赤字，依赖资本输入弥补缺口。虽然联邦政府的赤字很小，但省级政府赤字却较大。阿根廷省级政府需要发行隐含中央银行担保的债券为弥补赤字融资。公债 /GDP 从 1993 年的 28% 上升到了 1998 年的 37%，即便这一水平没有触及警戒线，并且发生在经济高速增长时期，但其趋势堪忧。⊖由于工会不满削减工资、反对特权，几乎每周都有罢工。生产率增长乏力，这应该在意料之中，因为劳动力市场改革滞后，并且省级政府与企业抢夺资金。产出得以迅速增长，是因为大量气馁的工人被遣送回劳动力市场。

回顾起来，1997 年年初是个高点，自那以后阿根廷经历了一连串的负面冲击：1997 年下半年的亚洲金融危机使金融市场动荡不安；1998 年俄罗斯债务违约刺激国际投资者从新兴市场国家撤离债权资金；1999 年巴西货币贬值削弱了阿根廷的国际竞争力。由于基本面比较脆弱，这些冲击的影响非常大，阿根廷经济增长率从 1998 年的 4% 下降到了 1999 年的 –3%。

由于汇率缺乏弹性，唯一能做的就是削减成本。但通过削减成本来降低通货膨胀率是无奈之举，非常痛苦。在一个长期存在分配矛盾的国度，削减成本会进一步激化矛盾，因为价格水平的下降意味着更加沉重的债务负担。随着价格水平和经济增长率的双双下降，政府收入也随之减少，迫使政府要么削减支出，要么出现更大的赤字。尤其在 1999 年年底酝酿总统大选时期，这个问题更加突出。

事后看来，阿根廷政府在 1997 年没有放弃钉住汇率转向更加自由的浮

⊖ 换言之，可以想象一下，分母的增长率下降后，这个比率会发生什么变化就不难明白了。同样堪忧的还有，公共部门的预算外支出（即没有被纳入预算）。这一时期财政收入增加是私有化一次性所得，并且不久就要支付布雷迪债券利息。

动汇率，是错失了大好的机会。当经济增长放缓、信心受挫时，阿根廷政府当然会担心放弃可兑换性比继续实行可兑换性对信心造成的损害会更大。所以固然错失良机，却也可以理解。1997 年上半年可兑换性运行良好，如果经济转而需要更富弹性的汇率，只能通过劳动力市场弹性的极大提高来实现，或者将这个问题遗留给下任政府去解决。

国际货币基金组织没有尽更大的努力推动僵化的货币体制的改变，是很难让人理解的。因为国际货币基金组织已经看清硬钉住对其他国家造成的恶果，并且整个期间与阿根廷有不间断的接触，对阿根廷的进展了如指掌，有一个共同实施的计划，这与巴西是不同的。此外，国际货币基金组织眼看着阿根廷政府一再超调计划中的公债 /GDP 基准比率，在尚有回旋余地时没有及时行动。⊖与此相反，它反而在 2000 年 12 月扩大了计划，2001 年 8 月更甚，发出了与实际状况不相符的信号。

虽然经济增长状况令人绝望，但阿根廷还是坚持钉住汇率。1999 年费尔南多·德拉鲁阿（Fernando de la Rua）当选总统。他增加了税收，采取措施吸引投资者回头，并降低了利率。但事与愿违，经济状况进一步恶化。⊜由于增长滞缓，凸显了货币高估问题，政治上也纷争不断，人们意识到会付出一些代价，问题在于付出什么代价。停止支付外债利息就可以补上政府预算和经常账户的缺口，但会刺激资本外逃；允许比索贬值有利于恢复竞争力，但银行体系会遭受重创，因为银行大部分负债是美元⊜；充分地美元化能提

⊖　国际货币基金组织传统防御方法中并没有明文规定一国的汇率制度。成员国有选择制度的自由，国际货币基金组织只是负责确定其他政策是否与所选汇率制度相容。批评者认为，国际货币基金组织在解释和运用其法规时有很大的偏差，并指责其在 20 世纪 90 年代没能恰当地运用灵活性。

⊜　2000 年 3 月，国际货币基金组织为支持费尔南多的紧缩政策，提供了 72 亿美元为期 3 年的备用贷款，2001 年 1 月又增加了 137 亿美元。

⊜　回顾一下，为了增强信心，政府曾授权银行存款和其他资产可以使用外币。银行发放美元贷款，但国内企业的收入却是比索。因而贬值会使债务人丧失偿债能力，令银行业遭受损失。政府采取的其他改善银行体系的措施，比如提高资本金和流动性要求、加强内部控制和提高透明度等，都无法扭转这个局面。

振一时的信心，但是如果竞争力不足，则会导致通货紧缩。所有这些都表明，在这个紧要关头，阿根廷无计可施。

德拉鲁阿召回了1996年离开公职的卡瓦罗，委任其担任经济部长，应对危机。卡瓦罗复出后，对金融交易开征税收，补贴出口，宣布以多种货币的一揽子钉住取代美元钉住（影射美元升值损害了阿根廷的竞争力）。⊖但是局势显然没有好转多少。省级政府无法获得贷款，于是开始发行准货币，用以支付工资和偿还债务本息，使阿根廷作为硬货币国家的设想成为泡影。联邦政府发行了更多的公债，抽干了银行系统的流动性。10年期美元定值债券利率在11月上升到了令人瞠目的35%。储户将存款由比索转为美元，并将资金转移到了离岸银行。到了11月，阿根廷遭遇了全面的银行挤兑潮。

政府不得不有所动作，12月3日，阿根廷政府宣布，每个账户每周从银行取款的限额是250比索，禁止投资者将资金转移至国外。这就是声名狼藉的"corralito"（英语里相当于"小畜栏"或婴儿围栏）。由于可兑换性意味着本币不仅仅是硬通货，而且还应该可以自由交易，合约是神圣的。但这些举措看来是不得已而为之，由于违背了国际货币基金组织的计划，基金组织撤销了原有的支持。12月20日，德拉鲁阿总统辞职，接下来的一个月里走马灯似的更换了两任总统，这两任总统应对危机的措施都没有获得国会的支持。12月21日，停止外汇交易，12月23日宣布延期偿付公债。比索最终还是贬值了，银行存款被迫按照1美元兑1.4比索的汇率兑换成本币。为了让借款者的日子好过一点，美元贷款则按照1∶1换成比索贷款，这实际上将银行体系推到了破产边缘。⊜

这是最严重的金融危机，银行体系和债券市场陷入停顿。2002年阿根廷GDP下降了近12%，无论用什么标准来看，这都是一场大萧条。失业率

⊖　由于阿根廷的主要贸易国并不是美国，所以美元升值削弱了阿根廷在第三市场的竞争力，当然这是钉住美元的先天缺陷。此时宣布被迫修正汇率，会打击信心。

⊜　此外，阿根廷政府还将主权债务卖给银行体系为部分赤字融资（允许这些高收益资产充当合格的银行流动性）。于是，阿根廷政府违约时，银行受到沉重打击。

上升到 18%，CPI 上涨率超过了 20%。到 2002 年中期，比索兑美元贬值超过 3∶1（见图 6-5）。由于人们不满物价水平的提高，阿根廷恢复了部分管制。

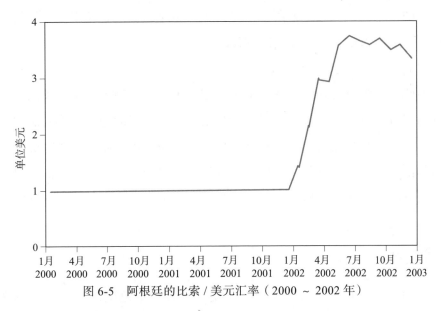

图 6-5　阿根廷的比索 / 美元汇率（2000 ~ 2002 年）

资料来源：End of Period Exchange Rate, IFS。

2002 年年底，阿根廷取消了对存款的限制，最后还放松了对外投资的限制，尽管法庭案例对管制的争议持续了数年之久。经济趋于稳定，随后步入复苏。比索的大幅贬值增强了竞争力，阿根廷中央银行不断干预防止比索升值。此外，债务贬值减轻了偿债压力。虽然恢复到 1997 年的生活水平还需要假以时日，但由于阿根廷政府实施了国家干预经济政策，因此人们对增长的可持续性还是不抱太大希望。

支持货币管理制度的人认为，这场灾难的原因不是汇率制度，而是政府没有实行严格的财政约束，迫于政治压力没有推进结构改革。更为公允的评价应该是，在一个民主社会想要顺利运行货币管理制度，有些勉为其难。阿根廷受困于僵化的、没有退路的钉住汇率，失败的结局早已注定。

这样的危机还会重演吗？在阿根廷这类国家，经济政策的弱点被强劲的全球增长和较高的商品及能源价格所粉饰，但可以肯定的是，这种繁荣难以持久。同时，越来越多的国家转向了更富有弹性的汇率机制，消除了金融易受攻击的一个大弱点。即使阿根廷进行了大量干预，防止比索兑美元的过快升值，其汇率也还是比以往更富有弹性了。

而且，与20世纪80年代相比，已经很少有发生通货膨胀失控的事例了。因此，很少有国家严重依赖汇率稳定。现在通过稳定汇率来降低通货膨胀率的代价，就是以后金融体系遭受攻击。如果对新的稳定价格的认知是持久的，那么就很少会出台汇率稳定计划，也就减少了由此带来的危机。但这并不能说以后不再会有货币危机了，这里我只是想说明，货币危机的根源及其表现形式都会有所不同。

全球失衡

自20世纪90年代末以来的这些变化导致全球范围的失衡，这在现代国际货币史中是从未有过的现象。中国在亚洲金融危机中几乎毫发无损，全仰仗超过GDP 40%的投资的拉动实现了高速增长，储蓄率甚至超过了已然很高的投资率。仅家庭部门的储蓄就占GDP的近25%，这与**生命周期模型**（life-cycle model）是完全吻合的，生命周期模型是经济学家理解人们的储蓄行为的标准框架，分析工作年龄的人为退休生活进行储蓄的动机。根据这个模型可以得出，家庭部门的净储蓄是年轻人积累的储蓄和老年人花费的储蓄的差额。在中国这样一个年增长率保持在10%左右的经济体中，当前劳动参与者的收入是年长者年轻时收入的若干倍。因此，年轻人的储蓄也显著高于年长者的花费。⊖

但是，如果这还说明不了什么，那么还有就是中国企业储蓄占GDP的

⊖ 莫迪利亚尼（1970）做了经典阐述。莫迪利亚尼和Cao（2004）运用该模型分析中国的情形。中国家庭储蓄偏离模型的主要原因是，老年人的预期花费更低。相关分析还可参见Chamon和Prasad（2007）。

25%，这些企业收入丰厚且没有支付红利的压力。国民储蓄与 GDP 的比例接近 50%，甚至超过了一直保持高位的投资率，并且经常账户继续保持盈余。

东盟四国不再鼓励不计成本的投资，它们的国民储蓄也超过了投资。在拉丁美洲各国，更稳健的政策也鼓励了储蓄。中国和印度的强劲增长推高了能源价格，中东石油输出国的收入也超过了投资，存在大量的经常账户盈余。

所有这些过量的储蓄都在寻找出路。如果这些有过量储蓄的国家都有经常账户盈余，那么就一定另有一些国家出现了赤字。⊖美国就是这样的赤字国家之一。如图 6-6 所示，美国经常账户长期逆差。⊜实际上，其他国家购买美国金融资产，美国则从这些国家购买商品。外国中央银行和政府之所以愿意购买美国的金融资产，是由于美国证券市场交易活跃、流动性充沛。美国能够以低于其他借款人更低的价格向国外中央银行和政府发行债券。这就是法国在 20 世纪 60 年代时就抱怨过的"过分特权"。⊜而且，当其他国家累积了美国债券时，美国投资者就获得了外国股权：购买外国公司股份或者干脆收购外国公司。虽然这意味着美国投资者承担了更高的风险，但最终还是从外国资产获取了更高的回报。正因为如此，尽管美国持续保持经常账户逆差，却没有发生国外净金融负债爆发式增长（见图 6-7）。

但是在 20 世纪 90 年代后半期，原来小打小闹的经常账户赤字演变成了巨额的经常账户赤字，不仅绝对值相当大，而且占 GDP 的比例也很惊人。这就是"新经济"时代。美国以往对信息与通信技术的投资开始产生丰厚的回报，生产率加速提高。生产率的快速提高给资本带来了更高、更有保障的回报，刺激了投资。这个效应的明证就是纳斯达克市场的繁荣。高股价反映

⊖　除非与其他星球开展贸易，全球经常账户余额（即所有国家经常账户余额）一定为零。在实践中，报告中所有国家经常账户余额并不总是为零，只是由于存在统计误差，而不是因为存在星球间贸易。

⊜　在 20 世纪 80 年代中期，在广场 – 卢浮宫协议（第 5 章讨论过）之前特别显著。

⊜　参见第 4 章。

了人们对预期高回报充满信心，刺激了新投资。由于投资相对储蓄增加了，增加的投资必然需要从外国融资。

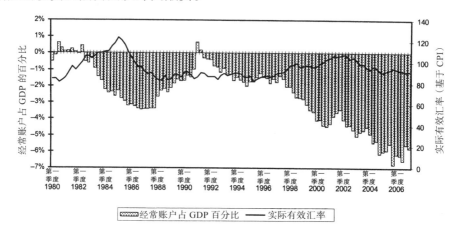

图 6-6 美国经常账户赤字与美元实际有效汇率

资料来源：Bureau of Economic Analysis and IFS。

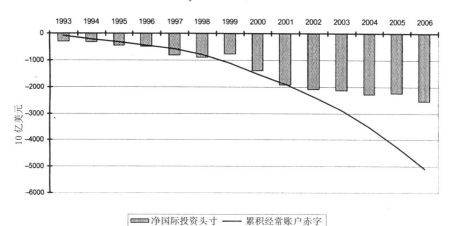

图 6-7 美国净国际投资头寸和累积经常账户赤字（1993 ~ 2006 年）（10 亿美元）

资料来源：Bureau of Economic Analysis。

不过美国的赤字并没有引发什么担忧。经常账户差额等于储蓄与投资的差额，赤字增加意味着美国投资更有吸引力了。美国承担着开发新一代微处理器的特别重大的责任。在所有发达国家中，美国的市场最富有弹性，因而美国企业具备得天独厚的条件，能更好地识别高速计算机、宽带和互联网提供的资本运作的机会，无怪乎投资蜂拥而至，外国人都愿意提供资金。外国人也不担心自己的投资无法收回，因为更快的经济增长会相应地增强偿债能力。

步入 21 世纪之际，一片祥和的欢乐景象开始褪去，公众甚至专业人士花费了不少时日才看清这样的事实——一旦投资者发现"新经济"过热和纳斯达克泡沫破裂，就很难确信美国经常账户逆差是投资驱动的，是良性的了。不过，美国经常账户赤字仍在持续不断地增加，赤字占 GDP 的比例从 4%（经济学家普遍认同的安全上限）多一点，上升到 2003 年的 5%、2005 年的 6% 和 2006 年的 7%。

人们逐渐意识到，问题的根源，或者说罪魁祸首是美国的低储蓄。2001 年布什政府削减了税收，20 世纪 90 年代联邦预算曾经实现了盈余，现在又回到了赤字。虽然政府储蓄下降情有可原：联邦支出占 GDP 的比重逐步上升，税收占 GDP 的比重却在下降。家庭部门的储蓄为什么减少就没有那么一目了然了。私人储蓄首次跌破10% 后，10 年时间里跌至负数。"新经济"的铁杆支持者认为，美国家庭部门的支出增加，是因为美国基本面形势大好，家庭部门对未来收入预期较高，认为完全能够负担当前的支出。但在纳斯达克市场崩溃后，尤其是在劳动生产率增长出现减缓迹象后，这种观点就显得过于乐观了。

另一种观点认为，原因是美联储在 2001 年衰退中一系列大幅降息的举动。大幅降息刺激经济快速复苏，同时低利率也造就了前所未有的房地产泡沫。高房价让人们感觉到自己变得富有了。除了富有的感觉外，低利率还使居民为抵押贷款进行再融资，将储蓄用于消费。这些分析引发人们对持续赤字的担忧。因为利息不可能一降再降，房价也绝无可能永远单边上扬，终究还是会逆转的。不过在彼时看来，这属于以后的事情。

俗话说得好，一个巴掌拍不响。美国持续大量的赤字，是因为有其他国家愿意保持大量的盈余；美国的储蓄之所以能够少于投资，是因为其他国家有过量储蓄。美联储主席伯南克（Ben Bernanke）认为，全球失衡反映了全球储蓄过剩。但他没有说明原因。⊖不过，全球储蓄过剩与美国储蓄匮乏只是一个问题的两个方面罢了。

有一种看法是，这种状况很可能会持续一段时间。中国的经济增长主要靠制造业，生产的产品大部分用于出口。在中国装配的家用电器并不可能全部在中国国内销售，其中有一些就有必要通过美国零售代理商销售出去。压低人民币兑美元的汇率就可以将更多的制造业产品销往国际市场。随着中国经济的增长，中国人民银行需要更多的外汇储备平滑国际收支流动、防止经济受金融市场波动的影响。与此同时，美国作为储备的主要来源，非常乐意进口多于出口、消费大于生产。所以，全球失衡是建立在双赢基础之上的，可能还会持续 20 年，这也是中国吸收 2 亿农民进入制造业部门所需要的时间。

类似的状况曾经在 20 世纪五六十年代发生过，这个时期因此被称作布雷顿森林 II。⊜当时与现在一样，当时就有一个主要货币国家居于体系中心，通过赤字为世界其他国家提供流动性。经济快速增长的外围经济体国家将产品出口到高收入的中心国家，实现顺差并累积更多储备以适应经济增长的需要。供应储备的特权国家还是同一个，即美国。唯一的不同是有长期顺差且积累了大量储备的赶超经济体国家，之前是欧洲和日本的中央银行持有储备，如今则是中国和其他亚洲国家。但背后的机理是一样的。如果说原先的布雷顿森林货币体系有过 20 余年的运作良好的时光，那么后继者或许也能延续这么多年。

在市场力量的作用下，追赶型经济体国家汇率有升值倾向。⊜由于生产率增长相对较快，需要通过升值来防止出口与进口增长率之间不平衡的扩

⊖　参见 Bernanke（2005）。

⊜　 Dooley、Folkerts-Landau 和 Garber（2003）首次做了这样的类比并使之广泛被接受。

⊜　更准确地说，很有可能经历实际汇率（real exchange rate）升值。通过通货膨胀或货币升值使国内产品价格高于进口产品价格。

大。货币升值可以刺激消费者增加对贸易产品的消费，从而避免非均衡发展。这是一种高生产率转化为高生活水准的路径。但是，在布雷顿森林货币体系下，这个路径被堵塞了。由于欧洲和日本的货币钉住了美元，无一例外的本币都没有波动。⊖现在，虽然没有这么一个稳定追赶型经济体货币与美元之间汇率的正式协议，但是追赶型经济体往往会干预外汇市场，阻止货币升值。

市场力量不可能被永远压制住。在原先的布雷顿森林货币体系中，市场力量终于在 20 世纪 70 年代爆发了，布雷顿森林货币体系 II 的末日很快就要到了。

需要注意的是，全球失衡明显依赖于美国与中国利益的相容性。美国乐意消费大于生产，而中国则热衷于储蓄，依赖出口拉动经济增长。积累必要的国际储备应对更大的国际贸易波动。但是到了 2005 年，政府和投资者萌生了另一种想法。美国政治家认为从发展中国家大量进口商品是对国内制造业的不公平，指责中国及其邻国不让货币升值，威胁要对货币操纵行为进行贸易制裁。

在中国，储蓄占 GDP 的 50%，投资比率也达到近似水平，这无论在经济上还是在政治上都是不可持续的。道理很简单：不可能年复一年把那么多资本用于建造新厂房和大坝之类没有多大效率的项目，家庭也不可能乐意无限期地延迟消费。中国进入老龄化社会后，储蓄很快就下降，中国的外部盈余会迅速减少。⊖人口老龄化现象并非中国所独有的，其他东亚国家如日本和韩国也出现了老龄化现象。

与此同时，中国的外汇储备远远超出平滑国际贸易所需额度。根据经

⊖　类似地，国际收支盈余带来的通货膨胀非常有限，因为由于所实施的资本与金融管制冲销了顺差带来的流动性的扩张。

⊖　1979 年以来的独生子女政策导致了较高的人口老龄化比例。可以运用生命周期模型研究计划生育政策对储蓄的影响。随着安全网的进一步完善，老龄人口公共支持的不确定性会下降，老龄人口会加速花掉储蓄。

验，储备充足性标准是相当于三个月的进口或者一年外债本息偿付额。到2005 年，不只是中国，新兴市场经济体储备总体上都超过了这个标准。这表明必须刺激内需缩减外部盈余，在放缓储备增速的同时应允许货币升值，防范过高需求引发严重通货膨胀。确定了这些目标后，同时也为了阻止美国贸易制裁，中国在 2005 年 7 月宣布人民币升值 2.1%，不久允许人民币兑美元不断升值。

但是相比较之下，2.1% 显得无足轻重，据观察家判断，如果要有效地调整全球失衡，则需要人民币升值 20%、30% 甚至 40%。⊖中国政府表示将以每年 5% 的幅度进行人民币升值，但这只能使问题不恶化，依然没有得到有效解决。⊜由于中国没有允许人民币更快升值，其他国家对货币升值与否举棋不定。

中国不愿意人民币太快升值有若干方面的原因：中国对允许人民币升值后能否成功心存疑虑；原先的货币钉住运转良好；对迅速增加的基础设施、教育、社会服务等方面的支出进行了限制；中国的银行还没有很大把握应付汇率的更大波动对资产负债表带来的影响；中国政府特别注意到，中国缺乏让银行和企业免受汇率波动风险的对冲市场。

还有一个担心是，减少对外汇市场的干预，可能会造成亚洲货币对美元升值过快，导致美元崩盘。20 世纪 90 年代后期，投资者受"新经济"美妙前景蛊惑才愿意为美国经常账户逆差融资。现在主要是外国中央银行和政府在购买美元资产，主要是债券，因为债券是比较好的储备持有方式。如果外国中央银行和政府减少购买美国债券，美元就会大幅下跌，这可能会给投资者带来更大的损失，造成金融崩溃，威胁全球的经济增长，还会导致这些中央银行和政府既有美元定值储备蒙受巨大的损失。

⊖ 参见 Goldstein 和 Lardy（2003）等文献。

⊜ 或者更准确地说，升值速度几乎不足以赶上劳动生产增长率之差（中国劳动生产率的增长与美国劳动生产率增长之差）。请注意，中国的劳动生产率年增长 6%，高出美国 4 个百分点。

比较理想的做法是，中央银行和政府应逐步减少累积的美元资产，实施一切可能的手段，对储备进行多元化，最大幅度地降低美元下跌给投资组合带来的损失。如果流入到美国的资本减少，则美国需求增长率下降，美国减少的需求通过其他国家刺激增长的新需求进行抵消。

但是要做到这些，就必须进行国际合作。虽然中央银行将美元储备逐步转换成多币种机构储备，符合整体利益，但是就其个体利益而言，迅速撤离美元，在不对现有市场产生不利影响的情况下，秘密完成储备多元化则更为有利。不过，一旦足够多的中央银行抵不住诱惑都只顾个人利益的话，投资者就会迅速采取行动，抛售美元，美元就会崩溃。也就是说，在这个问题上集体利益与个人利益是相抵触的。同理，中国政府从全球利益角度进行了货币安排和支出调整，需要美国给予相应的回报。

1944 年为了顺利开展国际货币事务中的集体行动，国际货币基金组织应运而生，现如今，也应当继续履行这样的职责，以更好地解决问题。国际货币基金组织根据其《特殊数据发布标准》（*Special Data Dissemination Standard*），推动各国中央银行发布更多的外汇储备币种构成信息，其用意是，更高的透明度意味着难以秘密地调整储备资产组合，让美国、日本、中国、**欧元区**（euro area）、沙特阿拉伯（作为石油输出国组织的一个代表）坐在一起，讨论对各方都有利的宏观政策调整。

但是，储备透明度的推进速度很慢。只有几十个国家参与了，即便是这些参与国，发布的储备构成信息也是滞后的，有着很大的调整资产组合的机会主义空间。国际货币基金组织的磋商，只见频频开会，迟迟不见行动。国际货币基金组织没有筹码迫使那些不从它那里借款的大国配合行动。同时在对盈余国做工作时顿显有心无力。[一]国际货币基金组织成员现在同意强化基金对汇率的监督权力，特别是对货币低估提出警告的权力，基金董事会已

　　[一]　这与凯恩斯强调过的问题是相同的，在 20 世纪 40 年代，这个问题促成了《稀缺货币条款》的出炉，参见第 4 章。

经通过了汇率监督新决定。但是只有时间能够告诉我们，国际货币基金组织是否最终运用它那特殊的道场发号施令，以及是否有人会听从指挥。

到 2007 年年底，事态发展很快，问题变得更加紧迫了。美国的房价 2006 年达到了顶峰，到 2007 年住宅建设减少。有人担心美国的消费会随之下降，如果国内的需求减少，那么更多的美国产品就必须卖到国外，就需要通过美元贬值降低美国产品在国际市场的售价。美元如人们预期的那样开始下跌了。紧接着在 2007 年下半年美国发生了次贷危机，危机集中在居民抵押贷款支持证券及其衍生品，相当大的比例在美国持有。最终，投资者会意识到，这些证券太复杂、不透明、高风险，突然之间，外国资本不再青睐美国市场，资本流入放缓，市场参与者开始担心美元崩溃的问题了。

为了避免损失，投资者纷纷抛售美元，也很急切地想转换成另一个币种储备，投资者选中的新的储备币种就是欧元。欧元区也有交投活跃、流动性充分的金融市场，对拟调整储备结构的中央银行越来越有吸引力。但是新的问题又出现了，如果投资者大规模地买入欧元，则欧元立即走强，首当其冲的是欧洲出口商感受到了压力，因为欧元升值削弱了欧洲出口商品的国际竞争力。结果可想而知，那些采用了欧元的国家进退维谷，无所适从。有评论者甚至很悲观，断言欧元走强带来的收益难以弥补因此而付出的成本。

无论如何，在各方观点的争执中，欧元仍然在前行。为了更好地理解个中缘由，有必要穿越回到 20 世纪 90 年代初，谈谈欧元的历史、现状与展望。

欧元的努力

20 世纪 90 年代初，人们对创立单一欧洲货币的热情持久性表示怀疑，是情有可原的。欧洲汇率危机中断了欧洲一体化的进程；英国和意大利遭受投机攻击，被迫放弃欧洲汇率机制——英国则是永久地放弃了；其他国家也承受了类似的压力，为此，这些国家将汇率浮动区间从窄幅的 2.25% 扩大

到 +/–15%。那些有意加入货币联盟的国家发现，限制汇率灵活性变得越来越不合时宜了。欧洲似乎要倒退到永久的固定汇率，而不是在前进。

对 1992～1993 年的危机有一种基本解释，即政策制定者没有大刀阔斧地让其他政策目标服从于稳定汇率目标，反而认为经济增长滞缓和失业加剧是 1990～1991 年美元走弱的滞后效应。他们非但没有提高利率保卫货币，反而企图让汇率贬值以恢复外部竞争力。市场参与者觉察到了政府贬值意图，加之没有资本管制，贬值压力更大了。

不过自 1993 年以来，形势发生了变化。先是美国，接着还有欧洲先后进入了扩张期。为了建立货币联盟需要进一步实行紧缩政策，这在扩张期的繁荣时期更容易完成。欧洲的政策制定者们一再强调各自都完成了转轨货币联盟的承诺。不过，英国和丹麦的承诺总是让人不放心，它们退出了进程，不再拖累其他国家。⊖

在德国的坚持下，《马斯特里赫特条约》设定了参与货币联盟国家资格的标准，设定了通胀和利率目标，要求汇率和财政稳定。财政目标的核心要求为：预算赤字不得超过 GDP 的 3%，公共债务不得超过 GDP 的 60%。其用意在于，做到了这条财政赤字要求有助于达成全社会永久共识，有效地过滤掉那些缺乏优秀稳定文化、浪费奢靡的国家。《马斯特里赫特条约》还禁止参与国用宽松货币政策为弥补财政赤字融资。⊖

但是这个标准并没有发挥德国设计者们所设想的有效的门槛效应。较快的经济增长扩充了公共财政收入，即使没有政策作为，赤字也会下降；有些政府还可以采取一次性措施，典型的就是开征附加税，使赤字标准得以满

⊖　此外，消除单项赌博机会有助于欧洲货币机制在 1993 年后确定更大波幅（+/–15%）。货币投机者不再可能在市场中一边倒，因为现在错走一步，就有可能跌至底限，随即的反弹就有 30% 的空间，空（轻）仓投机者会蒙受巨额损失。

⊖　与此不同的是，利率、汇率和通货膨胀率标准就没有这么有效的过滤功能。如果财政调整到位，形成了一国获准加入货币联盟的预期，则汇率最终会趋于稳定。结果，其利率和通货膨胀率会降到与德国相当的水平。因此这些标准在识别是否有优秀稳定文化方面没有多大用处。

足，但随后就放松财政约束；还有些政府在会计上弄虚作假。至此，八仙过海，各显神通，所有热切期望加入创建于 1999 年的货币联盟的欧盟成员国均声称自己满足了赤字标准。唯有希腊例外，因为希腊的环境依然很混乱，但仍保留着加入货币联盟的权利。

重要决策无论如何都要获得一致同意，这个规定加大了对那些存在问题的成员国实施限制的难度。正是由于重大决策要求欧盟成员国一致同意，那些未获准加入货币联盟的欧盟成员国就会威胁报复，在各种事情上百般阻挠。在签署《马斯特里赫特条约》时，人们预计会建立一个包括法国和德国，可能还包括奥地利、比利时、卢森堡和荷兰在内的小范围货币联盟。[⊖] 1998 年 5 月在布鲁塞尔举行的经济理事会上做了扩大货币联盟的决定，准许爱尔兰、意大利、西班牙和芬兰加入。

这样的转变可谓煞费苦心。欧洲货币局建立起来了，辅助欧洲中央银行制定共同货币政策。为了给德国一颗定心丸，保持财政约束刚性，在 1997 年 6 月的阿姆斯特丹会议上签订了《稳定公约》（Stability Pact），继续监督各国预算（并惩戒有过量赤字的国家）。ERM Ⅱ 建立起来了，稳定欧元与那些未加入货币联盟的欧盟成员国货币之间的汇率。欧元区潜在的成员国同意将 1999 年 1 月后的汇率不可撤销地锁定在 1998 年中期的市场汇率水平。[⊖]这些准备为 1999 年年初的平稳转变提供了良好的条件。欧洲中央银行开始制定共同的货币政策，欧元区成员国于是可以着手准备进入下一阶段了，即以欧元纸钞和硬币取代各国货币。[⊜] 2002 年元旦，顺利地完成了国别货币向欧元的转变。

欧洲货币联盟成员国的产出占世界总产出的 20%，贸易量占全球的

⊖ 当然这里假定奥地利加入欧盟，但奥地利只是在 1995 年第 3 轮扩张（包括芬兰和瑞典）时才加入。

⊖ 这排除了最后时刻贬值使国家能够以可操纵竞争性汇率加入货币联盟。最后时刻贬值会带来许多问题，其竞争力的获得是以其他成员国损失为代价的，投机者会预期到最后时刻贬值，因而会事先攻击有漏洞的货币，影响转轨过程的稳定性。协定规定不得再有平价调整，就消除了这两种风险。

⊜ 在此过渡期内，希腊加入了欧元区（2001 年年初）。

30%，这在欧洲历史上是从未有过的。但是欧元的管理者（欧洲中央银行）似乎还没有进入状态，碌碌无为。可以理解，欧元区的运行和欧洲央行的运行都会被置于显微镜下细细察看。有些批评者认为，新的中央银行由于只重视树立反通胀的可信性，过于僵化，在应对失业问题上难以变通。还有一些批评者认为，是欧洲中央银行让通货膨胀率反复地在 2% 上下波动。这两类反对派阵营旗鼓相当，可见欧洲中央银行的政策还不至于太糟糕。

类似地，还有人抱怨欧元在起初几年里太疲软，说明人们对新货币缺乏信心。随后欧元对美元逐渐走强，又有人开始抱怨过于强劲的欧元不利于欧洲经济增长。但是时过境迁，人们会发现这些抱怨显然是杞人忧天。美元/欧元汇率的波动，完全正确地反映了美国/欧洲经济增长率和利率的相对关系。由于欧元区是一个规模庞大的经济体，没有什么理由担心汇率波动的影响会超过之前对开放的经济体小国的影响。

还是有人担心财政约束会给欧洲中央银行带来较大的通货膨胀压力。首先是葡萄牙在 2002 年，接着是法国和德国在 2003 年违反了《稳定公约》3%的预算赤字上限。大国或许可以威吓像葡萄牙这样的小国，小国只好增加税收，别无他法。但法国和德国这样的大国要对自己进行限制，那是不太可能的。《稳定公约》的拟定者们预计到了个别国家可能在某些时候会违反其条款，但没有料到居然会几个国家同时违反。在决定是否对法国实施制裁和惩罚时，德国没有投票权；反之也一样。但法国和德国可以联合起来，不让对方受到制裁。《稳定公约》一再地被违反。用欧盟的粉饰性语言表达，即公约经过"修改"后，允许预算有更大的弹性。

这是否被视作麻烦，不得而知。人们担心，当新的中央银行以稳定价格为己任时，有着较大预算赤字的国家会不断地给欧洲中央银行施以重压，迫使其实施扩张性政策。各国政府也渐渐意识到，由于实施共同的货币政策，应对各自特殊冲击时唯一能用的工具就是财政政策了。要有效地运用财政政策，就必须在日子好过时预算接近平衡，以便在日子艰难时较大的赤字不至于损害人们的信心。各国政府很好地理解了这一点，于是它们虽然缓慢但稳步地实现了预算平衡。有种观点认为，与欧洲中央银行需要辅助不一样，货币联盟不再需要《稳定公约》了。

而且，实施单一货币政策确实还有困难。如意大利这样经济增长缓慢的经济体，要与中国在消费品生产方面进行真刀实枪的竞争，自然，更希望欧洲中央银行实施宽松的货币政策，让欧元走弱。如爱尔兰这样经济增长较快的经济体，由于居民都会说英语，十分欢迎外国投资，因而能够最大限度地利用高科技成果，其经历了快速增长和经济繁荣，房地产和其他资产价格大幅上涨。这些国家就希望欧洲中央银行实施偏紧的货币政策，为过热的经济降温。可以想见，众口难调，对欧洲中央银行政策过于宽松或者过于紧缩的抱怨都是难免的。

从更一般意义上来讲，"趋同经济体"（欧盟专门用以指那些尚未与欧盟生活水准"趋同"的，相对贫穷且仍然面临较多经济与财政问题的国家）在加入欧元区后要经历一段繁荣期。因为加入货币联盟意味着，这些曾因不良融资环境导致的高利率，要迅速地降到与法国和德国相当的水平。⊖借款成本下降，则居民消费猛增，企业投资也迅速增加。但是居民和企业需求的增加会急剧推高工资。繁荣过后，这个国家会发现国内工资水平过高，竞争力下降，失业增加。因此，需要紧缩政策进行调整。葡萄牙作为欧元区创始国中人均收入最低的国家，率先发现自己处于这样的境地，于是应该采取紧缩性财政政策，防止问题恶化。但说着容易，要真正落实起来在政治上却困难重重。

虽然怨声载道，但没有哪个国家考虑放弃欧元恢复本币。因为尚不清楚一国退回从前的体制，经济利益是否大于成本。一国放弃欧元，恢复本国

⊖　虽然名义利率（无风险资产）降到了与欧元区其他国家相同的水平，但由于贸易品价格上涨较快导致通货膨胀率较高，实际利率（借款所依赖的）仍低于快速增长的经济体。因此，在增长率通常更高的国家，政策制定者偏好用更高的利率来抑制需求。货币联盟解决了这个矛盾。

货币⊖，可能会提高出口产品竞争力（当然是假设货币贬值没有被工资的大幅上涨抵消），但是这只会以利率的上升和加重债务负担为代价。放弃欧元（《马斯特里赫特条约》并没有这方面的条款）显然会导致政治纷争，引发人们对欧元稳定性的普遍质疑，这并不是货币联盟成员国乐意看到的。因而放弃欧元的国家，在欧盟政策制定会议上会成为不受欢迎的孤家寡人。

退出欧元的程序不只是一点点麻烦，而是相当烦琐、困难重重。重新引入国别货币，需要在议会中进行长时间的讨论。如果讨论的结果是引入国别货币，则要将银行存款、工资合同和其他金融债务转换成国别货币单位，同时为了保持出口产品竞争力，则国别货币就将对欧元贬值，投资者一眼就能看穿故事的结局：为了避免资产贬值，就会从当地银行和市场撤走资产，结果注定是爆发全面的金融危机。避免危机的方法只能是一夜之间同意并退出，这在一个民主社会里是不可能发生的。

愿意接纳欧元，并努力使欧元运行良好，反映了人们清楚地看到单一货币能带来的巨大好处。最突出的好处是，单一货币将欧洲内汇率变动的破坏性降到了最低。比如 2004 年 3 月马德里火车爆炸之类的事件，就没有引起欧元区国家之间的汇率震荡，因为欧元区国家之间已经不存在汇率了。不过，单一货币并不能完全让欧元区避免金融风险，欧元区的金融市场和银行仍然存在遭受各种冲击的可能，所不同的是欧洲内汇率波动不再会是金融风险的根源，汇率自然也不会成为放大风险的机制了。

欧元其他显见的影响还有：刺激了欧洲债券市场的发展。债券市场具有规模经济的特征，市场规模越大，作为交易的平台就越有吸引力，因为交易者可以很便利地买卖债券，同时又不会带来价格的波动。所以规模大的市场通常具有较高的流动性和较低的交易成本。债券市场能获得诱人的回报。而

⊖　一些平民政治家积极活动反对欧元。例如，意大利福利部长罗伯特·马罗尼（Roberto Maroni）于 2005 年 7 月呼吁"放弃欧元"，主张重新采用里拉。但他的观点既不代表政府，也不代表公众的看法。

且，规模大的债券市场有各种期限的、标准化且风险低的资产。换言之，这些债券可以充当风险较高的信用产品定价基准。

所以，从 10 个甚至更多个分割市场转向单一债券市场能得到许多间接收益。由于在分割市场中交易的债券是以不同国家货币定值的，而在欧洲大陆范围的单一市场，债券交易均以欧元定值，投资于不同国家债券的债券基金很快就失去了市场份额，更多的资金都转向投资欧元定值债券。⊖欧元区公司发行的未清偿债券余额占 GDP 的比重，从 1998 年的 32% 上升到了 2005 年中期的 75% 左右。而且债券发行也更加灵活了，那些没有得到投资信用评级的公司也更容易获准发行债券了。债券市场的发展是增强欧洲竞争力的福音，因为欧洲公司可以筹集到更便宜的资金，投资的筹资成本很低，并且不再局限于向国内银行借款。欧洲债券市场的发展也意味着，银行、企业和居民家庭更方便地配置多样化资产，包括不同国家的资产，弱化"本土偏好"，将风险在全球范围内进行分散。

欧元还进一步提升了价格透明度，鼓励跨境交易。突然间，德国和比利时的消费者可以很便利地对两国商品价格进行比较，产品市场竞争更加激烈了。由于价格更容易加以比较，零售商和批发商承受着更大的压力，不得不接受竞争确定的价格。OECD 的研究和其他一些研究表明，在高收入经济体中，产品市场竞争是刺激生产率提高的一个重要因素。⊜产品市场竞争越激烈，则生产者和供应商就越有改进的积极性，否则就会失去业务，最终破产。虽然并不是所有后欧元研究都认同有这么大的效应，但存在这些效应却是没有歧义的。⊜虽然更激烈的市场竞争会给调整带来困难，但人们还是一致地认为欧洲需要竞争更激烈的市场环境。

⊖ 参见 Baile 等（2004）的研究。

⊜ 参见 OECD（2003）等。

⊜   Micco、Stein 和 Ordenez（2003）估计，在实行单一货币早期欧元区跨境贸易增长了 6%，而其他文献的作者估计的效果更大。关于价格发散性和产品市场竞争参见 Foad（2007）。Parsley 和 Wei（2007）通过对很窄范围产品的比较，即欧元区内和欧元区外麦当劳、巨无霸的 10 种配料价格的比较，向下修正了欧元对价格发散的影响。

欧元对劳动力市场的影响不显著。⊖欧洲劳动力市场仍然僵化，受到严格的管制，欧元并没有让劳动力市场发生任何变革，这确实令人很遗憾。原因是不再有各国的货币政策，劳动力的流动性与工资弹性都没有受到足够的重视，不过这也在情理之中。政策制定者们并非必须采取措施促进欧元增进产品市场竞争，或消除垄断势力，但如果无所作为，则会加剧产品市场竞争。政策制定者还是可以有所为的，比较可行的是，通过增强技术证书、养老金的便携性促进劳动者的流动，还可以通过降低雇用和解雇的成本增加就业关系的灵活性。欧元激励了各国采取这些行动，但并不必然有效。

国际货币的竞争

在全球失衡的背景下，欧元的面世引发了一个问题，即作为主导国际货币的美元前景会如何？令人意外的是，欧元的短期影响居然是巩固了美元的主导地位。1999 年之前，法兰西银行持有一部分德国马克作为外汇储备，而德国联邦银行则持有一部分法郎作为外汇储备。当这两个国家的货币被欧元取代时，那些资产就不再构成外汇储备了，仅仅是合并后银行体系的国内货币准备而已。在"新经济"时代的末期，相对于其他货币定值储备，美元的走强也增加了未清偿美元储备的价值。经过计算，在 1999 ~ 2000 年全球储备中美元所占份额还略有上升。

不过自此以后，欧洲储备货币中，欧元所占份额逐渐增加，动摇了美元的主导地位。与前欧元时代各国分割的金融市场相比，欧元区金融市场的深度和流动性都要好一些，也使欧元较之所替代的国别货币在作为储备货币方面更有吸引力。欧元越来越多地被接受作为结算货币，尤其是东欧各国更为普遍，并扩散到世界其他国家。将欧元用作国际债券定值货币的也越来越多了，因为欧元币值稳定且欧洲也有发行这类债券的需求。2004 年，即创立

⊖　根据 Duval 和 Elmeskof（2006）调查的证据得出的结论。

单一货币后的第 5 年，已发行的欧元债券实际上已经超过了已发行的美元债券。债券发行方主要是非欧元区的欧盟成员国和其他成熟经济体。对企业开展商品贸易有意义的事情，对储备管理者而言也具有同样的意义。

2007 年，国际储备币种构成最显著的特征是其稳定性，并没有发生大规模抛售美元转换成欧元的情况。美元在合并的总储备中所占份额的下降缓慢而有序。⊖

欧元区仍在扩张，越来越多的国家接受了单一货币。2007 年斯洛文尼亚加入了，2008 年塞浦路斯和马耳他加入了，接着还会有更多的中欧、东欧欧盟成员国加入（说不准哪天英国、丹麦和瑞典也会加入）。欧洲就有可能超越美国成为世界最大的国际贸易商，有着世界上最大的金融市场。从历史上看，每一时期只能有一种货币成为国际主导货币。现在有些观察家认为，中央银行将大量美元储备转换成欧元的时机已悄然而至。⊜

但是，只能以一种形式持有储备的看法越来越过时了。美元在二战后主导了国际贸易，是因为美国拥有交投活跃、流动性充分的金融市场。二战后，美国在金融自由化和发展方面迅速超越其他国家，德国和日本却限制外国人进入它们的金融市场并抵制货币国际化，德国是为了缓解通货膨胀压力，日本则是为了给产业政策创造空间。但时至今日，发达国家都已经取消了资本管制，已有各类竞争性市场为发达国家提供储备多元化的服务。欧元市场拥有储备所必需的稳定性与流动性，成为储备新宠。

虽然不可能大规模抛售美元，但可以想象：人们一旦对美国政策失去了信心，美元贬值就会失控。从这个意义上而言，美元的命运与全球失衡紧密相连，取决于中国及世界其他发展中国家日益增长的储备。美元何去何从，取决于国际货币体系演进的总体状况。就其前景而言，只能留待时间去证明。

⊖ 根据国际货币基金组织 COFER 在 2007 年 9 月 29 日发布的数据，2007 年第 2 季度有 2.4 兆美元储备和 0.9 兆欧元储备，紧随其后的是英镑和日元，不过数额要小得多。

⊜ 比如 Chinn 和 Frankel（2007）就持这种观点。

Globalizing
Capital

| 第 7 章 |

十年历一劫

此次金融危机的爆发与蔓延使我们再次面对一个古老而未决的问题，那就是什么样的国际储备货币才能保持全球金融稳定，促进世界经济发展？

——周小川

2007 ~ 2008 年全球金融危机不啻一记重锤，出乎所有人的意料。当时人们正纠结"全球失衡"问题[⊖]，即美国经常账户赤字与中国盈余的扩大；担心一旦中国减持美国国债，美国的外部赤字缺口无法弥补，导致美元崩盘。

全球失衡众人皆知，得到了观察家们的密切关注。而一些隐蔽的、其实更重要的金融问题却被忽略了。美国经常账户赤字意味着，美国人的消费超过了产出，是超前消费。若再做深究，美国的赤字与中国的盈余揭示了一个这样的困境：在基于美元的国际货币与金融体系中，新兴市场国家的外汇储备除了美元别无选择，正因为这样，美国人才能够放心大胆地透支消费。

⊖ 关于全球失衡问题，本书在第 6 章做了详尽的介绍。

不过这并不是危机的根源，危机的根源是美国草率地放松了对金融市场的管制。2001 年 9 月 11 日美国遭受恐怖袭击后，美联储采取了降息措施，导致信贷大幅扩张。此外，由于美国商业银行和投资银行竞争加剧，美国铤而走险废止了《格拉斯—斯蒂格尔法案》^Θ。

一方面，由于竞争不断加剧，银行冒险涉足投机业务，饥不择食地开展可疑贷款业务并发现业务前景广阔。另一方面，美国人喜欢高品质的生活，只是囿于数十年未涨的薪水而难以如愿^Θ。而如今，人们可以通过贷款过上高水平的生活。^Θ银行借钱给追逐美国梦的人们，甚至给单亲家庭提供了大量的住房抵押贷款。这些抵押贷款又被打包成衍生金融产品卖给机构投资者，机构投资者不假思索就认为这些衍生金融产品比支持这些衍生金融产品的贷款更安全。

深陷这场骗局的傻瓜中就有美国的银行，赫赫有名的贝尔斯登和雷曼兄弟都在这场危机中受到重创。这些傻瓜中不乏知名度不那么高的欧洲银行的身影，比如德国工业银行。在放松管制的过程中，欧洲银行与美国同行一样[⊕]下了大赌注，将银行间市场借款用于发放高风险贷款、投资次贷市场。

多数借款由欧洲银行的美国分公司提供，然后这些借款被欧洲母公司用于购买美国发行的以美元标价的抵押贷款支持证券。于是，从美国借出的美元流向欧洲各家银行，欧洲各家银行用借来的美元购买美国证券。美国银行贷款资金流到欧洲银行，欧洲银行购买美国证券，资金又回流美国，引发了大规模资本流动（这有别于全球失衡带来的净资本流动），为危机的发生埋下

Θ　《格拉斯—斯蒂格尔法案》严格区分了商业银行业务和投资银行业务，是 20 世纪 30 年代大危机后的美国立法，20 世纪 90 年代国会尝试废除，1999 年正式废止。

Θ　即因为收入没有增加，无法提高生活水准，购买力下降。

Θ　关注全球失衡的评论员有一点说对了，即美国消费者喜欢透支消费。

⊕　德国工业银行及其他一些欧洲银行是面向公众开展业务的，这就意味着银行如果陷入困境就会得到救助，于是银行经营者就会倾向于扩张业务。

了隐患。[⊖]

　　危机来袭时，恰逢欧盟筹备欧洲货币联盟十年庆典。1999 年随着各成员国停止流通本国货币，欧元区外围成员国如希腊、葡萄牙、西班牙和爱尔兰等国的利率急剧下跌。[⊜]与大西洋彼岸的情形类似，资本跨境流动会导致利率变动，跨境资本通过银行间市场进行流动。以法国、德国为主的所谓欧元区核心国家银行把资金借给希腊、爱尔兰、葡萄牙和西班牙等国银行（如图 7-1 所示），这些国家的银行把资金用于投资国内政府基金和抵押贷款债券。此外，法国和德国的银行出于投资目的也自行购买了这些债券。

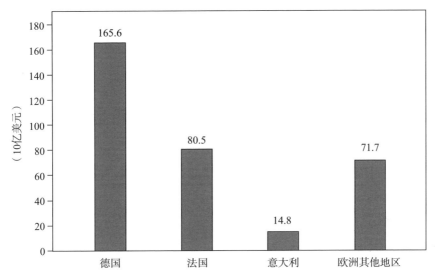

图 7-1　2010 年 9 月欧洲各家银行（按国别）借给希腊、爱尔兰、
　　　　葡萄牙和西班牙的资金

资料来源：国际清算银行统计数据。

　⊖　Shin（2012）较早识别了这些模式。经济学家在危机发生后开始关注资本总流动，而不仅仅是净资本流动。当然，仍然存在不同观点，认为全球失衡是因为有些亚洲国家购买美国国债导致美国利率低迷，美国银行更愿意借钱给贪得无厌的欧洲客户，所以早期分析员关注全球失衡并没有什么不妥。

　⊜　1999 年绝大多数欧元区外围国家启用单一货币——欧元，希腊 2001 年加入欧元区。

欧元的拥护者们认为利率的下降具有积极意义。利率波动是资本流动健康的表现，葡萄牙、希腊等国家从此就免除因金融政策不当带来的汇率风险之患，不再会发生本国货币政策失当情况了。欧元的质疑者们（其实是少数几个质疑者）提出警告，认为投资者区分不了贬值风险和政府及抵押借款人违约风险，货币联盟只能消除第一种风险，对第二种风险无能为力。他们注意到监管者利用并强化了这种混淆，对欧洲银行持有的政府债券免税并设定为零风险，让人们以为问题债券是无风险的。⊖

结果，欧元区的核心国家与外围国家之间形成了巨量的资本流动。法国、德国的机构投资者对外围国家的高收益趋之若鹜，这些投资的涌入引发了西班牙、爱尔兰等国基础设施和住房建设的热潮，在希腊等国引发了大量无成效的政府预算赤字。

这些跨境资本流动预示着法国、德国的借款存在若干隐患，更何况西班牙、爱尔兰和希腊等国的银行还从国外引进资金投入本国房地产和政府债券市场。房价不可能只涨不落，借入国外资金可以弥补政府预算赤字，但欠债要还本付息，所以发债也不是长久之计。

痛定思痛，各大国际组织早就应该进行多次风险警示。但是国际货币基金组织等国际组织的工作人员是一批宏观经济学家，着眼于研究储蓄－投资失衡问题，对错综复杂的资金流动路径没有及时关注，而能够看到平静背后涌动的风险的法务会计、券商或银行高管等专业人员数量不足。实际上，危机爆发前的 2001～2007 年，国际资本市场波澜不惊，较为平静，于是国际货币基金组织应股东国的要求主动削减预算，以为在这样的大好时期不必雇用法务会计和银行高管。

不仅如此，各大国际组织大力提倡的放松管制，很快风行美国与欧洲各国。一个有力的证据，是国际货币基金组织坚持放松管制，允许国际资本流

⊖ 而且，欧洲央行对购买欧元区各国债券提供相同折让，意味着各国债券按照统一价格发行，因而各国债券都是无风险的，相应地，穆迪和标普对这些国家的债券给予同等信用评级。

入新兴市场国家[⊖]，认为欧洲各国之间的资本流动是健康的，甚至比以往更为稳定。当时，国际货币基金组织的大部分职员是欧洲人，国际货币基金组织总裁正准备竞选法国总统。[⊜]

令人匪夷所思的是，此次危机中受重创的是发达国家，而不是传统的脆弱的新兴市场国家。新兴市场国家曾经被要求加强银行监管、完善公司治理和提高金融透明度。经历了 1997 ~ 1998 年的亚洲金融危机后，各大国际组织就经常念叨"加强监管和提高透明度"，想当然地认为发达国家在金融领域的做法是新兴市场国家和发展中国家效仿的典范。

事实胜于雄辩。代理人问题（金融机构的行为并不是从股东和顾客的最大利益出发）是一直困扰发达经济体的痼疾。银行高管在拓展业务的过程中谋取自身利益最大化，董事会对此无计可施。高盛等投资银行一方面向缺乏经验的客户发售次级贷支持的金融衍生产品并收取可观的费用，另一方面在自身业务操作中又做空这些衍生产品。信用评级机构为发行方提供咨询，收取高额费用，出谋划策让够不到 AAA 的问题证券能够顺利评定为 AAA 级。[⊜]这就是典型的"违背公众利益行为"。

从次贷危机到全球金融危机

2006 年下半年房产价格的下滑推倒了触发危机的第一张多米诺骨牌。率先倒下的是贝尔斯登旗下投资于次贷按揭支持证券的两只对冲基金（CDO），于 2007 年 6 月倒闭。接着倒下的是法国巴黎银行旗下的两只投资

⊖　此举在 20 世纪后期被大力推行。当时国际货币基金组织正考虑修订协议条款，规定成员方之间资本项目可兑换。虽然这个动议未被采纳，但对资本自由化的推动一直持续到 2012 年，国际货币基金组织明确表示对资本项目自由化的"新机构观点"持谨慎态度。关于新机构观点，参见本章最后部分。国际货币基金组织后续行动，参见国际货币基金组织独立评估办公室 2005 ~ 2015 年发布的报告。

⊜　所提到的总裁是多米尼克·斯特劳斯·卡恩。Blustein（2016）记录了这一政治事件。

⊜　这最后一个问题的专业分析，参见 Mathis, McAndrews & Rochet（2009）。

了次贷相关产品的基金。

这些事件清楚地揭示了两个事实：第一，若大规模的投资基金牵涉大银行，则危机性质非常严重；第二，虽然危机震源在美国抵押贷款市场，但危机波及面并不局限在美国一个国家。

法国巴黎银行的基金破产声明惊醒了不明就里的各央行行长，各央行立即采取行动。欧洲央行与美联储立即向其金融市场注入大量流动性。两大中央银行密切联系以确保行动的一致性。

美联储迅速采取了下一步行动。在法国巴黎银行声明发布后的第 8 天，基准利率下降了 50 个基点。为了增强投资者对市场流动性的信心，通常的隔夜拆借允许延长到 30 天。9 月，利率再次下调 50 个基点，并从所谓的一级交易商（即一些经常进行证券交易的大银行）处购买 470 亿美元证券。12 月，美联储第三次降息，推出期限拍卖融资便利（Term Auction Facility），向存款类金融机构提供抵押贷款。2008 年新年伊始，美联储再次降低基金利率，降幅惊人，降低了 125 个基点。

所有这些凌厉的举措并没有扭转严峻的局势。美联储给银行的信贷并没有救活美国商业票据市场。这些商业票据是以应收账款等资产为抵押的，银行担心这些资产价值低于票据金额。[注]这也没有制止货币市场上投资这些商业票据的互助基金的挤兑行为，美联储的应急流动资金杯水车薪，无法给金融市场基金经理和商业票据经纪人提供帮助。美联储与财政部必须竭尽所能来应对这场挑战。

美联储货币政策的宽松程度远远超过其他国家央行，市场预期美元走弱。没有人意识到在美国金融市场埋着怎样的金融地雷，美联储的低息政策对处置爆雷风险无能为力。美元走弱毫无悬念。在 2007 年下半年，美联储将利息降至最低点，市场流动性泛滥。美国央行不需要钉住汇率，因而优先考虑维持金融稳定，而不是汇率稳定。美联储为了维护金融稳定会选择向市

㊀   危机中商业票据市场的介绍参见 Acharya and Schnabl（2010）。

场注入流动性，而不会为了支持汇率减少流动性。这个情况若在以前就不会发生，无论是早期金本位制时期，还是布雷顿森林体系时期，甚或 21 世纪初的阿根廷，为了稳定汇率，在发生银行业和金融危机时，各国央行绝不会像美联储那样向市场注入流动性。

然而，到了 2008 年 3 月，人们都得知贝尔斯登向美联储寻求紧急流动性救助的消息后，美元汇率企稳。到了 7 月，人们转而关注雷曼兄弟事件和潜在的美国金融体系严重的银行业危机，美元迅速升值。这些变化反映了美元的避险功能，并说明了美国国债市场是世界上最大的、流动性最充分的金融市场。在动荡时期，投资者最想拥有的就是流动性了。由于美国国债发行量大，投资者能够以基本不变的价格进行买卖。美国国债满足了投资者充分的选择权和弹性的需要，在紧要关头能够迅速购入或卖出其他资产和货币。

在全球经济处于危机中时，美元内在地具有走强趋势。这个趋势非常显著，甚至在 2008 年发生源起美国的危机时，也是如此。资本流向美国，稳定了美国金融市场，尽管这个市场也处于非常时期。这就是美国的"过高特权"，因为美国具有主要避险通货的发行权。在一些观察家看来，这有失公平，因为发行者即便是危机的始作俑者，也依然受益。20 世纪 60 年代，法国财政部长瓦雷里·吉斯卡尔·德斯坦（"过高特权"一词的提出者）就此提出批评，反对布雷顿森林国际货币金融体系带来的这个现象。全球金融危机及其危害让人们重新思考这些反对意见，迅速启动关于国际货币体系改革的讨论。

这种体系结构给许多国家，比如欧洲各国造成了极大困扰，这些国家的银行借入的美元，现在无法偿还。除了美联储，其他国家央行对持有美元债务的银行的救助是非常有限的，因为这些央行无权发行美元。美联储只好采取权宜之计，同意与这些央行进行货币互换。2007 年 12 月，美联储与欧洲央行、瑞士国家银行商谈了互换额度，继而与澳大利亚、新西兰、丹麦、瑞典、挪威以及英国央行进行商议。美国商业投资银行在这些国家市场有大量投资，美联储也愿意维持这些市场的稳定。出于相同的考虑，2008年10月，美联储还与巴西、墨西哥、新加坡和韩国开展货币互换。[⊖]

此外，美联储还向在美国的外国商业银行机构提供美元贷款，通过贴现窗口购买这些机构债务，防止它们加入抛售美元资产行列，以免给危机中的美国市场添乱。[□]为了避免引起国会对美联储积极救助外国金融机构的不满，同时为了防止引发对这些接受救助的外国金融机构的恐慌，美联储对这些行动和运作刻意保持低调。

这些行动虽然取得了一定效果，但并没有减少人们对基于美元国际货币体系的批评。能够与美联储开展货币互换的主要是高收入国家，一些新兴市场国家（比如印度）提出相同要求时，就被断然拒绝。更何况下一任美联储董事是否会采取类似行动还未可知，国会想必也不乐意美联储这么做。[⊜]

通过国际交易将其他国家货币兑换成美元，或央行通过国际货币基金组织确定互换额度，由国际货币基金组织负责额度分配，这样的做法引发很大的争议。长期在中国政府任职的周小川博士的评论备受关注。在2009年3月发表的一篇文章中，周小川呼吁扩大国际货币基金组织特别提款权（SDR）的使用，建议最终由特别提款权代替在国际货币体系处于中心地位的美元。周小川认为基于特别提款权的体系的国际流动性具备"价值稳定、按规则发行、供给可控"的特点，而不是依赖于美联储的美德与良好判断。[⊗]

周小川博士的这篇文章之所以重要不是因为其独特的建议（这个观点之前已经有人提出过）或其可行性，抑或不偏不倚对待了与特别提款权事务相关联的进出口商和投资人，而是因为周小川博士的介入预示着未来谈判的走

[⊖] 韩国是此次商议的主要目标，其他三个新兴市场国家只是走走过场，防止投资者首先从较弱的韩国撤离。与之前发达国家央行商定互换额度的做法不同，这些新兴市场国家的货币互换允许展期至2010年。

[□] 关于这些操作的介绍参见 Goldberg，Skeie（2011）。

[⊜] 最终，《多德—弗兰克华尔街改革与消费者保护》法案（2010）对应急权力进行了限制，美联储可以依据《美联储法案》13（3）规定行使权力，这也给此次互换安排提供了法律依据。

[⊗] 这篇文章发表在中国人民银行网站，后由国际清算银行发布（周小川，2009）。

向。这说明中国在未来的关于国际货币体系改革的讨论中会提出自己的意见并付诸行动。

希腊危机

2009 年年初，美国国会通过了《美国复苏与再投资法案》，也称奥巴马经济刺激方案，一揽子共计 7870 亿美元的减税和增加支出举措出台。美国监管层对大银行进行压力测试，向公众披露各家银行资本充足与否的信息，降低不确定性；迫使资本不足机构加强资金平衡管理，否则可能面临国有化风险。奥巴马经济刺激方案加上压力测试稳定了市场信心，有助于遏制美国经济继续下滑的趋势。[⊖]

欧洲局势继续恶化，可谓城门失火，殃及池鱼——这场危机发端于美国的次贷危机，或者可以说这场危机全部是，或主要是美国出了问题引发的。欧洲央行否认存在严重的经济和金融问题，反而采取降息措施。为了平抑食品及能源价格，2008 年 7 月欧洲央行大幅下调利息。欧洲各国政府无视银行业的问题，银行业处于无人监管状态，甚至危机恶化时欧洲各国还无所作为，听之任之，因为已经几乎无计可施。欧元区成员国各国央行无法效仿美联储的做法调节汇率，欧元区国家没有什么汇率可以调节。

欧洲央行致力于应对虚幻的通货膨胀，稳定产出和就业的任务就只有依靠政府的财政政策。2008 年 12 月，欧盟领导人同意实施 2000 亿欧元（折合 2690 亿美元）刺激计划。然而这个刺激计划资金规模仅为奥巴马刺激方案的三分之一。欧洲决策者们显然没有意识到衰退的严重性。更糟糕的是，发生危机的欧洲国家已经背负了高额的国家债务，这些国家不愿意再添新债。欧盟委员会作为欧盟的财政监督机构，长期以来致力于降低高企的负债率，为

⊖ 但这些政策并没有实现经济快速复苏，因为美国家庭依然债务缠身，不愿意消费。这些政策也没有解决通货紧缩问题，经济形势依然不容乐观。

此采取了一系列周密的规则与程序。在 2009 年 4 月危机远未过去时，欧盟委员会就点名指出法国、西班牙、爱尔兰和希腊赤字过高，敦促这些国家采取必要措施降低债务。

事实上，欧洲的危机才刚刚开始。人们担心高债务国家无法清偿债务，比如希腊和意大利的债务排名居前，因 2009 年 11 月曝出迪拜半主权债务危机⊖的新闻，加深了人们对这两个国家偿债能力的担忧。如果一个享受着超级繁荣的产油国，在全球经济衰退时也会陷入债务危机，那么其他国家就难逃此劫，投资者们开始认清这个现实。

但与希腊债务危机比起来，迪拜的债务危机就是小巫见大巫了。当时希腊新任社会党总理乔治·帕潘德里欧公布国家预算赤字并承认远远高于之前所声称的额度。保守党主政的前希腊政府一手炮制了国家预算收支表，帕潘德里欧于 2009 年 11 月披露，实际支出远远大于 10 月竞选准备时所公布报告中的数额。发展中国家有时会根据竞选需要出具财务报告。而欧洲各国透明度高、管理水平好，人们都以为不会发生类似情形。这说明欧洲其他国家也有可能存在类似情况。

这场危机立即对市场情绪造成负面影响，随即抑制了投资与经济增长。相应地，由于对增长预期下降，希腊及欧洲其他国家的银行面临的问题更加棘手，低增长或零增长导致呆账增多。希腊政府承认背负的债务超过 GDP 的 140%，希腊银行面临破产进而波及债券。那些大量借款给希腊金融机构和购买希腊政府债券的法国银行、德国银行随即陷入危险境地（见图 7-2）。

希腊的这种境况实在没有什么好的方法应对，国际货币基金组织认为债务重组也是不可取的下策。如果减记希腊政府一定比例，比如 50% 的债务，并由国际货币基金组织为银行提供备用贷款，希腊经济有望步入正轨。而且

⊖　被认为是"半主权"是因为这些债务的主要债务人是国有控股公司——迪拜世界，迪拜最后得到了临近公国阿布扎比的救助。

国际货币基金组织并不是唯一要对希腊负责的利益相关方，欧盟委员会对希腊政府预算失察也难辞其咎。这些机构也有各自的利益相关方，特别是法国、德国政府担心殃及其本国银行。

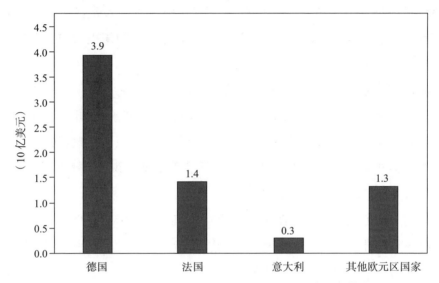

图 7-2　截至 2010 年 9 月欧元区各国银行给希腊的借款

资料来源：国际清算银行合并银行统计报告。

于是欧盟委员会、欧洲央行和国际货币基金组织三巨头一道与希腊政府谈判救助条件，拒绝了所有债务重组提案。欧洲各国政府与欧洲央行掏了三分之二的钱，在谈判中居于主导地位。

这次谈判影响深远。希腊政府需要巨额资金用来偿还本息，要求提供巨额紧急财政救助。国际货币基金组织同意于 2010 年 5 月提供 300 亿欧元备用贷款，这是该国国际货币基金组织配额的 32 倍，这个力度前所未有，远远超出基金组织的正常超额幅度。根据国际货币基金组织的展期资金贷款规定，这一贷款"用于帮助如下国家：①因结构性障碍引发严重国际收支失衡的国家；②经济增长缓慢且国际收支状况不佳的国家"（希腊似乎占全了两种情况），最大额度是按年计不超过该国配额的 1.45 倍，每个项目累计不超过

4.35 倍。[⊖] 而且，国际货币基金组织在 2009 年收紧有关例外政策，这个变化事出有因，担心向新兴市场国家提供贷款条件过于宽松的话，会鼓励这些国家延迟处理不可持续债务，让私人债权人能够有时间全身而退。[⊖] 为了避免这种情况一再发生，2009 年例外政策只有在确认债务人能够还本付息时才可以享受，也就是不会发生重组，这样国际货币基金组织提供的援助资金就不会被用于偿债。

但现在国际货币基金组织同意破例，规定如果一个国家及其债务的影响是"系统性的"，则提供救助。显然，法国、德国基于其本国银行的情况，会有意向促成这项决定；同时，适用国际货币基金组织例外政策的新兴市场国家对此会非常不满，而在那些认为国际货币基金组织行事偏袒的人眼里，国际货币基金组织因此失去了权威性。

这进一步说明，如果希腊债务不进行重组，则希腊政府必须启动一项宏大的财政整顿计划。这是个温和的计划，希腊政府要大幅增税、削减服务并分期偿还前期债务，偿还三巨头债务。

需要注意的是，新债务不仅是向国际货币基金组织借的 300 亿欧元，还包括从欧洲其他国家借入的 600 亿欧元。[⊜]

于是根据三巨头计划条款，希腊政府在 2010 年削减财政赤字预算额度为 GDP 的 5.5%，并在接下来的四年里再削减 6.1%，如表 7-1 所示。实施这个激进的财政整顿计划并避免经济步入萧条，不得不说，这不太可能。"扩张性财政强化"理论模型认为，有一种可能的结果是，通过削减债务重振信心，进而吸引新的投资，刺激经济增长。但没有证据表明这种可能性的存

⊖　关于配额，参见国际货币基金组织网站"IMF Extended Fund Facility（EFF），http://www.imf.org/en/About/Factsheets/Sheets/2016/08/01/20/56/Extended-Fund-Facility"。

⊖　国际货币基金组织担心钱一旦到位，就会被用于偿还债权人债务，债权人可以避免损失。如此一来，不仅不公平（因为就要由纳税人偿还基金组织贷款），而且债权人避免了损失，会鼓励其未来更倾向于从事高风险投资。

⊜　关于"扩张性财政强化"的论述，最有影响力的是 Alesina & Ardagna（2010）。

在：支出锐减、税收骤增只会引发严重萧条。唯一实践中出现了"扩张性财政强化"情形的国家，是通过贬值本国货币的手段实现的，以国外需求的增加来抵消国内需求的下降。对于希腊和其他欧元区国家而言，这种通过贬值本国货币来刺激经济增长的方法，是无法实施的。

表 7-1 希腊：中期财政计划（GDP 占比，%）

	2008	2009	2010	2011	2012	2013	2014	2015
未采取措施时								
收入	40.6	36.9	40.0	39.0	38.5	38.2	37.2	36.3
未计利息支出	43.7	45.4	44.9	46.6	46.5	46.0	43.9	42.5
基本财政盈余	−3.2	−8.6	−2.4	−0.9	1.0	3.1	5.9	6.0
利息	4.6	5.0	5.6	6.6	7.5	8.1	8.4	8.1
总盈余	−7.7	−13.6	−8.1	−7.6	−6.5	−4.9	−2.6	−2.0
周期性财政盈余	−5.9	−10.0	−2.4	0.8	2.8	4.6	7.2	7.1
政府总债务	99	115	133	145	149	149	145	139

资料来源：国际货币基金组织（2010）。

而且，此时公众消费继续下滑，利息支出占总支出的份额在上升。这意味着不得不忍痛削减养老金与社会服务支出。但这个计划也是不可能成功的，政府如果实施这项计划就会引起公众的不满与反抗，这样的营商环境是不可能吸引到大量的外国直接投资的。[⊖]

如果说事态还没有演变到最坏情况的话，那么货币政策的实施让形势更加恶化了。2011 年中期，欧洲央行不是一次，而是两次提高利息。欧元区的增长本来就很缓慢，一加息就立刻陷入停滞状态。如果采取希腊政府削减支出的方法，还有可能通过增加出口走出危机，那么对这些增长缓慢的欧元区伙伴国家的加息措施比希腊的举措更不靠谱。

或许欧洲央行根据其对经济形势的判断，仍然全力以赴应对着通货膨胀

⊖ 国际货币基金组织参加了这项计划，尽管困难重重，但并没有刻意进行粉饰掩盖。国际货币基金组织关于希腊计划的分析报告中对这些困难进行了深刻详尽的记录（独立评估办公室，2016）。随后，国际货币基金组织的工作人员知道了，之前的扩张性财政强化的处方用药过猛，不仅没有治愈病人，反而加重了病情（Blanchard & Leigh，2013）。

问题。的确，欧元区国家通货膨胀比美国的更加严重。但是，欧洲物价上涨是德国经济走强引起的。德国这些年来对中国的机械出口十分强劲。2011年中国经济增速近10%，GDP 50%左右的资金用于大批量进口机器设备。但这只是特例，没有哪个国家的增速能够永远保持两位数的水平。随着中国经济增速回落，德国机械出口也会随之下降，因而欧洲的通货膨胀是暂时现象。

但是不管怎样，即将离任的欧洲央行行长特里谢，在1992～1993年新兴市场危机中发挥了重要作用（见本书第5章）。与2011年的情况不同，当时的通货膨胀是真实的且存在切实的危险。特里谢主政的欧洲央行看来还在打这场最后的战争。

在2011年，希腊计划显然已经泡汤，无法挽回。债务水平无论是绝对值还是GDP占比仍然节节攀升。10年期债券收益甚至高于救助计划实施前的水平。希腊经济经历大萧条级别的收缩，失业率升至20%并继续走高（见图7-3）。年轻人失业率是这个数字的2倍，政治动荡一触即发。

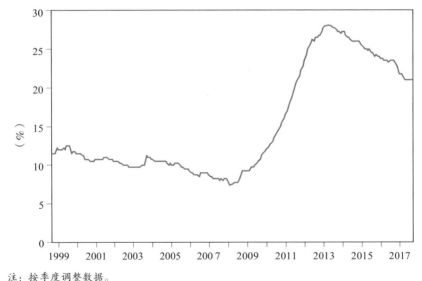

注：按季度调整数据。

图7-3   希腊失业率（1999～2017年）

资料来源：欧盟统计局。

虽然希腊政府十分不情愿，但也只能进行债务重组了。在 2011 年的一系列声明中，特里谢反复重申了他的立场。他再也不可能援引对法国、德国银行的威胁来证明其立场的合理性，因为这些金融机构利用这段时间的干预减持了希腊政府债券，[○]甚至将债务转移给了欧洲央行，欧洲央行根据 2010 年通过的证券市场计划购买了希腊政府债券，希望通过此举稳定债券市场和银行体系。欧洲央行行长特里谢现在担心的显然是欧洲央行自己的财务报表。[○]

到了 2011 年年底，特里谢离任，由意大利前财政部长、投资银行家马里奥·德拉吉继任。这一人事变动最终促成了债务重组计划的启动。

私人持有的大约 500 亿欧元希腊政府债务被注销，但欧洲央行与其他欧盟机构的债务被豁免，未被注销，成为目前希腊政府债务的大头。其理由是，私人投资者愿赌服输，应该承担投资损失。但欧洲央行与欧洲金融稳定基金等官方机构是欧洲各国政府为了应对危机设立的，为了公众利益购买希腊债券，不应承担损失。

如果深究这些国家政府的政策失误对希腊问题的影响，可能会得出不同的结论。最终希腊债券的官方持有者被要求提供延期和降低利息，但本金不变。希腊只被免除了部分债务，仍然要辛勤劳动、勒紧裤腰带过日子。

希腊何去何从

关于希腊放弃欧元的话题贯穿危机始终。如果官方先是决定不在欧元区进行债务重组，接着重组时又决定欧元区官方持有的债务不参与重组，那么希腊不得不放弃欧元以便全面减计债务。[○]如果欧洲央行货币政策过紧，不

○　正如它们曾经将贷款转移到希腊银行系统一样。

○　还有一点可以支持特里谢的立场，即特里谢可能还担心如果希腊债务进行重组，会引发欧洲其他主权国家债务重组恐慌，并连锁引发银行挤兑。

○　如果单方面进行重组，欧洲央行将让希腊退出欧元区，并不会同意以希腊债券为抵押物给希腊银行资金向希腊银行系统注资。

利于通缩中的希腊经济，那么希腊将不得不启用自己的货币，恢复对货币的调控权。如果欧元高汇率阻碍了希腊出口增长，那么希腊将重新使用德拉克马，并对德拉克马进行贬值。

在失业率高企至 25% 的当口，这些观点有很大的吸引力。因而希腊政府没有选择退出让人感到意外。对"希腊退出欧元区"持反对意见的人认为，若希腊退出欧元区，更加宽松的货币政策能否促进希腊经济发展仍然是个未知数，希腊的根本问题在于对市场过度管制、逃漏税和政府机关冗员过多。试问一个只出口橄榄油和提供旅游服务的国家如何能够通过贬值本国货币来大幅增加出口呢？持反对意见者寄希望于欧盟的帮助，期待免除更多的债务，并警告说放弃欧元会让这些帮助化为乌有。

而且，放弃欧元会引发金融混乱。这么重大的决定必须通过议会审议，与此同时，公众会思考后果并有所行动。假定为了进行货币贬值，公众的储蓄将强制转换为德拉克马，则公众将从银行取出存款。公众还将抛售希腊股票和证券并将资金汇往法兰克福。

如此一来，希腊政府将不得不关闭本国金融市场，并限制自动取款机的提款额度，还不得不进行外汇管制以防止资本出逃，进出口贸易信贷不得不取消。对其他国家债权人负有欧元债务的希腊企业将面临破产。银行计算机系统转换、自动柜员机程序重设、企业账户系统调整需要数月。这里必须提醒的是，当年希腊本国货币转换为欧元用了整整两年时间，从 1999 年一直持续到 2001 年。希腊经济不可能活过这段转换操作期。

这些困难提醒了人们将欧元等同于金本位的局限性。放弃金本位并对本国货币进行贬值，该国仍然保留了黄金，这个比放弃欧元重新启用不再存在的本国货币要容易多了。在金本位制下，一国贸易流通的依然是本国货币，银行贷款也是用本国货币。前面的章节中已经介绍过，在一定条件下，一国可以并能够放弃金本位制，不会导致银行和企业倒闭。只是从欧元到德拉克马的转换更为复杂，防止金融崩盘变得更加艰难。

最后，放弃欧元还会破坏希腊与欧盟的关系。希腊退出欧元区损害了欧元区的一体性，投资者会担心意大利、葡萄牙和西班牙也会步希腊后尘。欧洲各国政府将不得不安排紧急贷款给这些国家，欧洲央行也将不得不提供帮助。控制连带影响的代价高昂，因此欧元区的其他国家会将这笔账算在希腊头上。欧元区其他国家会认定希腊破坏了规则，不仅退出欧元区，还会让其退出欧盟。⊖

希腊政府因为与欧盟成员国之间有千丝万缕的利益关联，因而不愿意破坏相互之间的关系。欧盟成员国身份意味着希腊是发达国家，在与宿敌土耳其的争端中，就取得过欧洲的支持。无论如何，遵守欧盟规则，是希腊政治经济走向现代化的不二选择。

这再一次说明，放弃欧元比废除金本位制要复杂得多。金本位主要是一种货币安排，而欧元是更大的外交体系的一部分。继续采用或废止金本位是单边的一国的决定，而一国关于欧元存续的决定则关乎国际关系和地缘政治，更为复杂。

2015 年，这一点变得更为明显了。希腊选举中获胜的是以反权势政治家阿莱克西斯·齐普拉斯为首的左翼政府。齐普拉斯在竞选中反对紧缩政策，也就意味着反对欧元。他呼吁对欧盟援助进行全民公投，即要求对希腊加入欧元区进行公投。公投中，拒绝接受救助的票数占优势。但到了紧要关头，齐普拉斯面临拒绝救助或保留欧元的选择时，接受了欧盟的条件。显然，说起来轻松，但真要放弃欧元是非常困难的。

欧洲危机

希腊危机跌宕起伏，轰动全球，但故事并不只在希腊一个国家上演。爱

⊖　事实上，欧盟条约规定了退出欧盟的条款（第 50 条，英国 2016 年脱欧公投就是援引了这个条款），但没有退出欧元区的相关条款。所以有观点认为，希腊放弃欧元的做法触犯了相关规定的论断并不完全成立。

尔兰、葡萄牙和西班牙也都陷入危机，向国际货币基金组织寻求各种帮助。这三个国家陷入危机的主要原因之一无一例外都是欧元。在这三个国家，采用单一货币欧元成为软肋，限制了政策的作用。

爱尔兰的问题集中在房地产行业和银行业。在 2007 年以前的 10 年中，爱尔兰政府有 9 年实现财政盈余。当全球经济步入衰退、房地产行业走下坡路时，建筑业的发展过快，银行不受限制，可以向家庭发放贷款，甚至更多地向商业地产开发商提供贷款。最终贷款发放失控，特别是在繁荣的后期，贷款扩张很快。银行基于个人信用和借款人的错误信息发放贷款，贷款审查与监管形同虚设。从事后形势来看，爱尔兰的银行家、监管层和政客经常一起打高尔夫球，社交往来密切，这就不难理解为什么事情会发展到这个地步了。

更糟糕的是，爱尔兰银行用于放贷的大量资金是从其他欧洲银行借来的。如此一来，与希腊的情况一样，欧元及其无汇率风险的特征，让银行家们轻易地相信银行间的大笔资金借贷没有风险。随后，雷曼兄弟倒闭，银行间流动性干涸，爱尔兰银行断了资金来源，并陷入困境。

爱尔兰银行深陷房地产贷款泥沼，资金链断裂，爱尔兰政府别无选择，只能介入，否则爱尔兰经济将停滞。由于银行业资本重组需要一段时间，爱尔兰央行以"紧急流动性救助"（短期贷款）方式从欧洲央行筹得资金给银行注资。银行重组的成本是个无底洞：经过这次重组，政府预算从 2007 年的盈余，变成 2009 年赤字超过 GDP 的 14%，2010 年扩大到 30%。公共债务从 GDP 的 24% 飙升至 64%。

由于经济迅速下滑，政府注资之举明显难以为继，除非政府赤字能够很快收窄。由于经济增长缓慢，爱尔兰政府预算赤字无法从市场融资，爱尔兰政府于 2010 年 12 月向国际货币基金组织以"展期资金贷款"的方式获得300 亿美元资金（是该国贷款额度的 23.22 倍），同时还向国际货币基金组织三巨头成员国政府借款 570 亿美元。这个贷款计划的主要条件是爱尔兰政府承诺到 2015 年，赤字降低至 GDP 的 3%。财政整顿计划执行后，公共支出下降，经济加速下滑，失业率从 2008 年的 5% 上升到 2011 年的 16%。

可以肯定，经济会开始增长，尽管步伐缓慢。银行系统开始恢复元气，并着手改革监管制度。爱尔兰采取了这些措施后，没有必要像希腊那样进行艰难的体制改革。

这并不意味着爱尔兰没有为衰退付出惨痛的代价。爱尔兰的失业率历时 10 年才回到 2008 年的水平。如果调低财政整顿力度，则衰退会减缓，财政状况会改善，银行资本重组代价会降低。这个逻辑可以通过减计银行高级借款人的债券得以实现，这个策略被形象地描述为"火烧债券持有人"。但是，按照三巨头项目的要求，爱尔兰政府应该全额归还银行债券持有人的债务。正如我们已经知道的，特里谢一直都反对任何债务重组计划。欧洲央行完全有能力迫使爱尔兰政府执行相关规定，2010 年 9 月特里谢就是这么做的。特里谢在给爱尔兰财政部长布莱恩·勒尼汉的一封信中，威胁要削减对爱尔兰央行的紧急流动性救助额度，除非爱尔兰政府立即要求救助并接受三巨头计划的条款。削减紧急流动性救助将使爱尔兰央行无法向银行注资，引发爱尔兰金融系统崩盘。爱尔兰政府别无选择，只能同意相关条款。[⊖]

西班牙危机也产生于大量外来资金支撑的房地产泡沫。同样地，西班牙的房地产泡沫一旦破裂就会威胁到银行系统。信息披露不完全、内控松懈以及政治色彩贷款都将进一步推动西班牙重蹈爱尔兰覆辙。

不过，有个很大的区别在于，西班牙两家最大的银行桑坦德银行和 BBVA 银行，业务集中在拉丁美洲地区，未受西班牙房地产市场崩盘的影响。而政府拥有的储蓄银行就没有这么幸运了。不过，由于桑坦德银行和 BBVA 银行比较稳定，降低了欧元区国家受西班牙危机的影响的程度。西班牙政府因而可以选择不加入三巨头计划。

但是，西班牙政府坚持了一段时间，当没有迹象表明情况转好时，也与

⊖ 当然，这解释不了国际货币基金组织应该都知情的，为什么会支持欧洲央行的决定。

欧元区其他国家洽谈获得 1000 亿欧元（折合 1250 亿美元）的信用额度，用于注资和处置三家问题银行。⊖西班牙首相马里亚诺·拉霍伊更倾向于资金直接流入银行，这样可以宣称政府没有接受救助。但是欧盟伙伴国坚持将资金打入政府经营银行救助基金，并与首相签署备忘录，明确这笔贷款由政府负责归还。对拉霍伊而言，有一点好处是未被纳入三巨头计划，国际货币基金组织也仅限于跟踪调查与提出建议。

但天下没有免费的午餐。由于延迟银行重组，西班牙经济复苏比爱尔兰更迟缓。爱尔兰的实际 GNP 在 2014 年年初就回到了 2008 年的水平，而西班牙 GDP 到 2017 年才回到 2008 年的水平。⊜

葡萄牙的危机又有些不同，既不像爱尔兰和西班牙是因房地产泡沫引发的，也不像希腊是发生巨额预算赤字导致的。葡萄牙的问题在于经济增长停滞：到 2008 年为止 10 年间年均实际 GDP 增速低于 1%。虽然外国资本也流入葡萄牙，但不像流入爱尔兰、西班牙和希腊那样促进经济增长。⊜葡萄牙较为落后的金融市场并没有将资金导向发挥潜力促进经济增长的部门，⊕而是流入了增长缓慢、技术含量低的服务行业。而且，在 20 世纪 90 年代中期，投资者预期接纳欧元，外国资本流入抬高了非贸易商品的相对价格。葡萄牙实际上是患了"荷兰病"，外来资本流入使汇率上升，投资制造业变得无利可图。⊛

只要资本继续流入，就没有人担心葡萄牙企业会入不敷出、缺乏竞争

⊖ 外国资金还用于变卖第四家问题银行。

⊜ GNP 对爱尔兰而言是更好的衡量指标，因为 GDP 包括跨国公司在爱尔兰实现的利润，会出现高估（爱尔兰公司税税率处于历史低位，跨国公司在危机中经营状况较好），若按照真实 GDP 计算，爱尔兰早在 2012 年就已经回到 2008 年的水平。

⊜ 希腊 2008 年人均实际 GDP 比 1999 年高出 34%，比希腊加入欧元区时的 2001 年高出 24%。

⊕ 这是里斯（Reis，2013）提出的假说。人们会问：为什么相同的过程没有拖累希腊的生产力水平与增长率？其中一种解释是，政府通过透支，增加支出，保持一段时间的经济增长。

⊛ 这是布兰查德（Blanchard，2013）所支持的观点。

力。但资本流入突然停止，造成企业违约、银行业困顿和预算赤字，最终走向一样的结局，葡萄牙政府不得不向三巨头求助。

对葡萄牙、爱尔兰和西班牙政府，包括之前的希腊政府而言，问题在于它们能否坚持到底？能否咬紧牙关忍受紧缩财政带来的痛苦，换取欧盟的援助？高失业率激发的政治对抗是否会引发反对紧缩政策与欧元的运动？没有人能够知道这些问题的答案。更糟糕的是，反对的方案可能会自我实现：如果投资者担心一国政府反对欧元，就不会选择持有该国债券，利率将上升，高利息抑制投资，导致失业加剧，引发可怕的政治风波。

这个恶性循环直到 2012 年 6 月才被打破，欧洲央行行长德拉吉承诺"不惜一切代价"保护欧元区，⊖成功破除了自我实现的恶性循环。我们知道，要解除信任危机需要设置一位最后贷款人，德拉吉和欧洲央行现在承诺要担起这个角色。还没有等到正式发布这个承诺，市场已经平息下来了。

欧洲央行承担最后贷款人职责打消了市场顾虑，但并不能杜绝未来危机的发生。从根本上来看，仍然无法保证欧元区能够生存下去。欧洲各国采用欧元解决资本流动过程中各国货币不兼容问题，按照单一市场和民主政治的要求，寻求共享增长。20 世纪 30 年代欧洲的惨淡经历，证明浮动汇率制并不是解决货币不兼容问题的有效方法。于是，欧洲各国政府寻求解决固定汇率与其他目标的不一致性，转而决定废除汇率。困难在于为了确保单一货币的兼容性和分享增长是需要一些前提条件的，不仅需要最后贷款人，也需要银行业联盟以及单一的欧元区银行监管机构，以此促进并保持金融稳定，还包括从繁荣地区向衰退地区的预算转移，化解区域危机，更大范围地分享繁荣。

为了应对银行业危机，欧元区成员国开始筹建银行业联盟。⊜但是通过

⊖　欧洲央行董事会支持德拉吉的承诺，专门出台了"直接货币交易计划"，用于维持政府债券价格的稳定。

⊜　欧洲央行于 2014 年 11 月开始行使对 130 家欧洲大银行的单一监管权。不过，有批评意见认为银行业联盟更重要的事情，比如储蓄全额保险计划，并没有同步实施。其他未接受欧元的欧盟国家允许加入银行业联盟，不过只有少数加入。

制定欧元区预算实行财政转移体系的方案的实施还任重道远。[⊖]尽管如此，对单一货币的未来的疑虑依然存在。

货币战争

在这整个动荡时期，新兴市场国家和发展中国家经济增长强劲。2008年增长率高达8.5%，到2010年回落至7.4%，2011年继续回落至6.4%。[⊜]可以肯定，出现这样的高增长，中国功不可没。中国经济增速在2007年达到令人惊叹的14%，逐步回落至2010～2011年的10%。[⊜]其他新兴市场国家仍然保持高增长。拉丁美洲等国家在中国大规模原材料、燃料需求的拉动下出口强劲。韩国借助中国的成功，在中国快速发展组装加工业和产品再出口。越南等国家在中国劳动力成本上升的情况下也开始发展组装加工业。

拉丁美洲和亚洲的一些国家在早期的几十年里经历了或目睹了邻国发生的金融危机，从中吸取了教训，认为可以通过减少对外部金融市场的依赖，即保持经常账户盈余（而不是赤字）来降低金融脆弱性。应对危机最保险的方法是通过出口积累大量的国际储备。但这并不是万全之策，新兴市场国家保持经常账户盈余并储备大量美元，势必使美国能够轻易地保持经常账户赤字，否则会陷入金融过度。^⑩但这个方法无疑能让新兴市场国家在面对经济骤停困境时，不会像欧洲各国那样脆弱。而且，与美国和欧洲各国金融体系的"精巧复杂"不同，这些国家的金融体系不会受到衍生金融市场危机和影

⊖　对德国而言也是任重道远。

⊜　2009年出现了小问题，增速下滑明显。但按照发达经济体的标准来看，这次下滑是温和的、短暂的。

⊜　数据来自国际货币基金组织的《世界经济展望》。

⑩　Shin（2012）较早识别了这些模式。经济学家在危机发生后开始关注资本总流动，而不仅仅是净资本流动。当然，仍然存在不同观点，认为全球失衡是因为有些亚洲国家购买美国国债导致美国利率低迷，美国银行更愿意借钱给贪得无厌的欧洲客户，所以早期分析员关注全球失衡并没有什么不妥。

子银行体系危机的影响。

但是家家有本难念的经，新兴市场国家的政策制定者有其他的担忧：担心货币过度升值，进而降低制造业的竞争力；作为仍然保持强劲增长的经济体之一，还担心证券市场受到不可持续的大量外来资本涌入的冲击。⊖新兴市场国家和发展中国家越来越多地受到通货膨胀的困扰。

还有一种分析认为问题的原因在于其他方面，即发达国家央行为了解决通缩和经济衰退实行降息，甚至降至零利率。但由于全球银行体系靠美元运转，美国低息政策导致通过银行系统大量资金涌向回报较高的新兴市场国家。美国的低息政策使美元贬值进而推高新兴市场国家货币币值，削弱了新兴市场国家制造业的竞争力。发达国家央行可能只是针对通缩制定政策，但这些政策给新兴市场国家带来附带损伤。2010 年 9 月，巴西财政部长曼特加对这些抱怨进行了概括，认为世界正在进行一场"货币战争"。曼特加的"货币战争"的说法被其他官员广为引用，成为 10 月召开的国际货币基金 – 世界银行大会的热门议题。

新兴市场国家官员对发达国家的低息政策和量化宽松政策感到非常棘手，从这些政策对新兴市场国家汇率与资本市场的影响来看，发达国家央行是很不可靠的。但是这样的说法是站不住脚的。美国与欧洲各国正面临通货紧缩风险，这种情形日本在 20 世纪 90 年代经历过，日本的经验告诉我们应该不惜一切代价避免风险发生。央行当机立断采取降息和量化宽松政策来解除威胁是必要的。如果美联储和欧洲央行没有及时解除威胁，不仅发达国家深受其害，新兴市场国家也在劫难逃。如果发达国家陷入长期的通货紧缩和经济衰退，新兴市场国家也难以独善其身。

这个误会有别于 20 世纪 30 年代的情形（见本书第 3 章）。在那时，实

⊖　关于弱美元与资本流入新兴市场国家的积极影响，参见 Avdjiev et al.（2018）。该文作者认为，跨国银行间资金流动美元化的趋势，当美元变弱时，有利于新兴市场国家偿还国际银行债务，进而也使借钱变得更容易。

行大幅降息和货币贬值政策被认为是"以邻为壑"，寻求解决问题的国家被认为是以损害其他国家为代价。事实上，类似 20 世纪 30 年代发生的初期通货紧缩的情况，强有力的货币刺激政策是必须立即实施的。但是中央银行若要降低利率，必须首先放弃金本位制。行动快的国家会看到本国货币贬值，其他行动迟缓的国家货币升值。这样的政策实行一段时间后，价格和经济企稳，而一旦各国采取相同举措，汇率就会回到原先的水平。在 20 世纪 30 年代，低息贷款和货币贬值是解决问题的方案，而不是问题本身。实际情况是，20 世纪 30 年代再一次发生了全球金融危机。

有一点不同的是，在全球金融危机发生时，有一些新兴市场国家和发展中国家仍然增长强劲，经历着通货膨胀而不是通货紧缩。这些国家采取的相应举措是通过提高税负、削减公共支出，使一部分资金流出本国。实行财政整顿政策后，利率下降，资金流入放缓，货币升值减速。尽管边际增长率放缓，但是通货膨胀压力减轻，并且币值过高导致竞争力下降、制造业受损的风险也随之减弱。

通过财政政策来应对危机在政治上举步维艰，这在发达国家和新兴市场国家是一样的。渴望选票的政客在经济景气时期不愿意加税或削减社会项目。与此相应地，新兴市场国家的政客将未能进行必要调整看作是货币战争的过错。对政客而言，让发达国家央行和国际货币体系来"背锅"更简单一些。

中国与国际货币体系

中国并没有像其他新兴市场国家一样遭受货币高估和资产价格上升的困扰。尽管中国已实行市场经济制，但是仍然实行严格的资本流动管制，使本国免遭全球危机和外国信用条件的影响。管制并没有显著影响中国的经济增长。

因此，中国经验引发了人们对资本管制作用的再思考。经济学家开始普遍质疑国际资本自由流动的好处，更多地认为其是危机的始作俑者。亚洲官员说道，亚洲国家在 20 世纪 90 年代因资本回流遭遇惨重的损失，因此亚洲国家的执政者一直对资本自由流动存在疑虑和分歧。显然，他们发现自己有了更多的学界共识者。2012 年，这些力量集结在一起，包括国际货币基金执行委员会也采纳了资本流动"新制度观点"，支持金融体系脆弱的新兴市场国家在资本过度流入流出情况下进行资本管制。[⊖]显然，身体力行倡导资本账户自由化的国际货币基金组织已经成为过去。

但是，就在国际政策摇摆不定的时候，中国自身的金融环境正在发生变化。2009 年 3 月，中国央行行长周小川在其文章中批评了基于美元的全球货币体系，中国开始着手一项重大计划，鼓励扩大人民币的使用范围，在国际贸易中更多地使用人民币结算。7 月，中国启动了试点项目，参加试点的中国内地五个城市的企业与中国香港地区及东盟国家间的贸易往来以人民币结算。如果试点成功，就推广到其他省份和地区乃至全国，并向更多贸易伙伴国家提供跨境贸易人民币结算服务。这是典型的中国式做事方法：对新项目先进行局部试点，试点成功后再推广普及。

外国企业接受人民币支付并存放在香港。香港的银行已经于 2004 年获批开展人民币存款业务，人民币存款数额随着跨境贸易人民币结算业务的开展增长迅猛（见图 7-4）。这项计划使各方受益：存款人获得利息，银行可以将人民币资金借给到中国购买商品或投资的公司。

当然，在当时，投资中国离岸基金仅仅是一种设想，若要落实，则需要政府放松跨境资本流动管制，现在中国政府正着手在做。在中国，用人民币进行外国直接投资和中国内地企业到境外进行直接投资都需要经过一定的审批程序。直到 2011 年 2 月审批效率才有了提高，中国才允许外国央行和外国金融机构投资境内债券市场，甚至证券市场。香港和上海证券市场通过沪港通进行连接，允许投资者通过当地券商在这两家交易所进行其他市场股票买

⊖　关于这个观点的总结，参见《国际货币基金组织》（2012）。

卖。[⊖]通过这种方式，中国严格的跨境资本账户交易管制得到逐步放松。

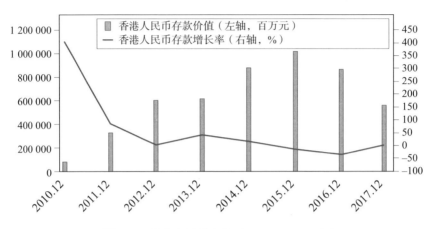

图 7-4   香港人民币存款（2010 ~ 2017 年）

资料来源：香港金融管理局。

虽然其他金融中心的银行试图与香港竞争人民币业务，但其监管者起初不赞成银行这么做。比如，伦敦一家银行向去中国投资的英国企业发放人民币贷款，如果这家银行发生人民币短缺则会陷入困境，因为英格兰银行没有人民币资金，无法弥补人民币资金缺口。于是中国人民银行与若干国家央行开展货币互换业务，承诺以人民币与其他国家的货币进行互换，使这些国家的央行能够向地方中介提供流动性并放松对外国金融中心人民币结算业务的限制。

起初，人民币国际化进展迅速。中国自己的人民币结算贸易额从 2010年的 470 亿元人民币上升到 2014 年的 6560 亿元人民币（折合约 1000 多亿美元）。香港人民币存款增长了 3 倍，人民币外国直接投资上升了 40 倍。严格来看，中国人民币国际化程度远远落后于美元，据全球银行间金融电信协会数据，2014 年仅占全球支付总额的 2.2%，而美元占全球支付总额的 40%

⊖　中国于 2016 年 12 月开通了深港通，继而还开通内地与香港"债券通"，允许投资者进行两地银行间债券市场交易。

以上。但人民币国际化的发展方向已经很明朗了。

有必要回顾一下中国推进人民币国际化的进程及动因。首先，为中国银行与企业开展跨国人民币交易提供了便利，人民币使用范围的扩大降低了中国进出口商和金融服务业务对美元，即对美国银行和美联储的依赖程度。

其次，由几个主导的商业和金融主权货币组成的更加多元化的国际货币和金融体系，与更加多元化的世界经济更匹配。随着新兴市场国家的快速崛起，显然仅依靠美国一个国家无法继续满足世界经济对流动性的大量需求。但是如果几种主要货币，不仅是美元，还包括人民币、欧元及其他货币，也用于跨境贸易，将会极大地丰富国际流动性。如果其中某种货币出现问题，则其他货币可以替代，使货币体系更具弹性。

从理论上来说，提高美元以外货币的国际化程度的途径之一，是很大程度上依靠国际货币基金组织的特别提款权，因为特别提款权篮子里的货币除了美元，还有欧元、日元和英镑。这又让人想起周小川在 2009 年的提议。随着中国货币与金融领域的进展，为了更好地发挥特别提款权的作用，有必要将人民币加入特别提款权篮子里。为了能够加入特别提款权篮子，根据国际货币基金组织的规则，人民币必须能够在国际贸易中"自由使用"。

自由使用，需要中国进一步放松资本管控，现在中国政府正逐步实施。出于这样的考虑，相关工作启动于多事之秋的 2015 年。中国股价在 2014年 12 月至 2015 年 6 月翻了一番，国内投资者蜂拥进入股市，资本管制宽松后，离岸中心的投资者随后入市。此时，中国政府开始关注股票和资产价格的上涨问题，开始降低国内市场的流动性。2015 年年中，由于信用收紧，股市开始下跌，跌幅超过预期。

到 2015 年 8 月 11 日，中国政府调整了货币管理的一些细节，同时运用其他技术调整手段将货币贬值 2%，[⊖]但是没有很好地说明这么做的理由以及这么做的意图。投资者有过股市暴涨暴跌的经历后，担心中国采取货币贬值

　⊖　主要的技术调整包括当局设定的外汇开盘价，即每天上午开盘购买美元的价格。

措施来驱动增速放缓的经济，于是感到恐慌。市场剧烈波动，上半年的大部分收益很快消失殆尽。由于中国放松了资本管制，投资者有了更多的途径将资金转移到国外。现在，资金仍然继续外流。为了稳定汇率，中国人民银行被迫介入外汇市场，每个月以美元购买人民币高达 1000 亿美元。

一个有着 4 万亿美元外汇储备的央行以这样的规模干预市场是可以做到的，但不是长久之计。于是中国政府加强了资本管控。与此同时，即 2015年 11 月，国际货币基金组织决定将人民币纳入特别提款权一篮子货币。[⊖]

管控加紧后，人民币国际化进程发生逆转。[⊜]但更严格的管控也让中国政府有机会向投资者解释政策意图，并降低了央行储备的损失。出于以上种种原因，加紧管控的举措平息了市场震荡。

显然，中国政策与资本账户自由化渐行渐远。政府在允许汇率更自由浮动之前就放松了资本管制，采取更有效的沟通策略，还提高了金融市场的流动性与透明度。显然，在努力推进人民币自由化的过程中，中国政府忽视了一些更基本的目标。意识到这点后，中国政府加强了控制，重新聚焦最重要的目标：保持金融稳定和 GDP 的高质量增长。

因此，从中国经验来看，与 20 世纪后期和 21 世纪早期的其他国家存在类似情况，国内需求优先于外部目标。在中国，满足国内需求是首要任务。中国的长治久安建立在繁荣、稳定与经济增长的基础上。中国与其他国家所不同的是，由于实行中央计划和严格的金融市场管控，政府不必被迫应对跨国资本流动、钉住汇率，不必承受汇率自由浮动带来的政治压力。中国在必要时可以立即采取更严格的资本管控。随着中国金融市场的发展，资本管控会持续多久，还有待观望，但至少在 2015 年，资本管控是有效的。

从理论上来看，中国的策略家准确地意识到，更加多元化的全球经济结

⊖　2016 年正式生效。

⊜　香港人民币存款从峰值的 2014 年 12 月，到 2015 年年底跌至峰值的 30%。国际债券市场人民币使用数额 2015 年年底比 2014 年峰值时减少了四分之一。到 2016 年，中国贸易人民币份额下降到 16%。

构需要一个更多元的国际货币和金融体系。2017 年，特朗普就任美国总统，其"美国第一"政策取代了"美国全球领导者"政策，此时，当务之急是将欧元和人民币等作为除美元以外的国际流动性重要来源。在特朗普首次参加的达沃斯世界经济论坛上，美国财政部长史蒂文·努姆钦的即兴发言从国家角度探讨了弱美元的好处。○这些言论被普遍解读为美国对美元作为稳定的国际货币的前景存有疑虑。国际流动性来源更加多元比完全依赖美国和美元更有利于世界金融稳定的观点，比以往得到了更广泛的认同。

现在人们认识到要建立多元化货币体系需要一个漫长的过程，这个事实本身让人很难心安。中国需要关注的问题是，在可见的未来，目前的美元中心国际货币和金融体系能否保持稳定。

数字未来

虽然在考虑国际货币体系时，政府主要考虑的国家货币是美元、欧元和人民币，但是技术专家、数字企业和风险偏好投资者在想未来的货币是不是有可能是数字货币。他们认为这是有可能的，特别是有了区块链技术下的分布式账本后，加密数字货币更加完善了。○

比特币就是一个突出的例子。比特币诞生于 2009 年，是一种数字代币，通过复杂的算法生成。比特币的数量不断增长，交易火爆。2017 年下半年，一个比特币的价格达到 2 万美元，一些有远见的观察家提出，私人创造的数字货币能否像美元那样取代各国货币成为主导货币？

考虑到用于驱动区块链的计算机位于多个国家，以及比特币在不同司法管辖区的交易方式，如果数字货币可以在国内交易中取代美元，是否也能够在国际交易中取代美元呢？出口经销商在货物交易中会愿意接受比特币或

○　关于努姆钦在 2018 年 6 月达沃斯世界经济论坛上的发言的报道与评论，参见 Summers（2018）。

○　分布式账本，即多台独立计算机之间的数据共享、记录同步进行，没有中心和数据储存。

其他等价数字货币。投资者向国外厂家订货也可以用比特币支付货款，进而比特币会成为国际资本流动的工具。原油国际市场买卖价格也可以用比特币标识。央行与政府看到银行与企业用比特币进行跨境交易，也会储备这种货币，继续履行最后贷款人职责，解决一些企业在交易中产生的比特币短缺问题。这样一来，私人创造的数字通货将会成为跨境业务的主导货币并成为国际货币体系的支柱。

此外，在硅谷及其周边地区也有一些讨论。唯一的问题是比特币等数字通货并不能充当记账单位、交换媒介和财富储存手段。比特币的价格从2017年的2万美元大幅下跌至2018年下半年的4000美元以下，显然不适合作为财富储存手段。换言之，比特币不太可能取代银行美元存款。价格的剧烈波动也决定了比特币不宜作为记账单位，也不适合用比特币对原油等国际贸易货物标价。而且比特币作为交易媒介也是不太可行的，因为在实际交易中对区块链的运用成本高、耗时长。虽然比特币拥护者承诺交易技术会进一步完善，但人们不抱太大信心。

比特币拥护者认为比特币价格波动过大的问题是可以解决的，即创造一种所谓的稳定币[⊖]，将数字货币1∶1钉住美元或其他国家货币单位。稳定币又有"Tether""Saga"或"Dai"等不同名称和种类。第一种类型的稳定币是完全抵押的稳定币。完全抵押的稳定币以传统货币储备为背书，持有数量与流通中的稳定币价值相等。比如，据称Tether在美国银行的储备数量与流通中美元的价值相等。原则上，当代币价格跌破1美元时，可以用美元回购流通中的代币。[⊜]

不过这种安排的执行成本很高。每创造一个价值1美元的Tether，平台就需要增加1美元储备。数字货币的使用不是很便利，其信用依赖创造者的

⊖ 稳定币 Saga 白皮书称其记账单位是钉住特别提款权的。

⊜ 这种安排与联系汇率制类似。央行执行联系汇率制时，流通中每价值1美元的货币，对应持有1美元储备。当货币在外汇市场的价值呈现下跌趋势时，可动用储备美元购买货币。

承诺，人们都倾向于用私人数字货币去换取美国政府完全保证的美元。⊖这类交易很可能被用作洗钱、逃税和恐怖活动基金，从事这些活动的人很注重匿名和隐秘性。有关注到数字货币这些特性的人建议政府防备这一特性被用于非法活动，应该禁止做出这个安排。

第二种类型的稳定币是不完全抵押的稳定币，因而创造的成本相对低廉一些。部分抵押是指平台持有的美元储备是加密发行数字货币价值的一定比例，比如 50%。无抵押是指平台没有美元储备，但同时发行数字货币和数字债券。⊜债券是大面额的，流动性较差，但有利息。利息来自平台推广数字货币和发行更多货币而增加的收入（网络铸币税）。

当数字货币价格下跌时，可出售债券收回货币。国际金融学的学生应该明白这个操作类似于央行干预外汇市场。在这里，干预机制被用于稳定相对价格，即稳定币与美元之间的比价。⊜

国际金融学的学生应该还知道这个机制的缺陷，即容易受到投资者的攻击。如果投资者对稳定币的价值心存疑虑，他们会按照规则把稳定币按基准价换成美元。由于这种稳定币是不完全抵押的，没有人愿意在抵押耗光后还持有稳定币，因此投资者蜂拥赶在储备用光前兑现，结果发生挤兑，或者用国际金融术语来说，就是对货币挂钩的投机攻击。

无抵押稳定币的情况更加糟糕。如果人们对销售商的网络铸币税收入不足以支付债券持有人利息心存疑虑，出于稳定币没有被广泛接受或者需求增长不及预期的考虑，投资者将削减购买新债券的规模，迫使平台以更高的价格回购流通中的稳定币，于是发债利息上升，因为包含了风险溢价。而支付更高的利息，进一步强化了投资者对债券未来价值和平台偿付能力的疑虑。于是毫无悬念地，会形成自我强化循环：投资者拒绝以任何价位购买债券，

⊖　以 Tether 为例，并不允许大的国际会计机构对其储备进行审计，让人怀疑其实际持有的银行美元金额是不是所规定的数额。

⊜　有些无抵押稳定币还发行数字股票，但这种复杂情况不在目前的讨论范围内。

⊜　从技术上来看，这是非冲销式干预，因为改变了流通中的稳定币和货币供给数量。

平台无力改变稳定币崩盘的结局。人们对这样的问题并不陌生，在钉住汇率制下就受到过类似的投机性攻击，本书前面的章节中有过介绍。

于是，只有央行发行的数字货币才能够生存下来。在最近的报道中，超过90家央行考虑发行自己的数字计量货币，但还没有哪一家真正付诸实施。

一旦付诸实施，就意味着不仅商业银行在央行开立账户，而且非金融企业和个人也在央行开立电子账户，并在交易中通过央行账户进行资金转账。这个设想虽然很有吸引力，但实现起来困难重重。如果让人们选择在安全的央行存款还是在有风险的商业银行存款，审慎的人们的选择不言自明。结果，商业银行吸引不到存款，无法开展传统的贷款业务。央行可以贷出数字货币存款。这样一来，一个政府机构将取代私人部门开展信用分配业务。事情并没有到此为止，央行的数字货币会成为黑客与网络犯罪的主要目标，其安全岌岌可危。

即使央行将数字货币实体化，也不能从根本上改变国际货币体系及一国货币在运行中的作用。目前，如果企业和个人想进行外汇买卖，他们会让当地银行代为交易。比如他们在银行有美元，假如想换人民币，可以通过银行联系中国的银行购买。如果处在央行数字货币时代，同样的交易就在央行间进行，不需要商业银行。一国货币的作用没有发生改变，美国还是流通美元，中国仍然使用人民币。

总而言之，如果未来的国际货币体系会有大的变化，那么这个变化一定不会因为数字货币而发生。

Globalizing
Capital

| 第 8 章 |

结　论

自20世纪70年代初布雷顿森林货币体系崩溃以来，起初变化不明显，接着就加快从可调整钉住汇率制向浮动汇率制的转变进程。在20世纪70年代末时，浮动汇率只是少数极端情况下的权宜之计，人们大多对浮动汇率概念闻所未闻。但是到了20世纪90年代，大约有15%的国家开始实行浮动汇率制，到2016年，这一比例上升到40%，尤其是发达国家，基本废除了可调整汇率制。到21世纪初，这种过渡性的汇率安排已基本绝迹，欧盟创立了货币联盟，其他国家则采取了浮动汇率制。在新兴市场，虽然货币联盟总体上未提上议事日程（至少尚未），还有实行软钉住的，但浮动汇率已是大势所趋。

这些趋势是国际资本流动增加最直接的结果。在二战后的日子里，人们对 20 世纪 30 年代的国际债务危机仍然心有余悸，国外发行债券违约的阴影挥之难去，挫伤了投资者对外投资的信心，而那些仍执着对外投资的投资者则遭到严格的国际资本流动管制的约束。在布雷顿森林谈判签署的《协定条款》明文规定继续实行资本管制，以调和稳定汇率目标与其他目标之间的冲突：短期协调战后重建计划；长期则追求充分就业。

资本管制是布雷顿森林货币体系下可调整钉住汇率的有机组成部分。资本管制弱化了国内与国外金融环境之间的联系，为政府腾出了更大的空间，可以通过改变国内金融环境来实现其他目标，同时又不会立即影响汇率的稳定性。虽然资本管制并没有达到固若金汤的地步——在国内与国外环境迥异时难以避免汇率波动，但是资本管制提供了必要的喘息机会，使政府可以有序地组织币值重定，并确保体系可以存续下去。

资本流动管制也被视为重建国际贸易的必备条件。如果变幻莫测的资本流动影响了币值的稳定，政府就会通过设置高关税和削减进口配额来维护汇率的稳定。这在两次世界大战间歇曾经发生过。如果一些国家的货币贬值了，相邻国家就会以牙还牙地启用关税和配额政策。自 20 世纪 30 年代以来逐渐吸取到的教训是，货币不稳定是与多边自由国际贸易体系不相容的。由于贸易的复苏是全球经济复苏与增长所必需的，而限制资本流动能稳定币值，因此，可进而推断限制资本流动也是必需的。

但是自由贸易与金融管制的组合是不稳定的。当 20 世纪 50 年代末恢复了经常项目下的可兑换时，政府就发现，要将为贸易而购买的外汇，与用于货币投机购买的外汇进行区分是很困难的。企业可以多开进口发票、少开出口发票将资本转移到国外。换言之，随着国际贸易的自由化，要维持国际市场的严格管制就愈发变得不可能了。随着各国金融市场步入放松管制的阶段，为资本流动开辟了新渠道，相应地，国际资本流动管制的效果日渐衰微。

于是布雷顿森林货币体系的可调整钉住汇率制承受的压力越来越大。政府不再能够一边实行贬值，一边避免激起资本躁动的汹涌浪潮。因此，很少有国家会在经常账户可兑换期间调整平价的。盈余国家知道，赤字国家会对调整平价举棋不定，即便提供援助也于事无补，最终得不偿失，因而不愿意提供援助。资本流动的增加限制了政府追求独立宏观经济政策的自由。一旦人们认为政府不可能牺牲其他目标来稳定汇率，则稳定汇率需要采取大幅加息等强硬的政策措施，而在实际中，加息之类的政策是得不到政治上的支持的。对货币稳定的信心与货币的最终稳定是互为因果的。

布雷顿森林货币体系解体后，欧共体成员国在建设欧洲货币体系的进程中，也明显地出现了同样的不稳定的动态特征。汇率稳定被认为是欧洲关税同盟顺利运转的必要条件，也是建设真正一体化欧洲市场的必要前提。为了维持欧洲各国汇率的稳定，欧共体在1979年建立欧洲货币体系之初就继续实行了资本管制。管制为国内政策提供了自主性，为币值重定提供了余地。但是再次强调一下，自由贸易与金融管制组合在动态上是不稳定的。欧洲各国之间交易的自由化削弱了管制的有效性。但自由化毕竟是欧共体存在的根基，管制本身与建设单一欧洲市场的目标是相冲突的。管制名存实亡、完全失败了，欧洲货币体系变得僵化而脆弱。1992～1993年的衰退又使这一问题更加突出了。货币交易者明白，在高失业的环境里，政府为捍卫其钉住汇率制可采取的加息等紧缩政策的空间更加有限。当攻击发生时，政府就被迫放弃窄幅欧洲货币体系波动区间，英国等一些欧共体成员国转向了更有弹性的、波动区间较大的浮动汇率体制，还有一些成员国认为能够取得政治上的共识，或至少希望在政治上达成共识，走向了另一个极端，放弃本国货币，统一使用欧元。

显而易见的结论是，转向更富弹性的浮动汇率的趋势，是国际资本流动增加的必然结果。因此，重温较早时期（1913年以前）的历史就很有必要了。在这一时期，国际资本流动并没有妨碍维持稳定汇率。在一战前，对于大多数国家赋予金本位钉住的优先权，人们深信不疑。很少有人意识到，中央银行政策可能会导向降低失业之类的目标。然而，所有此类的想法对政策几乎没有任何影响，因为当时公民权很有限、工会尚未成气候、工党在议会中没有席位。人们也不怀疑政府维护货币钉住的意愿和能力，遭遇冲击时，资本会朝着稳定化的方向流动。工人和企业都同意调整工资，因为他们知道，不可能通过汇率变化来化解非均衡困局。以上各种因素作用的结果是，提高了钉住汇率的可信度。

这一承诺具备了很高的可信度，政府就不必为了消除可能导致危机的市场压力而实施资本管制。政府可以采取稳定货币的必要措施，但不会产生严重的政治后果。由于市场很清楚这一点，因而不太会发动货币攻击。从某种意义上来看，对民主的限制替代了对资本流动范围的限制，起到了隔离压力来源的作用。但是随着选举范围的扩大和管制有效性的下降，这种隔离效果随之消逝了，钉住汇率的代价更大并且难以为继。

卡尔·波兰尼（Karl Polannyi）在半个世纪前所写的著作中就阐述了钉住汇率运行如何因政策环境的政治化而变得复杂。⊖波兰尼认为，普选的蔓延和民主联合主义是用于应对专横的市场力量，金本位有助于形成这样的市场力量。他认为，政策环境政治化的结果摧毁了金本位自身的有效性。

因此，二战后，建立有管理的浮动汇率制体系下的资本管制，旨在调和稳定汇率目标与追求其他目标的关系，对此波兰尼并不感到意外，政策环境的政治化趋势也在他的预料之中。根据主观推断，让他感兴趣的是，活跃的市场力量在多大程度上削弱资本管制的有效性，又是如何让政府管理货币的努力付诸东流的。⊜

市场复原力的结果出乎人们意料，在市场力的作用下，1971 年后转向了更灵活的汇率制度，但转变过程并不是一帆风顺的。发达国家普遍采用浮动汇率制，这些国家有着发达的金融市场和较强的决策机构新兴市场经济

⊖　参见 Polinnyi（1944），pp133-134，227-229 等章节。

⊜　因此，不难理解，无论是波兰尼，还是凯恩斯、怀特，以及其他战后国际货币体系的设计师们，在应对大萧条带来的后果时，都低估了市场的力量，也没有预料到市场会在多大程度上削弱对经济活动监管的力度，在汇率方面，把资本管制作为主要管理手段。

体明显转向了有管理的浮动汇率制，意味着中等收入国家日益融入全球金融之中。与最贫穷国家不同，中等收入国家有能力通过制度上的保障实施独立的货币政策，能够用通货膨胀率目标替代僵化的钉住汇率作为货币政策的稳定器。同时，这些国家也发现，随着金融市场的发展，实施资本管制难度加大，并且越来越多的选民支持融入全球市场。鉴于这种种原因，更多的中等收入国家都意识到，汇率政策明智的选择就是有管理的浮动汇率制度。

但较贫穷国家，甚至还有一些新兴市场国家没有实施独立货币政策的能力。这些国家金融市场欠发达，对资本流动的管制依然有效，由于不确定能否对流入的外国资本进行恰当运用和谨慎的管理，因而不愿意开放资本市场。对这些国家而言，放松资本管制、国内金融市场与机构发展亦步亦趋同时进行，这将是一个缓慢的尝试过程。只要继续保持着对资本流动的管制，则钉住汇率就仍然有效。但是如果欠发达国家也想有朝一日成为发达国家，正如卡尔·马克思（Karl Marx）所写的：那样的话，那么未来一定要建立发达的金融市场和机构，就会受到政治压力，要求法律放松对金融自由的限制，要求转向更富弹性的汇率体制。

不管人们喜欢与否，这就是未来的趋势。还有一种可能的趋势来自欧洲的经验启示。欧洲一劳永逸地解决资本流动、政治民主与可调整钉住汇率之间的紧张关系，不是不让汇率浮动，而是取消了汇率，即使没有完全消除，但欧元取代了各自为政的国别货币后，至少在欧元区内消除了汇率。当然，欧洲的伟大实践能否成功仍需拭目以待。特别是，欧元区成员国能否成功应对波兰尼质疑的问题，依然需要假以时日才能确定。在内嵌式自由主义时代，自由市场目标屈从于充分就业和其他社会目标，货币政策沦为实现那些崇高目标的工具，而脱离了自身的稳定货币目标。欧元并不能够更好地实现充分就业和共同繁荣，尤其进入第二个十年以来，表现更是不尽如人意。始于 2009 年的欧元危机揭示了其存在的问题，引发经济紧缩和不平等，导致各国缺乏稳定经济的手段，批评者认为欧洲央行政策不力，前景堪忧。

但可以肯定的是，欧洲在许多方面达成了目标。欧洲各国经济在不断地趋同，在建立功能化的地区政治制度方面比世界其他地区走得更远。欧洲有着共同的历史遗产，能充分理解货币与汇率政策最终会服从共同的社会目标，有动力成功地实施宏伟的货币试验。一旦货币试验失败就会给更宏伟的欧洲一体化目标带来沉重打击，并且即便从更狭义的金融方面，退出欧元的成本也很高昂。综上所述，足以让人相信欧洲会继续让货币联盟运转下去。

不过，在欧洲行得通的方案不一定可以在别的地方复制。亚洲和拉丁美洲也热衷于地区性的货币联盟，但仅有热情并不足以获得成功。在这些地区，各国从过去的冲击中吸取的教训各不相同，并没有什么意愿为创立地区货币联盟在国家主权方面做出让步，认同货币政策社会目标的能力也相对有限。但随着经济和社会制度的发展，这些地区的国家也感到了压力，转向更加开放的政治制度和更加开放的金融市场。政治民主与资本流动会迫使这些国家放弃钉住汇率。

浮动汇率是唯一的选择。虽然浮动汇率并不是世界上最好的制度，但至少是可行的。

术　语　表

adjustment mechanism　**调整机制**　市场力量改变价格和数量，进而消除国际收支盈余或赤字。

ASEAN　**东盟**　东南亚国家联盟，包括文莱、柬埔寨、印度尼西亚、老挝、马来西亚、缅甸、菲律宾、新加坡、泰国和越南。

balance of trade　**贸易差额**　商品出口与进口之间的差额，正数则为盈余，负数则为赤字。

Balassa-Samuelson effect　**巴拉萨－萨缪尔森效应**　快速增长经济体中价格上升的倾向。在这样的经济体中，贸易品部门生产率上升很快，引致服务部门产品需求增加。

bank rate　**银行利率**　见"中央银行贴现率"。

beggar-thy-neighbor devaluation　**掠夺性贬值**　一国通过货币贬值减少对进口商品的需求，使贸易伙伴的状况恶化。

bimetallic standard or bimetallic　**复本位制**　一种商品货币本位，当局允许法定铸币厂铸造两种金属货币（金币和银币）。可参见单一本位。

Brady Plan　**布雷迪计划**　以美国财政部部长布雷迪的名字命名。20世纪80年代债务危机后，这个计划试图恢复国际金融正常秩序，鼓励商业银行向发展中国家发行不良贷款支持证券，以清理其资产负债表。"布雷迪债券"市场为20世纪90年代通过债券市场恢复向发展中国家提供贷款搭建了平台。

brassage　**铸币费**　在商品货币本位下，将贵金属铸成货币而支付的费用，包括用于弥补铸币厂的费用与合适的利润。

capital account　**资本账户**　国际收支平衡表中反映外国投资的一个科目。资本账户赤字表明外国投资超过了国内对外投资。

capital control　**资本管制**　限制企业或居民将本币兑换成外汇的管制措施。资本账户交易管制，防止居民将本币换成外汇用于国外投资。经常账户交易管制限制居民将本币兑换成外汇用于进口商品的能力。

capital flight　**资本外逃**　抛售以特定货币定值资产、撤出资金，一般受特定货币贬值预期驱动。

capital levy　**资本利得税**　对资本或财富征收的一种特殊税种。

carry trade　**套利交易**　从低利率市场或国家借入资金，投资于高利率市场或国家的行为。利差就是"套利"。当借入的和投资的币种不同时，套利交易策略假定，卖出的货币兑买入的货币不会升值。

central bank　**中央银行**　政府的银行，负责货币本位的运行。

central bank discount rate　**中央银行贴现率**　中央银行贴现放款时收取的利率（购买票据或本票的贴现率）。

Chiang Mai Initiative　**清迈倡议**　2000 年在泰国清迈市发起的倡议，建立亚洲短期互换和信用额度体系，类似于欧洲货币体系的短期和超短期融资渠道。

Committee of Central Bank Governors　**中央银行行长委员会**　由参加欧洲货币体系的中央银行行长组成的委员会。

common agricultural policy　**共同农业政策**　是农业价格支持制度，其支出一直以来占到欧共体国家预算的一半以上。创建了欧洲经济共同体的《罗马条约》第 38 款规定了相关原则。

consols　**统一公债**　无限期的英国国债，每年支付一定数量的利息。

convertibility　**可兑换性**　将一种货币自由换成外汇的能力。在金本位下，可兑换货币能够以固定价格自由兑换成黄金。

currency board　**货币管理局**　是替代中央银行的货币安排制度，通过这种制度一个国家（或地区）以法令或宪法形式规定将货币政策与另一个国家挂钩。

currency reform　**货币改革**　发行一种新货币，一般是替代因快速通货膨胀而失去了基础的原货币。

current account　**经常账户**　国际收支平衡表中反映商品和服务贸易的一个科目。经常账户赤字表示从国外购买的商品和劳务，超过了销售给外国的商品和劳务。

Delors Report　**《德洛尔报告》**　雅克·德洛尔任主席时的欧洲委员会于 1989 年发布的报告，报告建议分三个阶段转轨到欧洲货币联盟。

discount house　**贴现银行**　设立在大不列颠的金融中介，贴现本票，再出售它们或持有至到期日。

ecu　**埃居**　由多种欧洲货币集合而成的欧洲货币单位，充当欧洲货币体系的记账单位。

escape clause　**免责条款**　允许暂时违背约束经济政策的法规条款。

euro　**欧元**　1999 年伊始就开始实施的单一欧洲货币。

euro area　**欧元区**　采用欧元国家集合构成的地区。

European Central Bank　**欧洲中央银行**　转轨到欧洲货币联盟进程第三阶段建立的中央银行。

European Commission　**欧洲委员会**　欧盟独立执行机构，具有提议的权利，由成员国任命的人员组成，任期 4 年，负责执行由欧洲理事会制定的政策。

European Council　**欧洲理事会**　欧盟的决策机构，由代表国家而不是欧盟利益的成员国部长组成。

European Economic Community　**欧洲经济共同体**　1958 年《罗马条约》创立，最初由 6 个国家（法国、德国、比利时、荷兰、卢森堡和意大利）组成，随后又增加了 3 个国家。

European Monetary Cooperation Fund　**欧洲货币合作基金**　欧洲蛇形浮动体系的一部分，是为参与国之间国际收支失衡融资而设计的。

European Monetary Institute　**欧洲货币机构**　1994 年《马斯特里赫特条约》创立的临时机构，用以协调欧盟成员国的政策，计划向货币联盟推进。

European Monetary System　**欧洲货币体系**　1979 年欧洲经济共同体创建的可调整钉住汇率体系。

European Parliament　**欧洲议会**　由欧盟成员国选民直接选举的人组成的立法机构，任期 5 年，就法律议案提供广泛的咨询，是欧盟预算机构的组成部分。

European Snake　**欧洲蛇形浮动体系**　20 世纪 70 年代欧洲国家为将它们的汇率钉住 2.25% 的区间内而采取的集体安排。

exchange control　**外汇管制**　见资本管制。

exchange equalization account　**外汇平准账户**　负责干预外汇市场的政府机构。

exchange rate　**汇率**　一单位外国货币的本币价格。

exchange-rate-based stabilization　**汇率稳定计划**　将钉住汇率作为抑制高通胀计划的一部分。

exchange rate mechanism　**汇率机制**　欧洲货币体系的一个构成部分，参与国钉住其汇率。

expenditure-switching policy　**支出转换政策**　通过改变相对价格，转移国内与国外商品需求，纠正外部失衡的各类政策，但不限于汇率的调整。

Export-Import Bank　**进出口银行**　1934 年建立的一个银行，作为一家联邦政府机构，为推动出口，负责提供贷款和信贷担保，总部设在华盛顿。

extensive growth　**粗放式增长**　在已有的生产方式下利用更多资源来推动的增长方式。反之，集约式增长则依赖新技术和组织化形式推动增长。

fiat money　**法币**　没有黄金支持的纸币，可以兑换外汇，有些情况下可以换成政府债券。

fiduciary system　**信用体系**　用黄金支持国内货币负债的体系，在这个体系固定数量负债（信用发行）不需要担保。

fineness　**成色**　铸造成硬币的黄金或白银的纯度。

floating exchange rate　**浮动汇率**　可以变化的汇率。如果没有政府干预，就是"清洁浮动"；为限制货币币值波动，政府进行干预的浮动，就是"肮脏浮动"。

fractional reserve banking　**部分准备银行**　以存款和股东缴纳的资本融资的银行体系。与此相对应的是"狭义"的银行，即仅以股东缴纳的资本为贷款的资金来源。

free gold　**自由黄金**　根据20世纪30年代实施的金本位制度，要求联储持有黄金或合格证券（一般为商业票据）作为货币负债的担保，自由黄金就是满足这些负债后多余的黄金数量。

General Arrangements to Borrow　**借款总安排**　1962年工业国家确立的向另一个工业国家通过国际货币基金组织贷出它们货币的信贷额度。

gold bloc　**黄金集团**　美国和其他24个国家在1931年放弃金本位后，仍然实行金本位的国家组成的货币集团。

gold devices　**黄金装置**　对黄金套利者的无息贷款，以及设计用于扩大或缩小黄金点的其他装置，增加或降低汇率波动幅度，维持可兑换性。

gold-exchange standard　**金汇兑本位**　类似于金本位的体系。在这个体系下，国家的国际储备可以是可兑换的外国货币，也可以是黄金的形式。

gold point　**黄金输送点**　黄金市场价格与铸造价格之间的偏离达到了从事套利交易有利可图的点。

gold pool　**黄金池**　在20世纪60年代，主要工业国家支持黄金官方价格每盎司35美元的安排。

Gresham's Law　**格雷欣法则**　当两种货币同时流通时，个人会产生处置那种价格损失更快的货币的想法，则这种劣币会主宰交易，驱使"良币"退出流通。

Group of Ten(G-10)　二战后工业国家建立的非正式集团，包括比利时、加拿大、法国、德国、意大利、日本、荷兰、瑞典、英国和美国。

hyperinflation　**恶性通货膨胀**　快速的通货膨胀，通常定义为月上涨率在50%以上的通货膨胀。

imperial preference　**帝国偏好**　对帝国成员给予特殊待遇的政策（比如优惠关税）。

inconvertibility　**不可兑换**　货币不能自由兑换成黄金（金本位下）或外汇（在法偿货币本位下）的情形。

interest equalization tax　**利息平准税**　1964年美国开始对从国外证券中获利而征收的税收。

international liquidity　**国际流动性**　为中央银行发行国内货币负债和为一定数量的国际

贸易融资而要求的国际储备。

international reserves　国际储备　一种可兑换金融资产的货币体系（如黄金，可兑换货币如美元，特别提款权），用它来支持纸币、代用货币和影响国际结算。

invisible account　无形账户　经常账户的一个项目，包括利息和以前国外投资获得的红利，以及运输、保险和金融服务的国际贸易。

life-cycle model　生命周期模型　构造家庭储蓄的标准方法，根据该模型，家庭部门的净储蓄等于年轻人的储蓄减去老年人所消耗的储蓄。

Lombard rate　伦巴德利率　（德国）中央银行执行最后贷款人职能时收取的利率。

Maastricht Treaty on European Union　欧盟《马斯特里赫特条约》　让签约国分三阶段转轨到货币联盟的条约。

managed floating　有管理的浮动　汇率可以浮动，但政府干预外汇市场的体制，也叫"肮脏浮动"。

misaligned currency　汇率偏差　市场价值与经济基本面没有联系的货币。

monetary base　基础货币　狭义的货币供给，一般由现金、在中央银行的银行存款和短期货币资产构成。

monometallic standard　单一本位　国内货币可以按固定价格兑换成一种贵金属的货币制度（与此相对比的有复本位，即货币可以按照固定价格兑换成两种金属）。

network externalitie　网络外部性　一个机构的实践取决于另一个与之相互关联的其他机构采取的实践的外部效应。

open-market operation　公开市场操作　中央银行买进或卖出国库券或公债。

overvaluation　高估　一种货币在当前汇率下可以购买过多单位外汇的情况。高估通常会降低生产商的国际竞争力，国际收支出现赤字。

path dependence　路径依赖　系统的均衡要依赖于而不是独立于初始条件的特征。

price-specie flow model　物价－现金流动模型　18 世纪大卫·休谟提出的金本位制下国际调节模型。

proportional system　比例体系　用黄金支持国内银行负债的体制。在这个体制下，黄金储备的价值必须等于或超过负债价值的最低比例（通常为 35% 或 40%）。

real exchange rate　实际汇率　将名义汇率按照国内与国外价格之比进行调整后的汇率。

Real Plan　里尔计划　1994 年巴西政府为降低高通胀而采取的计划（以新货币里尔命名）。

realignment　币值重定　欧洲货币体系的汇率机制，参与国用来表示调整汇率机制中心汇率的专门用语。

Reconstruction Finance Corporation　复兴金融公司　胡佛政府 1931 年建立的、为需要流

动性的银行和企业提供融资的金融机构。

scarce-currency clause　**稀缺货币条款**　国际货币基金组织《协定条款》中的一条，授权运用特别外汇和对货币在基金内较为稀缺的国家进行贸易限制。

Short-Term and Very-Short-Term Financing Facilities　**短期和超短期融资渠道**　在欧洲货币体系的汇率机制内，弱币国家中央银行可以运用的国外货币融资或信贷。

Single European Act　**《单一欧洲法案》**　1986 年在政府间会议上谈判的一部分法律，要求欧共体成员国消除共同体内商品和生产要素流动的障碍。

Special Data Dissemination Standard　**特殊数据发布标准**　国际货币基金组织在亚洲危机之后倡议、采取的标准，鼓励各国政府提高其金融透明度。

special drawing right　**特别提款权**　1967 年增加的 IMF 的配额，允许国际货币基金组织向成员国提供超过了缴纳的黄金和货币的信贷。

Stability Pact　**《稳定公约》**　1997 年达成的欧盟成员国之间的一个公约，以加强对欧元区成员国财政政策行为的监督和可能的制裁。

Stand-by Arrangement　**备用协定**　1952 年国际货币基金组织采取的一个程序，允许国家提前谈判获得资金资源到规定的限额为止，而不受在取款时头寸评估的约束。

sterilization　**冲销**　中央银行为消除国际储备变动对国内信贷环境的影响而采取的政策。

sterilized intervention　**冲销干预**　通过国内买进或卖出债券，从而消除外汇市场干预对国内货币供给的影响。

sterling area　**英镑区**　从 20 世纪 30 年代开始，将货币钉住英镑并持有在伦敦的储备的国家构成的区域。

swap arrangement　**互换安排**　中央银行之间的协定，强币国家向弱币国家提供国外资产。

target zone　**目标区**　防止汇率变动超出的一个区间，因为政府当局会干预外汇市场。否则，当汇率达到区间的上限或下限时就改变政策。

terms of trade　**贸易条件**　出口商品与进口商品价格比率。

推荐阅读

宏观金融经典

这次不一样：八百年金融危机史	[美] 卡门·M.莱因哈特（Carmen M. Reinhart） 肯尼斯·S.罗格夫（Kenneth S. Rogoff）
布雷顿森林货币战：美元如何通知世界	[美] 本·斯泰尔（Benn Steil）
套利危机与金融新秩序：利率交易崛起	[美] 蒂姆·李(Tim Lee) 等
货币变局：洞悉国际强势货币交替	[美] 巴里·艾肯格林（Barry Eichengreen）等
金融的权力：银行家创造的国际货币格局	[美] 诺美·普林斯(Nomi)
两位经济学家的世纪论战（萨缪尔森与弗里德曼的世纪论战）	[美] 尼古拉斯·韦普肖特（Nicholas Wapshott）
亿万：围剿华尔街大白鲨（对冲之王史蒂芬-科恩）	[美] 茜拉·科尔哈特卡（Sheelah Kolhatkar）
资本全球化：一部国际货币体系史（原书第3版）	[美] 巴里·埃森格林（Barry Eichengreen）
华尔街投行百年史	[美] 查尔斯 R.盖斯特（Charles R. Geisst）

微观估值经典

估值：难点、解决方案及相关案例（达摩达兰估值经典全书）	[美] 阿斯瓦斯·达莫达兰（Aswath Damodaran）
新手学估值：股票投资五步分析法 （霍华德马克思推荐，价值投资第一本书）	[美] 乔舒亚·珀尔（Joshua Pearl）等
巴菲特的估值逻辑：20个投资案例深入复盘	[美] 陆晔飞（Yefei Lu）
估值的艺术：110个解读案例	[美] 尼古拉斯·斯密德林（Nicolas，Schmidlin）
并购估值：构建和衡量非上市公司价值（原书第3版）	[美] 克里斯 M.梅林（Chris M. Mellen） 弗兰克 C.埃文斯（Frank C. Evans）
华尔街证券分析：股票分析与公司估值（原书第2版）	[美] 杰弗里 C.胡克（Jeffrey C.Hooke）
股权估值：原理、方法与案例（原书第3版）	[美] 杰拉尔德 E.平托(Jerald E. Pinto) 等
估值技术（从格雷厄姆到达莫达兰过去50年最被认可的估值技术梳理）	[美] 大卫 T. 拉拉比（David T. Larrabee）等
无形资产估值：发现企业价值洼地	[美] 卡尔 L. 希勒（Carl L. Sheeler）
股权估值综合实践：产业投资、私募股权、上市公司估值实践综合指南 （原书第3版）	[美] Z.克里斯托弗·默瑟（Z.Christopher Mercer） 特拉维斯·W. 哈姆斯（Travis W. Harms）
预期投资：未来投资机会分析与估值方法	[美] 迈克尔·J.莫布森(Michael J.Mauboussin), [美] 艾尔弗雷德·拉帕波特(Alfred Rappaport)
投资银行：估值与实践	[德] 简·菲比希（Jan Viebig）等
医疗行业估值	郑华 涂宏钢
医药行业估值	郑华 涂宏钢

债市投资必读

债券投资实战（复盘真实债券投资案例，勾勒中国债市全景）	龙红亮（公众号"债市夜谭"号主）
债券投资实战2：交易策略、投组管理和绩效分析	龙红亮（公众号"债市夜谭"号主）
信用债投资分析与实战（真实的行业透视 实用的打分模型）	刘婕（基金"嘎姐投资日记"创设人）
分析 应对 交易（债市交易技术与心理，笔记哥王健的投资笔记）	王 健（基金经理）
美元债投资实战（一本书入门中资美元债，八位知名经济学家推荐）	王 龙（大湾区金融协会主席）
固定收益证券分析（CFA考试推荐参考教材）	[美] 芭芭拉S.佩蒂特（Barbara S.Petitt）等
固定收益证券（固收名家塔克曼经典著作）	[美] 布鲁斯·塔克曼(Bruce Tuckman)等

投 资 与 估 值 丛 书

达摩达兰估值经典全书

新入股市必读

巴菲特20个投资案例复盘

真实案例解读企业估值

非上市企业估值

当代华尔街股票与公司估值方法

CFA考试必考科目之一

CFA考试必考科目之一

华尔街顶级投行的估值方法